I0163452

Mein Leben Nach Auschwitz

Mein Leben Nach Auschwitz

Eugene Heimler

Aus dem Englischen von
Miriam Bracha Heimler

Original-Titel: A Link In The Chain
©Eugene Heimler 1962
©The Eugene Heimler Literary Trust 1991

First printing 1962
The Bodley Head Ltd.
London, Great Britain

Second printing 1980
University Printing Services for
The Faculty of Social Welfare
The University of Calgary
Calgary, Alberta, Canada

Deutscher Titel: Mein Leben Nach Auschwitz
Deutsche Übersetzung: ©Miriam Bracha Heimler 2018
The Literary Trust of Eugene Heimler
P.O.B. 18422
Jerusalem 91183
Israel
mheimler1@gmail.com

Alle Rechte sind vorbehalten

Umschlag Foto: Depositphotos_1 1578930_1-2015
Umschlag Gestaltung: Devorah Priampolsky

Mein herzlichster Dank gilt Shira Ahren und Sarah Ebel für das
Korrekturlesen.

ISBN: 978-0998959344

Vorwort
Miriam Bracha Heimler

In MEIN LEBEN NACH AUSCHWITZ beschreibt Eugene
Heimler, wie er als Dreiundzwanzigjähriger im Sommer 1945 aus
den deutschen Konzentrationslagern allein in seine ungarische
Heimat zurückkehrt und später gezwungen ist, Ungarn auf illegale
Weise zu verlassen.
Auf seiner verhängnisvollen Reise durchlebt er viele
lebensbedrohliche Ereignisse: Neben ihm auf dem Puffer zwischen
zwei Eisenbahnwagen steht ein deutscher SS-Mann, der ihn
jederzeit abstoßen könnte; seine Reisegefährtin wird vor seinen
Augen von russischen Soldaten vergewaltigt; er wird verfolgt und
erlebt einen Anschlag auf sein Leben; dann folgt seine Verhaftung
mit Anklage des Landesverrates in Ungarn. ...
Trotz der ständig neuen Herausforderungen, mit denen sein Leben
gezeichnet ist, gibt Heimler nie auf. Er erfüllt seinen Traum und ist
heute sowohl als Poet und Schriftsteller, als auch als Psychologe
weltweit bekannt. Mit seiner eigens geschaffenen *Methode des
Sozialen Funktionierens* half er Tausenden von Menschen, den Mut
zu haben, die Rolle des Opfers hinter sich zu lassen und als Sieger
hervorzugehen.

Würdigung für „Bei Nacht und Nebel"
„Dieser ergreifende Bericht ist zutiefst ehrlich."
Elie Wiesel

„Das beste Buch, das über den Holocaust geschrieben wurde."
Dr. Sarah Fraiman-Morris, Professor für Holocaustliteratur, Universität
Bar Ilan

Diese Geschichte ist wahr,
wenn auch Namen meiner Patienten
und gewisse Situationen verändert wurden,
um Erkennung zu vermeiden.

MEIN LEBEN

NACH AUSCHWITZ

Eugene Heimler

"… Mein Sohn, gib, ich bitte dich, dem Allmächtigen Ehre, dem Gotte Israels, und mache Ihm ein Geständnis und sage Mir jetzt, was du getan hast; verberge es nicht vor Mir."
(*The Mishnah, Sanhedrin, 6-2*)

"Kein Mensch ist eine Insel nur für sich allein; jeder ist ein Teil der Erde, ein Teil des Ganzen."
(John Donne, Devotions, XVII)

Für meine Patienten und Kollegen
ohne welche uns dieses Buch
nicht vorläge

INHALT

Danksagung

Ich möchte 'Frank Latham', seiner Frau 'Evelyn' und 'Joan' für ihr Einverständnis danken, das Material, das dieses Buch beinhaltet zu benutzen, und auch für ihre warmherzigen Briefe, in welchen sie mich ermutigten, es zu veröffentlichen.

Ich danke auch Mr. R. Bradfield, Mrs. E. E. Irvine und Dr. G. Wigley für ihre Erlaubnis, ihre Namen zu benutzen und für ihre Zustimmung, unsere Unterhaltungen und Diskussionen zu publizieren.
Auch bin ich meiner Psychoanalytikerin für ihre Erlaubnis dankbar, das Material meiner Psycho-Analyse in diesem Buch zu verwenden.

Mein Dank geht auch an Martin und Ruth Gelband, die mich während des Sommers in ihrem Haus willkommen hießen.
Dort war es mir mehrere Wochen lang möglich, ungestört dieses Buch zu schreiben; während meine Kinder zuhause ihre Ferien genossen, wäre das in meinem eigenen Haus völlig unmöglich gewesen.

Ausserdem möchte ich der *Middlesex County Council* meinen Dank aussprechen, die mir für die Fertigstellung dieses Buches eine offizielle Beurlaubung gewährte.

Vorwort

Ich kehrte im Sommer 1945 von den deutschen Konzentrationslagern in mein ungarisches Heimatland zurück. Die Geschehnisse dieses verhängnisvollen Jahres sind in meinem ersten Buch, *Bei Nacht und Nebel* veröffentlicht.

Ich kehrte allein zurück; der Rest meiner Familie kam in den Gaskammern von Auschwitz um. Zu dieser Zeit war ich dreiundzwanzig und bereits Witwer, denn meine junge Braut Eva fand ebenfalls ihren Tod hinter dem elektisch geladenen Zaun.

Ich war an Leib und Seele gebrochen, und die Gedichte, die ich in jenen Tagen schrieb, sprachen nur von Tod: *,Ich starb in anderen, kann ich in anderen wiedergeboren werden?'*

Ungarn lag in mehr als einem Sinn in Trümmern. Die giftigen Schlangen des Antisemitismus schlängelten sich noch in den Ruinen, und ich musste bald erkennen, dass ich als Jude in dem Land, in dem meine Vorfahren viele Jahrhunderte gelebt hatten und gestorben waren, nicht erwünscht war. Ich heiratete erneut, riss meine Wurzeln heraus und brachte meinen gepeinigten Leib und meine gequälte Seele nach England. Schließlich wurde ich in anderen wiedergeboren, und heute lebe ich mein Leben in anderen: in meiner Familie, in meinen Freunden, in meinen Patienten und in England.

Dieses Buch ist die Geschichte dieses Todes und der Auferstehung. Obwohl es eine wahre Geschichte meines Lebens, meiner Konflikte und meiner kleinen Beiträge für mein Adoptivland ist, beabsichtige ich, über mehr als nur über das Leben eines unbedeutenden Mannes zu sprechen.

Ich werde in diesen Seiten anstreben, meine Überzeugung zu vermitteln, dass Niederlage im Leben in Sieg verwandelt werden kann, vorausgesetzt, der Mensch, wie unbedeutend er auch immer sein mag, kann Teil von etwas Größerem werden: ein Teil der Menschheit und von anderen Menschen.

Es ist diese Zugehörigkeit zum Ganzen, die mein Leben heute bedeutungsvoll macht. Sie ist die Basis meines neu entdeckten Glaubens, und sie gibt mir die Stärke, so frei und unverhohlen wie möglich zu sprechen.

Westminster, März 1962

TEIL I

ANKUNFT

Kapitel I

Am Anfang war mir, als ob ich betäubt wäre. Meine Augen sahen, meine Ohren hörten, aber alles ging durch einen sonderbaren Gefühlsfilter, der meine Welt verzerrte und veränderte. Die Gefahr, in der ich gelebt hatte, wich einer nebligen Euphorie, die sich von einer Stunde zur anderen mit wirrer Depression abwechselte. Es war Mai, und ich war von den deutschen Konzentrationslagern auf meinem Weg nach Hause, nach Ungarn, aber fast schien es mir, als ob ein anderer diese schicksalhafte Reise täte.

Die Strecke von Prag bis Bratislava legte ich auf dem Puffer eines Zuges zurück. Mein Reisebegleiter auf dem Puffer neben mir war ein junger SS-Mann, der mich jederzeit einfach hätte abstoßen können. Dass er Mitglied der SS war, sah ich, als er seinen Rucksack für ein paar Minuten an einer Haltestelle liegenließ. Ich sah seinen Namen und das SS-Abzeichen auf die Rückseite des Rucksacks geschmiert. Er trug Zivilkleidung und ich war der Einzige, dem seine Identität bekannt war. In Bratislava verabschiedete ich mich von ihm: ich war krank; ich hatte Hepatitis und konnte nicht weiterfahren. Er hatte die Unverschämtheit, mir gute Besserung zu wünschen und ich war so blöd, ihm zu danken. Dann lief ich wie im Traum auf die Stadt zu.

3

Eine russische Patrouille mit einem auf mich gerichteten Maschinengewehr fragte, woher ich komme. Das Wort *Buchenwald* kam ihnen irgendwie als eine Stadt in Deutschland bekannt vor, und sie verfluchten mich als *Faschisten-Schwein*. Das war so komisch, dass ich in lautes Lachen ausbrach. Da dachten die Russen, dass ich sie auslachte und kamen drohend näher. Durch den Nebel meines Wahnsinns hindurch war ich jedoch noch imstande zu verstehen, dass ich jeden Augenblick erschossen werden könnte, aber ich konnte nicht aufhören zu lachen. Plötzlich erschien ein Offizier der Roten Armee, und während er mich wie ein Insekt unter einem Mikroskop inspizierte, fragte er mich auf Jiddisch: „Bist du Jude?". Inzwischen hatte eine andere Patrouille einige wirkliche Faschisten herangebracht, und als ich sie vor den Maschinengewehren stehen sah, fand ich die ganze Szene so absurd, dass ich wieder in lautes Lachen ausbrach. Schliesslich wandte sich der Rote Armee-Offizier an den Unteroffizier und sagte auf Jiddisch: „Er ist verrückt." Sie ließen mich weitergehen, und als ich sie verließ, lachte ich immer noch. Ich lachte, bis der Schmerz an meiner rechten Seite unerträglich wurde.

Jetzt ist der Nebel dichter. Ein Fremder schleppt seinen dünnen, kranken Körper durch die fremde Stadt, wo die Leute eine unbekannte Sprache sprechen. Jemand sagt: „Du solltest dich an's *JOINT Committee* wenden." Und dort sagt eine Frau: „Herr Kreplach wird dich zum St. Elizabeth bringen." In brennendem Fieber denke ich an Napoleon; ich verwechsle den Namen des guten Heiligen mit St. Helena. Ein ungarisches Mädchen hat Mitleid mit mir. Sie heisst Kato. Sie ist jung, blauäugig und hat ein geschwollenes Bein, und sie begleitet mich zum Krankenhaus, während sie zu Herrn

4

Kreplach sagt: „Der Junge halluziniert." Auf der Station sind viele Betten und die Frau Doktor mittleren Alters sagt auf Ungarisch, dass ich mich ausziehen solle. „Was sind das für Wunden hier auf deinem Rücken?" „Ich wurde gepeitscht", sage ich und möchte mich am liebsten an sie kuscheln und meinen Kopf an ihren großen Busen schmiegen. Sie sagt zu einer Nonne: „Aber er ist doch noch ein Kind!" Ich bin dreiundzwanzig.

An der Wand gegenüber sehe ich weiße Kreise, die ineinanderlaufen. Es ist eine endlose Jagd. Jenseits der Kreise ist ein Strudel, der alle Farben der Sonne heruntersaugt, und jenseits des Strudels sind Worte, Vaters Worte, Mutters Worte und Stimmen von unbekannten Menschen aus der Tiefe der fernen Vergangenheit. „Rabbi, werde ich jetzt sterben?" Die Kreise stehen still. Schweigen.

Der Rabbi, der auf meiner Bettkante sitzt, beruhigt mich. „Du bist jung, mein Sohn, du wirst leben." Er fragt mich, ob ich zurück nach Ungarn gehen will. Möchte ich nicht lieber nach Palestina? „Gott hat Sein Wort gehalten. Es wird einen jüdischen Staat geben und aus allen Ecken der Erde wird Er Sein Volk sammeln." Oder möchte ich nach England gehen? Oder vielleicht nach Amerika? Die Welt steht jetzt offen.

In dieser Nacht fällt meine Temperatur und ich träume von dem großen Kastanienbaum in unserem Garten und Mutter sitzt im Gras. Sie winkt mich zu sich: ‚Komm, Jancsi.'

Keine Kreise mehr, keine weiteren Strudel und Schluss mit den Stimmen. Nur noch Tränen. Mutter ist gestorben, Vater ist tot, und auch meine Schwester Susan mit ihrem Kind Gabi, das mit zweieinhalb Jahren in der Gaskammer umkam. Meine Onkel sind tot, auch meine Cousins und Cousinen. Und meine Frau ist auch tot.

Nun ist es mir möglich zu verstehen, dass „Jetzt" die Gegenwart ist und „Gestern" die Vergangenheit, doch lebt die Vergangenheit in der Gegenwart weiter und die Zukunft lebt in der Gegenwart und auch in der Vergangenheit. Kato hält meine Hand und sagt, dass sie bei mir bleiben wird, bis es mir besser geht und ich von hier weg kann, und dass wir dann zusammen nachhause gehen werden. ... Nachhause.

Anfang Juni 1945 löste sich der Nebel auf. Die seltsam gefärbte Brille, durch die ich die Welt gesehen hatte, verschwand auch. Die Gegenwart war jetzt gegenwärtig und mit Leere gefüllt.

Eines leuchtenden Morgens stiegen wir auf einen Laster, dessen Ziel *Komarom* war, eine Stadt mit der einzigen Brücke, die die Tschechoslowakei mit Ungarn verband. Alle anderen Brücken waren von den Nazis in die Luft gesprengt worden. Auf halbem Weg hatte der Lastkraftwagen eine Panne und blieb stehen und wir mussten zur Danau laufen. Kato war warmherzig und süß und sprach hoffnungsvoll von einem neuen Leben, über Zuhause, wie sie auf die Rückkehr ihrer Verwandten warten und dann nach Palestina gehen würde. Vielleicht würde ich sie auch auf dieser Reise begleiten. Da ihr rechtes Bein immer noch sehr geschwollen war, kamen wir nur langsam voran, denn ich konnte mich selbst auch nur knapp vorwärts schleppen.

Plötzlich erschienen Soldaten auf der Straße, die uns entgegenrannten. Dann passierte alles so unerwartet und abrupt, dass ich einige Minuten lang nicht begreifen konnte, was vor sich ging. Die Soldaten schleppten Kato an den Strassenrand und vergewaltigten sie vor meinen Augen, während andere ihre Maschinengewehre auf mich richteten. Vier Russen warfen sich im Abstand von wenigen Minuten

6

auf sie und dann verschwanden sie. Sie lag dort auf dem Boden und weinte und ich stand da und schaute auf ihren nackten Körper mit ständig wachsender Wut. Aus Gründen, die ich nicht verstehen konnte, war mein Zorn auf sie gerichtet. Dann fing ich an zu laufen, aber ich war so schwach, dass ich hinfiel.

Kato hob ihren Kopf aus dem Staub. „Jancsi, bitte, lass' mich nicht hier." Ich setzte mich an den Straßenrand und wartete auf sie, aber sie lag nur da, wie tot. Niemand war in Sicht. Ich ging zu ihr zurück und half ihr aufzustehen. Sie schluchzte wie ein Kind. Sie konnte nicht sprechen; und ich auch nicht. Wir gingen wortlos auf den Fluss zu.

* * *

Das Erste, was ich auf ungarischem Boden sah, war weiße Farbe an den Wänden: 'TOD DEM FASCHISMUS! TOD DEN DEUTSCHEN MÖRDERN!' Hinter der frischen Farbe waren die alten, jetzt kaum sichtbaren Worte erkennbar: ‚TOD DEM JUDEO-BOLSCHEWISMUS. TOD DEN JUDEN.' Waren es dieselben Hände, die diese beiden Todes-Slogans an die kleinen Häuser Komaroms gepinselt hatten? An der Haltestelle rannte Kato zur Toilette und ging ins Büro des Bahnhofvorstehers. Keine regulären Züge nach Budapest. Auch keine Busse. Güterwagen? Ja, aber keine Garantie, wie lange die Reise dauern würde. Keine Fahrkarten. Auf den Dächern der Züge oder auf den Puffern. Auf eigene Gefahr.

Kato kam von der Toilette mit einem grossen Stück Brot und Wurst zurück. „Die Menschen haben sich verändert.", sagt sie. „Sie sind freundlich geworden." Sie schaute liebevoll auf ihren Erwerb. Wir kletterten aufs Dach eines

7

Viehwaggons und machten es uns so gemütlich, wie es möglich war. Sie teilte ihr Essen mit mir und wir aßen ohne ein Wort zu wechseln, bis sich der Zug in Bewegung setzte. In Deutschland hatte ich oft vom Nachhausekommen geträumt, aber ich hatte mir nie vorgestellt, dass ich auf dem Dach eines Zuges sitzen würde. Jedesmal, wenn ich versucht hatte, mir die ersten Stunden zuhause auszumalen, hatte ich mir immer einen stürmischen Himmel und ein Gefühl von etwas sehr Dramatischem vorgestellt. Doch jetzt war keine einzige Wolke am Firmament zu sehen, und ich fühlte überhaupt nichts.

Plötztlich fing Kato wieder an zu weinen. Sie legte ihren Kopf in meinen Schoß und schluchzte. Ich saß bewegungslos da und mir war, als ob die Räder sagten: „Dreckige Hure, dreckige Hure, dreckige Hure."

„Sie hätten mich töten können," sagte sie mit Tränen benetzten Augen und schaute mich an.

„Wahrscheinlich."

„Sie hätten dich auch getötet." Ich fühlte wieder diese Wut in mir aufsteigen.

„Du hast dich also mir zuliebe genötigt? Wie nett von dir!"

Mit einem verzweifelten „Oh!" fiel sie wieder in meinen Schoß und weinte. Ein sadistischer Drang ließ mich Worte sagen, die ich später bereute.

„Hätte ich dich begehrt, hättest du natürlich auf die sanfte Weise deines sanften Geschlechtes protestiert. ‚Oh nein, Jancsi, das dürfen wir nicht. Es ist verboten. Es ist unmoralisch...' Aber für sie hast du, ohne ein Wort, ohne jeglichen Protest, deine Beine aufgemacht...."

Sie entfernte sich von mir. Ich versetzte ihr einen härteren Schlag.

„Ich werde mein Leben lang nicht vergessen, dass du mit diesen Bestien geschlafen hast...."

Inzwischen schrie sie. „Wenn du noch ein einziges Wort sagst, spring' ich von diesem Zug. Möge Gott mir beistehen!" Hasserfüllt stachen ihre Augen hervor. „Du Feigling, du Bastard, du hast nur dagestanden und dir angeguckt, was geschah, und hast nicht versucht, mich zu retten. Du bist kein Mann, du bist ein Scheusal!"

Jetzt fühlte ich mich plötzlich schuldig. Nicht, weil ich ihr nicht geholfen hatte, sondern für etwas, das ich nicht ganz verstand. Ich fühlte mich, als ob *ich* ihr dieses fürchterliche Ding angetan hätte. Meiner Bitterkeit wich Mitleid und ich streckte ihr meine Hände entgegen. Aber sie schob sie energisch von sich. „Fass' mich nur nicht an, du Biest, du Mörder."

„Mörder?" fragte ich erschrocken. „Warum Mörder?"

Der Zug raste der Abendsonne entgegen und der Duft der Felder fühlte sich satt an in meinen Nüstern. Ich schaute das Land mit neuen Augen an. Die Felder waren schön, die Kühe waren schön, die kleinen weißen Hütten, die an uns vorbeirasten, waren alle auf wundersame Weise schön. Das Leben war gut und es war gut zu leben, und es war gut, dankbar zu sein.

„Es tut mir leid, vergib' meine Brutalität." Kato antwortete nicht. Ich fuhr fort: „Bitte verzeih' mir. Natürlich hätte keiner von uns beiden etwas tun können. Ich war lange Zeit nicht mit einer Frau zusammen gewesen, und diese Bestien erweckten auch in mir die Bestie. Ich schäme mich."

Sie schaute mich immer noch nicht an und antwortete nicht, aber jetzt spürte ich eine Veränderung in ihrem Schweigen und sie hörte auf zu weinen. Langsam begann es zu dämmern und ein kühler Wind wehte vom Norden. Sie setzte sich auf.

„Ist dir kalt?" fragte sie, und als ich antwortete, dass ich vor Kälte zitterte, kam sie näher an mich heran und ich fühlte die Wärme ihres Körpers. Ein paar Minuten lang waren wir in Harmonie.

Der Zug hielt an, ruckte, fuhr wieder an, hielt wieder und langsam verschwamm die Zeit in unserem Bewusstsein, als der beschleunigende Rhythmus unseres Blutes drohte, unseren neu gefundenen Frieden zu überwältigen.

„Willst du noch?" Ich dachte, sie fragte, ob ich noch etwas zu essen wollte. Aber sie meinte eine andere Art von Hunger. Als die Bedeutung ihrer Worte in mein Bewusstsein drang, flutete ein Strom von Lust durch meinen Körper. Ich fühlte ihren Körper unter dem schäbigen Kleid und hielt ihre winzigen Brüste, als ob sie die ersten Früchte des Jahres wären; ihre Lippen waren warm, und als ich sie küßte, schmeckte ich ihre salzigen Tränen auf meiner Zunge. Dann riss sie sich plötzlich von mir los und schrie:

„Vielleicht haben sie mich infiziert! Ich kann auch schwanger sein!"

Ein kalter Schauer lief meinen Rücken hinunter, und der Strom von Verlangen nahm unverzüglich ab. Aber ich hielt sie weiterhin, jedoch ohne Gefühl, bis sie einschlief. Der Zug raste weiter; die Lokomotive keuchte wie ein fetter Mann, der die Treppe hinauf eilt, während ich in die Nacht blickte und mich der Flammen des Krematoriums erinnerte. Am Stadtrand Budapests hielt der Zug wieder, als die ersten

Strahlen der Morgensonne am Himmel zu sehen waren. Kato wandte sich mir zu.

„Ich hätte dich lieben können, weißt du. Aber ich kann nicht." Sie stand auf und kletterte vom Zug. Es war unnütz, sie zu bitten, hierzubleiben. „Ich möchte dich nicht im Tageslicht anschauen," sagte sie und verschwand in der Menschenmenge. Ich verfolgte sie mit meinem Blick, so lange ich konnte. Ich habe sie nie wieder gesehen.

* * *

Ich lag im Garten, unter den großen Kastanienbäumen, wo erst vor kurzer Zeit in einem Traum Mutter im Gras gesessen und mich herbeigewunken hatte: „Komm nachhause, Jancsi." Mehrere Tage lang war ich jeden Nachmittag hierhergekommen, um zum Verandafenster hinaufzublicken, wo früher einmal Mutter die Wäsche aufgehängt hatte. Am Abend pflegte sie an dieses Fenster zu kommen und zu rufen: „Komm, mein Sohn, das Abendessen ist fertig!" Jetzt lebten hinter den Glasscheiben der Veranda Fremde; Fremde hingen ihre Wäsche auf die Leine – und doch wartete ich noch immer darauf, dass das Gesicht meiner Mutter in dem braunen Fensterrahmen erschiene.

Der Garten war von Unkraut überwuchert; er war jahrelang vernachlässigt worden. Das Sommerhaus stand leer. Nur die Kastanienbäume, die sich im Winde bewegten, sahen wie früher aus. Hier hatte ich laufen gelernt, hier war ich das erste Mal hingefallen. Hier in diesem Garten suchte ich nach der Vergangenheit. Jeder Kieselstein hatte eine Bedeutung für mich. Jedes Blatt an den Sträuchern gehörte mir, gehörte zu meiner Vergangenheit, zum Leben meiner Familie, die der Sturm verweht hatte.

Jenseits des Tores lag die Stadt. Mein Gott, wie sie sich verändert hatte! Sogar die Farbe der Häuser war anders. Die Stadt war gestorben, so wie die Menschen gestorben waren – und die Übriggebliebenen schleppten sich durchs Leben, verwirrt vom Gefühl der Schuld, das sie in ihrer Seele trugen. Von dieser einst dicht bevölkerten kleinen Stadt hatten sie sechstausend Menschen weggeschleppt, und nur ein Bruchteil davon war zurückgekehrt.

Nicht nur diese Stadt, sondern mein ganzes Vaterland schien gestorben zu sein. Auf dem Heimweg hatte ich überall verbrannte Dörfer gesehen, zerstörte Städte, unfreundliche und desillusionierte Menschen. Noch kurze Zeit vorher war Propaganda vom nahen Endsieg laut verkündet worden. Jetzt bewegte sich jeder verstohlen, unsicher, ob die Hand der Vergeltung ihn erreichen würde.

Als ich im Garten lag, schien all das nur ein böser Traum zu sein. ‚Oben auf der Veranda ..., es ist gleich Abend, und ich werde hinaufgehen und mit meiner Famile zu Abend essen ...'.

Aber dieses Spiel konnte ich nicht mehr lange fortsetzen: Jeden Augenblick konnte der Portier aus der Kellerwohnung kommen – ein neuer Mann, der nichts von früheren Tagen wußte.

Ja, es war Zeit für mich, zur Wahrheit zu erwachen, zum Leben, zur Realität. Ich mußte der unglaublichen Tatsache ins Auge sehen, dass meine Familie nicht mehr am Leben war. Von meiner gesamten Familie war ich allein zurückgekehrt.

„Und jetzt, was wird jetzt mit mir geschehen? Ich bin aus der Hölle der Höllen zurückgekehrt – warum sollte ich jetzt zusammenbrechen? Oder soll ich mich umbringen ...?"

Nein! Es gab andere, die ich treffen musste, Botschaften, die ich den Lebenden von den Toten überbringen musste. Ich hatte etwas zu tun; ich hatte etwas zu sagen; es gab Augenblicke, die ich analysieren musste. Ich musste der Welt zeigen, was ich gesehen und durchlebt hatte. Ich würde die Stimme der Millionen von toten, verbrannten Körpern sein, die diese Greueltaten auch erlebt hatten, aber nicht länger sprechen konnten.

Ich ging den gewundenen Weg am Ufer des kleinen Flusses entlang zur Wohnung, in der ich ein Zimmer gemietet hatte. „Ich muss anstelle dieser zerrissenen Lumpen neue Kleider auftreiben. Ich muss arbeiten, ich bin hungrig, ich brauche etwas zu essen. Ich muss alles von Grund auf neu beginnen. Ich muss etwas mit meiner Freiheit anfangen ...".

Und so ging ich zurück durch die toten Straßen, zurück, dem Leben entgegen.

Kapitel II

Die Stadt, in der ich mein Leben zum zweiten Mal begann, heisst Szombathely. Die Römer nannten sie Steinamanger. In jenen Tagen war sie eine bedeutende Stadt, da sie an der *Via Aurelia*, der Hauptstraße zwischen Rom und Deutschland lag. Kaiser, Konsule, römische Soldaten und auch Sklaven waren diese Straße entlang marschiert, dem Balkan und Rom entgegen. Ausser Kriegern lebten und arbeiteten hier Bildhauer, Architekten, Maler und Dichter im Schatten der *Basilica* und opferten Jupiter bei Sonnenuntergang ihre Seelen. Und tatsächlich hinterließen die Majestät und der Ruhm Roms in diesem Teil Ungarns ihre Spuren stärker als anderswo. In den 1930er Jahren konnten Gebildete, besonders in juristischen Berufen, noch Latein sprechen; und in einem feudalistischen Zeitalter, einem Zeitalter der Diskriminierung und Ungerechtigkeit, war das Motto nach wie vor *Fiat justizia et pereat mundus* (Es wird Gerechtigkeit geben, auch wenn die Welt untergehen muss).

Viele begabte ungarische Dichter dieses Jahrhunderts waren hier geboren. Es schien etwas in der Luft zu liegen, was das Beste in kreativen Menschen hervorbrachte.

Mit einer Bevölkerung von 30,000 Menschen hatte die Stadt zwei Tageszeitungen sowie unzählige Wochenblätter und literarische Zeitschriften, und für lange Zeit war der Bürgermeister der Stadt selbst Poet.

Aber der Geist Roms manifestierte sich nicht nur in der Literatur. Steinamanger brachte berühmte Sänger hervor, Musiker, Dirigenten und auch Rechtsanwälte, die das Wort des römischen Gesetzes und die Bedeutung von Gerechtigkeit

14

geltend machten. Wie sehr auch das Gesetz im Obersten Gerichtshof Budapests vielleicht verdreht und verfälscht wurde, wurde in Steinamanger jedermann vor dem Gesetz gleich behandelt. Während die Wahlen im restlichen Teil des Landes Inspektionen unterlagen, wurden sie hier in geheimer Wahl vorgenommen. Für meinen Vater, der Sozialist gewesen war, war es möglich, mehrfach als Gemeinderatsmitglied und Ratsherr gewählt zu werden. Während meiner prägenden jungen Jahre wurde ich niemals darüber aufgeklärt, dass meine Stellung in diesem Land wegen meiner jüdischen Herkunft infrage gestellt würde. Meine Vorfahren lebten und starben in dieser Gegend und, wie mein Vater einst gesagt hatte, war meine Familie zu einem ‚historischen Denkmal' geworden. Ausländer waren toleriert und viele russische Kriegsgefangene des Ersten Weltkrieges ließen sich nieder, begannen geeignete Tätigkeiten und gründeten Familien, und sie wurden genauso behandelt wie alle anderen. 1918 war hier eine Revolution, genauso wie in anderen Teilen des Landes, aber es gab keine Hinrichtungen. Als die Revolution scheiterte, wäre mein Vater ganz in der Nähe von hier gehängt worden, weil er an der Roten Revolte teilgenommen hatte. Aber stattdessen wurde er in einem Gerichtsverfahren mit der Begründung freigesprochen: ‚Er war ein Mann, der seinen Überzeugungen folgte, aber dafür eintrat, dass keine Verbrechen passierten.'

Es war erst nach 1938, als die Deutschen Österreich besetzten, dass der Anfang einer Wende eintrat, die Steinamangers alten Geist veränderte. Diese letzte Festung des ungarischen Westens, die auf den Barrikaden des Christentums gekämpft und geblutet hatte, wurde jetzt langsam ans Hakenkreuz genagelt. Was Mongolen und

Türken in vergangenen Jahrhunderten nicht erreicht hatten, führten jetzt die Deutschen aus. Sie mordeten nicht nur Menschen, sondern auch ihren Geist der Freiheit. Als die Dunkelheit vom Westen her aufstieg, hörten die Poeten auf zu dichten und gingen fort; sie kehrten nie wieder zurück. Viele Menschen schauten in die Richtung jenseits Deutschlands zur *Seine* und zur *Themse* und zum *Hudson River* und suchten dort ihr Zuhause. Und dennoch wurde innerhalb dieser historischen Mauern bis zum Schluss Vernunft bewahrt; es gab noch Menschen, die sich angstlos gegen die Tyrannei der Diktatoren aussprachen.

Während der letzten Kriegstage verlagerte *Miklós Horthy* Ungarns Hauptstadt nach Steinamanger, und vierundzwanzig Stunden bevor die Rote Armee die Stadt besetzte, erklärte er, ‚diese alte Bastion Roms wird niemals kapitulieren.' Aber hier endet seine Geschichte, und meine Geschichte beginnt: mit dem Marsch der Roten Armee entlang der *Via Aurelia.*

* * *

Als ich nach Hause zurückkehrte, gab es Steinamanger, so wie ich es gekannt hatte, nicht mehr. Die meisten Gebäude standen noch unversehrt und erinnerten an eine glorreiche Vergangenheit, die in Museen unter Schloss und Riegel konserviert wurde. Aber der Geist Roms lag tot in den Ruinen der *Basilika.* Auf der Landeshalle wehte stolz die Rote Fahne im Wind, ein Zeichen dafür, dass die Geburtswehen eines neuen Zeitalters begonnen hatten. Die Soldaten, die sich ihren Weg durch die Ebenen Russlands, der Ukraine und durch die Karpaten erkämpft hatten und die den Wind einer neuen Welt mit sich brachten, hatten zwei Gesichter – Mensch und Biest.

Sie setzten alles daran, mit Kindern zu spielen, sie auf den Arm zu nehmen, ihnen Geschenke von Schokolade und Süßigkeiten zu geben und sie in ihren Panzern spazieren zu fahren. Dieselben Soldaten würden die Mütter und Schwestern dieser Kinder in der gleichen Nacht vergewaltigen.

Nachts würden sie singen, und der Wind trug die Lieder von ihren Kasernen in die Stadt hinüber. Es waren liebliche Melodien; in ihnen lag Traurigkeit, Kraft, Macht und Liebe. Bilder von endlosen Steppen, gewaltigen Bergen und machtvollen Flüssen waren in ihren Rhythmen projiziert. Die Deutschen hatten hier nie Lieder vom Leben gesungen, hatten ihre Herzen nie für Liebe geöffnet, immer nur für Hass. Wie primitiv und roh diese Russen auch waren – sie waren Menschen wie ich auch. Ich konnte nie einen Russen hassen, auch wenn ich im Laufe der Zeit ihre Politik fürchtete.

Da mein Vater für seinen Glauben an eine bessere Welt einen Märtyrertod gestorben war und da viele glaubten, dass die Welt, für die er gestorben war, nun im Begriff war, sich zu entwickeln, wurde ich von seinen Freunden und Kameraden mit offenen Armen empfangen. Hätte ich im Alter von dreiundzwanzig Jahren Parlamentsabgeordneter werden wollen, oder Bürgermeister unserer Stadt, oder Diplomat, wäre es nicht unmöglich gewesen. Aber ich wollte nur eins: Schreiben.

Schreiben ist nicht nur ein mechanischer Vorgang; man legt nicht nur seine Gedanken auf einem Blatt Papier nieder; es ist ein Versuch, sich nackt und bloß vor der Welt zu zeigen. Ein wahrer Schriftsteller muss gewillt sein, seine Anatomie nie vor beobachtenden Augen zu verbergen – und kein Krüppel mag seinen verformten Körper anderen zur Schau

17

stellen. Schreiben offenbart die Wunden der Seele, aber nur ein reifer Mensch ist imstande, seine Wunden ohne mit der Wimper zu zucken zu zeigen.

Ich wollte Schriftsteller werden – aber ich war noch gänzlich unvollkommen. Das Jahr in Deutschland hatte fast erreicht, ein Ungeheuer aus mir zu machen: Der Hass, der auf mich gerichtet war, hatte Türen des Hasses in mir geöffnet und dunkle Tunnel in meinen Gedanken offenbart, deren Existenz mir bis dahin nicht bewusst gewesen war. Hässliche Ungeheuer von Zerstörung krochen jetzt zu Hunderten in diesen Tunneln herum, und nur eine kleine Flamme des Glaubens konnte meinen Weg beleuchten.

Erst jetzt, mit der Feder in der Hand, begriff ich, wie sehr die Gestapo es fast erreicht hatte, den Menschen in mir zu zerstören; und als meine Worte in Druck erschienen und die Atmosphäre des Krematoriums den Geruch von verbranntem Fleisch und von Gas freisetzten, bekundete ich einen Hass, der am Ende *mich* hätte zerstören können. Wenn es nach mir gegangen wäre, hätte ich Deutschland und alles, was dazu gehört vernichtet. Meine Artikel, die zu der Zeit gedruckt wurden, waren nicht in den Worten meines Volkes geschrieben, nicht in den Worten meiner Vorfahren, die den Qualen der Jahrhunderte unterlegen waren und dennoch an das Gute im Menschen geglaubt hatten; - meine Worte waren die des Feindes, die auf den Feind gerichtet waren. Die kleine Flamme des Lichtes war nicht stark genug, um das ewige Licht der Sonne auszudrücken.

Eines nachts sprach in der Stille die Erinnerung an meinen Vater zu mir. Ich hörte seine Stimme in den Worten des Windes, der an den Bäumen rüttelte, welche vor meinem Fenster standen. Er schien zu sagen: „Ist das die Welt, für die ich starb, mein Sohn?" Da brach meine Welt des Hasses zusammen und löste sich in Tränen auf. Ich antwortete: „Vergib mir, Vater, ich war voll Schmerz."

Es war eine endlose Nacht, aber bei Sonnenaufgang hatten meine Tränen meinen Hass weggespült – vorläufig jedenfalls.

So wie ich hatte Ungarn viele Schläge erlitten und blutete aus seinen Wunden. Genauso wie ich war es im Begriff, wieder aufzustehen und die Luft von Leben und Freiheit einzuatmen. Die Deutschen hatten nichts als Trümmer, Tod und Bitterkeit hinterlassen. Die Verachtung und der Hass des 'Herrenvolkes' richtete sich letztendlich weg von den Juden und wandte sich den Ungarn zu, die plötzlich und zum ersten Mal das unverhüllte Gesicht des 'Herrenvolkes' sahen. In einem Ausbruch von verzweifeltem Hass wurden Brücken in die Donau gesprengt und Wertgegenstände aus winzig kleinen Häuschen geraubt, - lebenslange Errungenschaften. Die ungarischen Nazis waren geflohen, von ihren treuen Anhängern gefolgt, während das übrige Ungarn stillstand und darauf wartete, dass der Sturm sich lege. Die Rote Armee hatte heroisch ihren Weg über die Donau erkämpft, aus allen Richtungen herankommend, bis eines Morgens im Frühling 1945 das Land besetzt war; mit dieser Besetzung hatte der Nationalsozialismus sein Ende erreicht.

Dieses winzige, unglückliche Land, in den Armen von vier Flüssen, majestätisch vor seinen Bergen kniend, zitterte jetzt vor den Stiefeln der Roten Armee. Sie hatten das Land von einer wahnsinnigen Diktatur befreit, - aber brachten diese Befreier Freiheit oder eine neue Form von Sklaverei aus ihrem fernen Land? Mit Freiheit hätte dieses schöne Land ganz einfach ein Paradies werden können. Sein Klima war gesund, mit klar definierten Jahreszeiten; das fruchtbare Land jenseits der Städte war ewig lebendig mit reichhaltiger Erde. Leben in Ungarn hat immer in einem leidenschaftlichen Rhythmus pulsiert. Aber anstelle eines Paradieses war es unter dem ständigen Joch ausländischer Besetzung zu einer lebendigen Hölle geworden.

Seit dem Tag, an dem *Papst Silvester II* dem ersten König, *St. Stephan*, die Heilige Krone geschickt hatte und das Land christlich geworden war, kämpfte und blutete es auf den Barrikaden des Christentums. Zuerst kamen die Deutschen, dann die Mongolen unter der Führung von *Ghengis Khan*, dann die Türken, erneut die Deutschen und dann noch einmal die Deutschen. Ein paar Jahre Atempause, ein paar Jahre Freiheit, aber ständig mehr Unterdrückung, Vergewaltigungen und Morde.

Ich war ein Sohn dieses tragischen Landes; ein bitterer und verzweifelter Sohn während dieser Sommermonate, in denen ich hoffnungslos auf die Rückkehr einiger Mitglieder meiner Familie wartete, die mir helfen würden, eine Brücke zu bauen, die mich mit meiner Vergangenheit verbinden würde. Aber ich wartete vergebens; sie waren alle in den Gaskammern von Auschwitz umgekommen. Ich verabscheute diese rückgratlose, Hitler-anbetetende Meute, für welche Christentum zur Waffe des Hasses geworden war. Sie hatten ohne ein Wort des Protestes der Deportation ihrer Mitbürger in ein fremdes Land zugesehen und glaubten, dass alle ihre Probleme automatisch mit unserer Vernichtung gelöst würden. Aber dennoch liebte ich Ungarn und fühlte, dass sein Schicksal auch meins war. Deshalb war die britische Parlamentswahl am 26. Juli so wichtig für mich und für die wenigen, denen sie auch etwas bedeutete. Wir glaubten, dass

20

die britischen Wahlen einen großen Einfluss auf unsere eigenen freien Wahlen im Herbst haben würden. Auf dem Spiel stand jedoch nicht nur Ungarn; ich glaubte, dass in dieser Nacht vielleicht die Zukunft Europas von der britischen Bevölkerung entschieden würde. Die erste Atombombe in Hiroschima war noch nicht explodiert, als wir bereits das Beben in unseren Herzen fühlen konnten.

In der Nacht der britischen Parlamentswahlen wechselten wir Journalisten der ‚*Free Country News*‘ (‚Freie Landes Presse‘) uns in unserem Büro ab, um die Entwicklungen zu verfolgen. Als die Zwischenberichte über den B.B.C. hereinkamen, tranken wir Kaffee, rauchten, spielten Schach und Karten- und debattierten natürlich. Die meisten von uns gehörten unterschiedlichen Parteien an, aber eins war sicher: in dieser Nacht war kein ehemaliger Nazi unter uns. Nach Mitternacht begann die Konversation lebendiger zu werden.

Jozsi behauptete, die Spaltung zwischen Osten und Westen wäre unvermeidlich, auch wenn die *Labour Party* die Wahl gewinnen würde, weil *British Labour*, die keine Marxistische Partei ist, die imperialistische Politk der Konservativen weiter durchführen würde. Die einzige Hoffnung für die Menschheit, fuhr er fort, läge in der Kommunistischen Partei der Sowjetunion, und die einzige Macht, die imstande sei, in Ungarn Frieden zu gewährleisten, sei die Rote Armee. Gergely, ein Journalist mittleren Alters, mit ergrauendem Haar und dicker Brille, verzog sein Gesicht.

„Mein lieber Jozsi," sagte er, „mir scheint, dass du die Dinge nur in schwarz und weiss sehen kannst, oder besser: in rot und weiss? Warum sollte die *British Labour Party* eine imperialistische Politik durchführen? Warum muss eine Arbeiterbewegung marxistisch sein? Obgleich ich zustimme,

21

dass Sozialismus in Britanien ein langsamer Prozess sein würde, denke ich, dass er im Laufe der Zeit kommen wird. Jedenfalls ist das Zeitalter des westlichen Imperialismus beendet. Ich wünschte, ich wäre genauso sicher, was östlichen Imperialismus betrifft."

Jozsi wurde erregt.

„Willst du damit andeuten, dass Russland imperialistisch ist? Ist es das, was du damit meinst?"

Gergely putzte seine Brille mit langsamen und ganz bedachtsamen Bewegungen, und als er damit fertig war, faltete er sorgfältig sein Taschentuch und steckte es in seine Jackentasche zurück.

„Ich habe nicht gesagt, dass Russland imperialistisch ist. Ich habe lediglich gesagt ‚ich wünschte, ich wäre so sicher'. Das ist alles, was ich gesagt habe."

„Wie kann ein sozialistisches Land imperialistisch sein? Entschuldige, aber du redest Unsinn."

„Ich habe auch nicht gesagt, dass Russland sozialistisch ist," sagte Gergely ruhig.

„Was denn sonst? Faschistisch?"

„Meines Wissens," sagte Gergely gelassen, „ist die Sowjetunion stolzer Inhaber von Kommunismus. Meiner Ansicht nach ist zwischen den beiden ein gewaltiger Unterschied. Sozialismus hat seine Wurzeln in Demokratie, Kommunismus nicht. Man kann nie wissen, was ein Diktator tun wird. Heute kann er dies machen und morgen genau das Gegenteil."

Jozsi's Gesicht lief rot an, und die friedliche Unterhaltung hätte leicht in eine stürmische umschlagen können, wenn wir nicht von den ersten Wahlergebnissen unterbrochen worden wären. Es wurde schnell klar, dass *Labour* einen überwältigenden Sieg davontrug. Außer Jozsi und Janos, einem leidenschaftlichen Römisch-Katholischen, waren wir alle mit dem Ergebnis zufrieden.

„Unreifes Volk, ein gottloser Haufen, die Briten," murrte Janos bitter. „Bringen die Roten rein. Aber -, was kann man sowieso von Protestanten erwarten?"

Ich brauste auf: „Du wagst zu sagen, dass *sie* unreif sind? Du sprichst von Gott? Wo warst du und deine gottesfürchtigen Kirchgänger in den letzten Jahren? Drüben, bei denen, die den Satan bekämpften, oder hier bei denen, die neben ihm kämpften?"

Er antwortete langsam und bedächtlich: „Meiner Ansicht nach ist der Satan in diesem Moment noch hier," und er wies auf die Straße. „Nur trägt er jetzt eine andere Uniform."

„Ich mag überhaupt keine Besatzungsmächte, was für welche auch immer," sagte Gergely und gähnte. „Aber bis jetzt haben sich die Russen ziemlich anständig benommen."

„Anständig?" Janos zischte die Worte. „Du wagst es, sie anständig zu nennen?"

„Nun, sie stehen zum *Jalta Abkommen* und mischen sich nicht in unsere internen Angelegenheiten."

„Und was ist mit unseren Besitztümern, die sie an sich reißen? Und was ist mit unseren Frauen, unseren Müttern, unseren Schwestern, die jede Nacht vergewaltigt werden? Du nennst diesen asiatischen Haufen anständig?"

Jozsi stand auf. Einen Moment lang dachte ich, er würde Janos eine Ohrfeige geben. Er stellte sich vor ihn.

„Und ich nehme an, dass unsere anständigen, wohlgesitteten ungarischen Truppen, die gemäss christlicher Lehre erzogen wurden, abstinent waren, als sie sich hinter den Deutschen in Russland einschlichen, hä? Sie haben sich immer an die zehn Gebote gehalten, wenn sie in russische Häuser eindrangen: ‚Du sollst nicht stehlen, du sollst nicht begehren, du sollst nicht Ehe brechen.' Oh ja," seine Augen stachen jetzt hervor und seine Nasenflügel bebten vor Wut, „unsere ritterlichen Soldaten verteidigten das Christentum und benahmen sich im Geiste Jesus Christus, unseres Retters. Amen. Ich besitze Fotos – Pornographie wäre eine Untertreibung – Fotos von Russen, die an Bäumen aufgehängt sind, und unsere christlichen Soldaten trinken auf's Wohl, auf ihren Tod, zweifellos sagten sie vorher ein Gebet. Ich habe Fotos von nackten russischen Frauen, aus deren Bäuchen Bajonetten sprießen, und Ungarn stehen neben ihnen und machen Witze. Ich habe Adressen von Leuten, die Teppiche, Schmuck und weiß Gott nicht was noch alles von der russischen Front mit nachhause gebracht haben. Ich habe hier, in dieser Tasche, einen Brief eines Wehrmacht-Offiziers an seine Frau, in dem er sagt: ‚Gott hätte diese ungarischen Monster nicht erschaffen sollen.'", und er zog den Brief aufgeregt heraus.

Ein alter Mann, der bis dahin noch nicht an der Unterhaltung teilgenommen, sondern ruhig in der Ecke gesessen hatte, unterbrach uns:

„Komm, komm," sagte er sanft, „was wird aus uns, wenn wir uns streiten?' Er ging zum Fenster hinüber und schaute auf's Morgenrot. Dann sprach er, wie zu sich selbst:

„Das Schlimme ist, dass wir das Übel immer da draußen sehen." Er deutete auf die dunklen Silhouetten der Häuser. „Aber die wirkliche Gefahr ist hier." Er drehte sich um und zeigte auf sein Herz. „Wir sind nicht erwachsen geworden, das ist das Problem. Wir können nur in Form von Mord, Gewalt und Vergewaltigung denken."

Wir schwiegen, denn wir alle respektierten den alten Mann, dessen Gedichte wir gelesen hatten, als wir in die Schule gingen. Früher unterrichtete er ungarische Literatur am hiesigen Gymnasium, doch jetzt hatte er sich zu seinen Büchern, seiner Poesie und seiner Stillebenmalerei zurückgezogen.

„Die Russen," fuhr er fort, „haben uns nichts in Form von Greueltaten gezeigt, was uns nicht bereits bekannt war. Aber vielleicht haben sie etwas Wichtigeres mitgebracht. Ich denke, sie haben den Anfang einer neuen Welt eingeführt, wie entstellt und verworren sie auch gegenwärtig sein mag; und obwohl die Gedanken vielleicht noch unbewusst sind, könnten sie sich als die gleichen herausstellen, für die Er am Kreuz starb und die das Christentum ignorierte."

Dann ging er zu seinem Schreibtisch zurück und setzte sich hin, um zu schreiben und zu träumen.

Der Tag war schon angebrochen, und es war Zeit zu gehen. Ich ging in mein Büro, um den Leitartikel zu schreiben. Auf dem Weg sagte Janos zu mir:

„Eines Tages wird dieser alte Mann erwachen und sich in Schwierigkeiten befinden."

„Typisch herablassendes bourgeois Gerede. Der scheint auf dem Weg zur Senilität zu sein," sagte Jozsi und spuckte aus.

Der Titel meines Leitartikels hieß ‚Die Antwort Großbritanniens'. Ich prophezeite ein *Goldenes Zeitalter* mit einem von demokratischem Sozialismus regiertem Europa (Diplomatie und praktische Politik waren noch nie meine starke Seite gewesen). Die Arbeiter Großbritanniens und die Sowjetunion würden zusammen den jahrhundertelangen Traum erfüllen: Leben ohne Furcht, ohne Krieg, ohne Armut.

Ich visualisierte Ungarn zum ersten Mal in der Geschichte als die Brücke zwischen Osten und Westen, den Beginn einer Demokratie, die Jahrhunderte lang währen würde. Ich endete meinen utopischen Traum mit dem folgenden Kommentar:

,Die Augen der Vergangenheit werden nicht von einem Sozialismus, der in nationale Farben gewickelt ist, geblendet werden. Ebensowenig werden die Ohren der Geschichte von Parolen betäubt, die nur diejenigen vernehmen können, die unfähig sind, auf die Stimme des Lebens zu hören.'

Ich war sehr mit mir zufrieden, als ich dem Drucker die maschinegeschriebenen Seiten überreichte. Als ich Gergely mein Meisterstück zeigte, bemerkte er ruhig: „Schade, dass du keine Gedichte mehr schreibst." Jozsi sagte: „Dir fehlt jegliches Gefühl für Realität." Janos nahm überhaupt keine Stellung.

Der Dichter saß immer noch in dem Raum, in dem wir ihn am frühen Morgen verlassen hatten. Ich zeigte ihm den Artikel. Er las ihn zweimal aufmerksam durch und sagte dann:

„Du bist ein Poet, so wie ich, Jancsi. Du solltest einer bleiben. Du befasst dich mit Dingen, von denen du nichts verstehst. Träume werden selten von jenen verstanden, die nicht träumen."

Ich war von seiner Reaktion bitterlich enttäuscht und dachte säuerlich, dass Jozsi wahrscheinlich recht hatte, als er den alten Mann als ,senil' bezeichnete. Damals hatte ich keine Ahnung, dass seine wenigen Sätze für mich einmal so bedeutsam sein würden und dass es sich herausstellen würde, dass er alles andere als senil war.

Am nächsten Tag saß ich wie üblich in meinem Büro, öffnete die Leserbriefe und hoffte, es würde sich herausstellen, dass ich mit meinen Ansichten recht hatte. Da fiel mir einer in die Hände, der nicht unterschrieben und voller Beschimpfung war. Er endete so:

„Du Judenschwein, warum predigst du uns deine versaute, dreckige Demokratie? Warum gehst du nicht in dein eigenes verdammtes Palestina, wo du deiner eigenen Bande predigen kannst? Du glaubst, deine Zeit sei gekommen. Wir werden es dir und deinen dreckigen Kameraden beweisen, dass du dich irrst. Pass auf, Judenkerl, eines Tages wirst du baumeln."

Meiner Sekretärin war aufgefallen, dass ich blass geworden war. Ich gab ihr den Brief. Sie las ihn, und ihr Gesicht errötete. „Mister Heimler, es gibt Zeiten, in denen ich mich schäme, Ungarin zu sein. Sie sollten dieses Schreiben auf schnellstem Wege der Polizei überreichen."

Ich entschloss mich, genau das zu tun.

Am späten Nachmittag erschien ein Kriminalbeamter und wollte mich sprechen. Ich begann zu sprechen: „Es tut mir leid, Sie mit dieser Angelegenheit zu belästigen, Sergeant, aber ..."

Er unterbrach mich: „Mister Heimler, ich habe keine Ahnung wovon Sie sprechen. ... Ich habe Befehl, Sie zu verhaften."

Ich dachte, ich hatte ihn nicht recht verstanden. Er fuhr fort:

„Heute früh erhielten wir die Anweisung vom Generalstaatsanwalt, Sie zu verhaften und Sie in Verbindung mit dem Artikel, der gestern in Ihrer Zeitung veröffentlicht wurde, zu verhören. Ich werde Ihnen jetzt die Anklage vorlesen."

Ich war des Landesverrates beschuldigt. Die Schlussworte meines Artikels: ‚Die Augen der Vergangenheit werden nicht von einem Sozialismus, der *in nationale Farben gewickelt ist* ...' konstituierten eine Einstellung vulgärer Auflehnung gegen die tausend Jahre alten Nationalfarben Ungarns, mit der Absicht, die Verfassung zu unterminieren. ...'

„Mister Heimler, ich muss Sie bitten, mich zum Polizeirevier zu begleiten."

Ich rief Gergely und die anderen an. Innerhalb weniger Minuten kamen sie alle, mit Ausnahme von Janos. Jozsi sagte zu dem Beamten:

„Wissen Sie, was Sie tun, Wachtmeister? Ist Ihnen klar, dass das ein nationaler Skandal ist?"

Er sagte, er tue nur seine Pflicht, und dass ich mit ihm gehen müsste. Als ich den Raum verliess, waren meine Kollegen bereits am Telefon, zweifellos, um meine sofortige Freilassung zu veranlassen.

Auf dem kurzen Weg zum Polizeirevier fragte ich den Kriminalbeamten, wie der Generalstaatsanwalt hieß, und als ich seinen Namen hörte, erinnerte ich mich an ihn: Es war derselbe *Simon Mihaly,* der im Frühjar 1944 auf Ersuchen der Gestapo den Haftbefehl für meinen Vater unterschrieben hatte.

Auf dem Polizeirevier unterschrieb ich eine Aussage, in der ich erklärte, ich hätte den betreffenden Artikel geschrieben, fügte aber hinzu, dass mir nichts ferner lag, als mich den nationalen Farben meines Landes zu widersetzen. Der für meinen Fall zuständige Inspektor war höflich, aber unverbindlich. Ich kam nicht hinter Gitter, sondern musste in seinem Zimmer bleiben. Etwa eine Stunde später kam er herein und informierte mich, dass ich auf telefonisch durchgegebenen Befehl des Innenministers sofort freigelassen werden sollte.

* * *

Jozsi hatte recht. Die Angelegenheit entwickelte sich zu einem nationalen Skandal. Außer meiner eigenen Zeitung nahmen einige nationale Tagesblätter die Sache auf und verlangten den sofortigen Rücktritt des Generalstaatsanwaltes. Ich wurde zu einer ‚örtlichen Persönlichkeit‘, und nach *Simon Mihalys* Resignation begannen meine Artikel wichtig zu werden. Obwohl die Anklage des Landesverrats einen bitteren Geschmack für mich hinterlassen hatte, weigerte ich mich zu glauben, dass eine Nation, die fremde Herrschaft gewöhnt war, wieder Faschismus wählen würde, jetzt, wo sie Wahlfreiheit besaß; ich war zuversichtlich, dass mit guter Führung, Ausdauer und harter Arbeit die Nation die Erinnerungen und Traditionen des Feudalismus, Nationalsozialismus und deren begleitenden Übel ablegen konnte. Ich war bereit, meine eigene persönliche Bitterkeit zu ignorieren und der Zukunft zuliebe über die Vergangenheit hinwegzusehen in der Hoffnung, dass die Gegner der Demokratie das Gleiche tun würden.

Ich schrieb Artikel zur Verteidigung der Ungarn, die von den Tschechen gezwungen wurden, im wieder besetzten Teil von Slowakei ihre Heimat zu verlassen: Ich entlarvte einige Offiziere der neuen ungarischen Armee, die stahlen und Nahrungsmittel des örtlichen Militärkrankenhauses verkauften, wo verletzte Kriegsveteranen des Zweiten

Weltkrieges behandelt wurden. Ich erhielt ein paar Briefe von Lesern, die mir für meine ‚patriotische‘ Einstellung dankten, aber die Mehrzahl der Briefe war anonym, vulgär und bedrohlich. Einige gingen sogar so weit zu sagen, dass ich, wenn ich den Mund nicht halten würde, bald tot wäre.

Die Politische Polizei, eine Organisation, die kürzlich eingerichtet worden war, um ehemalige Nazis aufzuspüren, war machtlos, die Verfasser dieser Briefe zu finden. Die Haltung der Staatspolizei war höflich, aber uninteressiert. Sie konnten oder wollten nichts tun, um zu helfen.

Eines Abends, als ich in meine Wohnung zurückging, die ich nun in der *Szel Kalman Straße* gemietet hatte, verfehlten mich um ein paar Zentimeter zwei Schüsse. Später sagte die Polizei, dass es wahrscheinlich ein paar betrunkene russische Soldaten gewesen waren, die ‚herumspielten‘. Ich war davon überzeugt, wer auch immer mich töten wollte, war nicht betrunken, und dass russische Soldaten andere Dinge im Kopf hatten, als mir aufzulauern.

Kurz danach besuchte Jozsi mich zuhause und brachte mir einen Revolver als Geschenk. Er sagte, es wäre Zeit, dass ich zu den Realitäten des Lebens erwachte. Er erklärte, das Land sei von Faschisten verseucht, die nur auf eine Gelegenheit warteten, noch einmal zuzuschlagen, und meine Träume von Demokratie seien Träume eines Idioten. Ungarn sei zur Demokratie noch lange nicht bereit. Es benötigte eine solide Hand, und seiner Meinung nach seien die Kommunisten die Einzigen, deren Hände stark genug waren. Wenn ich das nicht erkennen könne, sei ich entweder ein Dummkopf oder von einer Atmosphäre spießiger Sicherheit so durchdrungen, dass ich demgegenüber blind sei. Er zitierte einen Ausspruch von Marx, die Bourgeoisie könne sich nicht wirklich mit der

Arbeiterklasse identifizieren, und fügte hinzu, „aber die Bourgeoisie kann es versuchen.'

Während ich Jozsi zuhörte, dachte ich an die Vielen, die es, nach Jozsis Worten, ‚versuchten'. Sie kamen von verschiedenen Herkünften und hatten zuvor viele unterschiedliche Anschauungen gehabt. Einige waren Juden, die ohne Verwandte, Ehefrauen oder Kinder und ohne einen Pfennig aus den Todeslagern zurückgekehrt waren, die Kommunismus nicht nur als eine klassenlose Gesellschaft sahen, sondern auch als eine Gesellschaft, in der Rasse keine Rolle spielte, die die Rote Armee als den neuen Messias betrachteten, der endlich Gerechtigkeit auf diese blutbefleckte Erde bringen würde. Andere sahen persönliche Chancen in diesem Neuen Zeitalter, - gute Jobs, Verantwortung und Macht, - Dinge, die sie zuvor nie gehabt hatten. Die Nazisympathisanten und die sogenannten ‚kleinen Nazis' suchten einen Unterschlupf, wo keine weiteren Fragen gestellt würden und wo sie von jeglichen Vergeltungsmaßnahmen für ihre Handlungen während der Kriegsjahre frei sein konnten. Andere schlossen sich an, weil sie wahrhaftig vom Nationalsozialismus und seiner Zerstörung, die er dem Land gebracht hat, angewidert waren.

Aber es gab andere Mitglieder der Bourgeoisie, die, im Sinne von Jozsis Formulierung, überhaupt nicht ‚versuchten'. Jene waren die geistigen Nachkommen der christlich-ungarischen Monarchie, der mittleren Oberschicht, nicht unbedingt Nazis, aber ergebene Anhänger des ‚Admirals ohne Meer' und seiner chauvinistischen Vorstellungen. Sie waren mit dem *Numerus Clausus* und anderen Gesetzen aufgewachsen, die die Juden in verschiedener Weise benachteiligt hatten. Sie waren Menschen, für die

31

Christentum bloß ein Haushaltswort mit wenig innerer Bedeutung war. Viele von ihnen traten der Kleinbauernpartei bei. Die Parteiführer waren selbst ehrliche Menschen, aber die breite Masse drängte sie, fortzuführen, wo *Horthy* aufgehört hatte. Ihre Wahlplakate trugen das Wahrzeichen des Kreuzes, ein Symbol, das in vorangegangenen Jahren in unterschiedlichen Verkleidungen so oft während politischer Kampagnen erschienen war. Ihre Versammlungen fanden Sonntagmorgens nach der Messe in der ‚*Square of the Madonna*' statt, und wenn die Kirchenglocken zwölf Uhr Mittag läuteten, machten die Redner das Zeichen des Kreuzes über dem versammelten Publikum und knieten sich einen Moment nieder, bevor sie sich wieder erhoben und mit ihren Angriffen auf den Sozialismus und Kommunismus fortfuhren.

Die Sozialdemokraten andererseits waren die stolzen Überbringer einer großen Tradition, die fünfundsiebzig Jahre lang existiert hatte und deren Beitrag für die Nation Märtyrer, Philosophen und Schriftsteller mit einschloss. Ihr Kampf vor und während des Krieges gegen die Nazis und später gegen Kapitalismus und Feudalismus schien ein hoffnungsloser zu sein; aber ihre Stimme war in der langen Nacht der Unterdrückung, die Europa verfinsterte, die Stimme der Freiheit. Jetzt war die Partei ‚respektabel' geworden und schloss nicht nur die vielen Tausenden ein, die ihr während des Krieges treu geblieben waren, sondern unzählige Neuzugänge, von denen viele Opportunisten waren, die die Sozialdemokratische Partei als eine sichere Sache ansahen. Die Ränge der Partei waren in Wirklichkeit zwischen denen getrennt, die eine unabhängige sozialdemokratische Politik ausführen wollten, und denen, die fühlten, dass das Land primär wirtschaftlich aufgebaut werden musste und dass die

Vereinte Arbeiter Partei allein stark genug sein würde, dieses Ziel zu erreichen und sich der noch existierenden Gefahren des Nationalsozialismus zu widersetzen.

„Du hast einen politischen Artikel geschrieben," sagte Jozsi zu mir. „Wahrscheinlich hast du gute Absichten gehabt. Wahrscheinlich. Aber wer schätzt sie? Du hast nämlich tatsächlich dein eigenes persönliches Problem geäußert und nicht das der Mehrheit. Du hast noch nicht mal die Stimmen der Zionisten laut werden lassen, die ganz bestimmt keine Illusionen haben, dass, wenn die neue *Labour Regierung* die Macht antritt, es unbegrenzte Emigration nach Palestina und Frieden zwischen Juden und Arabern geben wird. Du stehst allein. Du gehörst nirgendwohin. Wahrscheinlich kannst du deine Feder ganz gekonnt benutzen, aber du kannst nicht schreiben. Ein Schriftsteller muss sich der Notwendigkeit seiner Zeit sehr wohl bewusst sein und sie ausdrücken; er muss die Stimme seines Volkes sein. Du bist lediglich deine eigene, unbedeutende Stimme."

Er verließ mich wütend, aber er warf den Revolver, den er mir mitgebracht hatte, von der Tür aus auf's Bett.

„Du törichter Dummkopf," sagte er, „du könntest ihn brauchen. Niemand sonst wird dir beistehen."

Nachdem Jozsi mich mit dem Revolver alleingelassen hatte, setzte ich mich an meinen Schreibtisch und starrte eine Weile diesen fremden Gegenstand an. Dann bildeten sich langsam Erinnerungen. War ich fünf oder sechs, als mir mein Vater diese schwarze Spielzeugpistole gab? Die folgenden Tage war ich die Gefahr des Hauses und erschoss jeden, der mir in den Weg kam. Die Zimmer waren voller Leichen, die auf meinen Befehl hin wieder lebendig - und dann erneut getötet wurden.

„Macht er nicht schon genug Lärm," beklagte sich meine Mutter verzweifelt, „ohne dass du ihm diese elende Pistole gekauft hast?"

„Hände hoch, Mami, Hände hoch! Bang ... bang ... du bist tot!"

„Hast du nicht endlich genug, Jancsi?"

„Hände hoch, Papa! Bang ... bang ..."

Pistolen wurden weggeworfen und mit neuen ersetzt. Die zerbrochenen, die ich dann auseinandernahm und mit neugieriger Faszination untersuchte, lagen in meiner Schublade.

„Wie funktioniert eine Pistole, Papa?"

„Du drückst den Abzug."

„Aber wie funktioniert sie *innendrin*?"

Eines Abends hörte ich meine Eltern beim Abendessen über einen Klienten meines Vaters sprechen, einen reichen *Landlord*, der sich ausversehen erschossen hatte, während er seinen Revolver putzte. Als ich später im Bett lag, dachte ich darüber nach: ‚Kann ein Revolver wirklich zerstören?'

Ich erhielt meine Antwort Jahre später, als die Deutschen kamen und mit ihnen ihre Gewehre. Ich war neunzehn, als sie durchs Land in Richtung Jugoslawien marschierten.

Es war Frühling und *Count Teleki*, unser Premierminister, erschoss sich, weil er nur wenige Tage zuvor ein *Treaty of Eternal Friendship* (Abkommen immerwährender Freundschaft) mit der Jugoslawischen Regierung unterschrieben hatte. Er starb, und sein Tod schrie Ungarn und dem restlichen Europa zu, dass die Deutschen ohne seine Einwilligung gekommen waren. Das war 1941, und damals dachten wir, dass die Gewehre bei uns bleiben würden. Aber

Ungarn war noch nicht ihr endgültiges Ziel. Sie mussten erst die Serben besiegen.

Dann wurden unsere eigenen ungarischen Gewehre an den Deutschen vorbei und über *Count Telekis* Leiche geschmuggelt. Der Regent befahl: „Ungarn, verteidigt eure südlichen Grenzen." Und die Gewehre fingen an, zurückzuerobern, was der *Vertrag von Versaille* von uns gestohlen hatte, und in einem Ort namens *Ujvidek* schossen ungarische Revolver waffenlose Juden und Serben in den Fluss.

Etwas Schreckliches und Grauenvolles war für mich mit Revolvern assoziiert. In meiner eigenen Erfahrung wurden sie nie für Recht und Freiheit benutzt, sondern immer nur für Hass und Zerstörung.

Je länger ich in die Läufe der Revolver starrte, um so mehr hasste ich sie. Als Sklave in Deutschland hatte ich mir geschworen, niemals einen zu benutzen. Jetzt war Jozsis Revolver hier und schaute mich an, - ein kleiner, schwarzer Revolver, wie die Pistole, mit der ich als Kind gespielt hatte.

Stunden vergingen, es wurde dunkel, und langsam wurde für mich die schreckliche Symbolik dieser Waffe deutlich. Es könnte sein, dass ich diesen Revolver morgen, übermorgen, vielleicht schon heute abend benutzen musste, um mein Leben und meine Ideale zu verteidigen – Ideale, bei denen ein Revolver keinen Platz hat. „Es ist paradox," sagte ich mit lauter Stimme, „wirklich ironisch, dass ich einen Revolver benutzen soll, um eine waffenlose Gesellschaft zu bilden."

Ich stand auf und knipste das Licht an, entnahm dem Revolver die Kugeln und warf sie in den Müll. Aber was konnte ich mit dem Revolver machen?

Zuerst warf ich ihn in eine Schublade, dann nahm ich ihn wieder heraus und steckte ihn in die Innentasche meines Mantels, der an der Tür hing. Ich nahm ihn erneut heraus, kletterte auf einen Stuhl und legte ihn auf den Schrank. Doch wo auch immer ich ihn versteckte, - es war nicht gut. Sobald ich das Licht ausgelöscht hatte und ins Bett ging, sprach dieses verdammte Ding zu mir; es flüsterte mir Worte zu, die ich nicht hören wollte, bis ich verrückt wurde. Ich stand auf, kletterte wieder auf den Stuhl und drückte den Auslöser dieses leeren Revolvers in wütender Raserei. Ich klickte. Herrje! Dieses Ding begehrt Munition, wie ein Mann eine Frau begehrt! Ich holte die Kugeln wieder aus dem Müll hervor und legte sie wieder in den Revolver. Dann legte ich ihn unter mein Kopfkissen. Aber das war nicht gut; er wollte gehalten werden, und mit kräftiger Hand. ‚Töte oder werde getötet,' sagte er immer wieder zu mir.

Erst als die Sonne den Schleier der Morgendämmerung auf dem frühen Herbsthimmel rot gefärbt hatte, verstand ich meine eigene demente Angst. Es war nicht der Revolver selbst, der mich in Schrecken versetzte, sondern die Alternative, die er bot. Weder das geschriebene noch das gesprochene Wort, weder Mut, Überzeugung oder Beharrlichkeit hatten die Macht, Nationalsozialismus auszulöschen: nur dieser Revolver konnte es. Da wurde mir bewusst, dass ich das Unglück hatte, in ein Zeitalter von Gewalt geboren worden zu sein und dass meine Worte auf taube Ohren gefallen waren. Aber mir wurde auch klar, dass ich ebenfalls ein Sohn dieses Zeitalters war und mich nicht von den anderen unterschied. Bestürzt und voller Angst, mit Tränen, die mir die Wangen runter liefen, musste ich zugeben, dass ich selbst imstande war, diesen Revolver zu meiner eigenen Verteidigung oder für einen anderen Zweck zu benutzen. Der Revolver war jetzt still, aber in meinem inneren Dschungel wollte alles, was ich während der vergangenen Monate verleugnet und verdrängt hatte, heraus. Ich saß da, zitternd, in Gesellschaft meiner eigenen zerstörerischen, rachsüchtigen Gefühle und ließ den Hass zu, ließ die Bestien des Dschungels los.

Als der Sturm sich gelegt hatte, fühlte ich mich wieder als Mensch. Ich kleidete mich aus und während ich wartete, bis die Badewanne mit Wasser gefüllt war, nahm ich ein altes Gebetbuch zur Hand. Ich öffnete es, und diese Worte sprangen mir entgegen:

‚Wasche mich gründlich von meinen Übeltaten, und reinige mich von meinen Sünden. Denn ich erkenne meine Verfehlungen, und meine Sünde ist immer vor mir. ...'

Später am selben Tag gab ich Jozsi den Revolver zurück. Er war im Bett, - nicht allein, sondern mit einem nackten jungen Ding, das sich schamlos aufsetzte und mich anlächelte. Jozsi stellte uns gegenseitig vor: „Das ist *Kameradin Szabo*. *Kameradin Szabo*, das ist Kamerad Heimler, besser unter seinem Künstlernamen ‚Kamerad Vat' bekannt."

Ich war verlegen. Ich entschuldigte mich für die Störung und fügte hinzu: „Ich habe an die Tür geklopft und dachte, ich hörte dich sagen ‚komm rein'."

„Ja, das stimmt," lachte Jozsi. „Das hast du richtig gehört. Bitte jetzt keinen deines spießigen Blödsinns. Was ist denn nicht in Ordnung mit einem Mann und einer Frau im Bett?"

Kameradin Szabo, ihre schönen Brüste entblößt, lachte über meine Verlegenheit und fragte Jozsi, ob ich schon einmal eine Frau gesehen hätte.

Jozsi gähnte. „Siehst du, Bozsi, seit er aus dem Lager zurückkam, glaubt er an Gott."

„Nein, wirklich!" rief das Mädchen mit spottender Bewunderung aus.

„Nun sagt Gott," fuhr Jozsi fort, „dass kleine Jungs nicht mit solchen Dingen herumspielen dürfen."

Bozsi kreischte. Jozsi muss sie unter der Zudecke gekitzelt haben. „Und unser Kamerad Vat möchte ein braver kleiner Junge sein."

Das Ganze war absurd, und ich wollte so schnell wie möglich von hier weg. Bozsi mit ihren nackten Brüsten liess mir das Blut in den Kopf schießen.

„Ich bin gekommen, dir deinen Revolver zurückzugeben, Jozsi."

Alle beide brachen in unkontrolliertes Gelächter aus, während ich, den Revolver auf sie gerichtet, dumm da stand.

„Du kamst also, mir meinen Revolver zurückzugeben," sagte Jozsi mit spottendem Ernst. „Ach ja, ich erinnere mich, die Zehn Gebote verbieten es dir, zu töten. Sagen sie auch ‚Lass dich nicht töten'? Wie wirst du, Kamerad Vat, sie davon abhalten, dich zu töten? Wird das gute Buch dich schützen?"

Ich hatte lange genug dagestanden. Ich legte den Revolver auf den Tisch und verschwand. Ihr Gelächter verfolgte mich noch, als ich schon auf der Straße war.

Kapitel III

Kurz darauf wurde Jozsi von der *Free County News* entlassen und aus der Kommunistischen Partei ausgeschlossen. Derselbe Jozsi, der mir gesagt hatte: ‚du gehörst nirgendwohin', gehörte jetzt nur sich selbst. Er konnte es nicht verstehen.

Vor August hatte die kommunistische Parteilinie ganz klar ihre Einstellung bezüglich der Tschechischen Republik definiert. Sie hatten eindeutig die Deportation ungarischer Staatsbürger verurteilt, so wie ich auch. Dann änderte sich die Parteilinie ganz plötzlich, und die Deportierten wurden als Faschisten abgestempelt (Möglicherweise waren eine große Anzahl von ihnen tatsächlich Faschisten). Jozsis Artikel, in dem er die Deportationen verurteilte, war bereits im Druck, und am nächsten Tag erschien er in der Zeitung. Seine Ausweisung aus der kommunistischen Partei basierte auf seiner ‚individualistischen' Handlung und war einer der größten Hiebe seines Lebens. Er sagte, er könne nicht verstehen, wie die Partei so einen Fehler begehen konnte; schließlich sei er einer der wenigen Männer, der in den dunklen Tagen des *Horthy Regims* mutig zugegeben hatte, dass er Kommunist war.

Wir saßen in meiner Wohnung, und Jozsi schüttelte immer wieder seinen Kopf.

„Ich verstehe sie nicht, wirklich nicht. Ich habe einen Fehler gemacht? Jeder macht mal Fehler!"

„Warum Fehler?" fragte ich. „Hast du keine eigene Meinung?"

„Du scheinst nicht zu verstehen. Wir Kommunisten glauben nicht an die Meinung des Einzelnen. Wenn wir das täten, wären wir im gleichen Schlamassel wie die Sozialdemokraten: ohne Zusammenhalt, ohne Einheit, ohne Richtung. Es muss einen Körper geben, der über alles, was passiert, einen Überblick hat. Wenn nicht, dann wird alles in Anarchie enden."

„Du glaubst also immer noch, dass du einen Fehler gemacht hast und dass die Partei Recht hatte?"

„Sie müssen Recht haben," sagte er, und fuhr fort, seinen Kopf zu schütteln, „aber ich verstehe es immer noch nicht."

„Wie kannst du es verstehen, wenn doch nur die Partei einen Gesamtüberblick über alles hat, was vor sich geht? Vielleicht liegt die Partei falsch."

„Nein, die Partei kann nicht falsch liegen."

„Bist du noch Kommunist?"

„Ja, das bin ich."

„Aber die Partei sagt, dass du kein Kommunist bist, und wenn die Partei immer Recht hat, wie kannst du dann noch ein Kommunist sein?"

Das erschütterte ihn. Eine Zeit lang konnte er nichts sagen. Dann rief er ärgerlich:

„Ich habe eine kommunistische Vergangenheit; ich bin von einem verflucht verrotteten System kaputt gemacht worden. Ich bin der geworden, der ich bin, weil diese gemeinen Faschisten und Kapitalisten mich zu dem gemacht haben. Die Partei kann die Erinnerungen an meine Vergangenheit nicht ausradieren."

„Langsam, immer schön ruhig!" sagte ich. „Sagst du mir, dass du letztendlich ein Individuum bist? Das ist Sakrileg."

Als ob er mich nicht gehört hätte, fuhr er fort zu brüllen:

„Mein Vater war ein gottesfürchtiger Bauer. Er arbeitete auf dem Land eines alten Grafen. Sonntags ging er zur Kirche, kniete vor dem Altar nieder und bat Gott um Gnade für den Grafen, der ihn zur Arbeit zwang und ihn hungern ließ. Meine Familie lebte in Zuständen, die so erniedrigend waren, du würdest es niemals glauben. Und der alte Dummkopf kniete sich vor dem Kreuz nieder und betete: ‚Herr, vergib ihm, denn er weiß nicht, was er tut.‘ Aber dieser alte Bastard eines Grafen wusste nur zu gut, was er tat. Er war fast siebzig und impotent, außer mit jungen Mädchen. Jeder im Dorf wusste, dass er diese jungen Mädchen für sein widerliches Vergnügen kaufte. Er gab an einem Tag mehr Geld für Frauen und Alkohol aus, als meine Familie in zwei Jahren verdiente – und mein alter Herr betete dennoch zu Gott: ‚Herr, vergib ihm.‘“

Ich fragte mich, was das alles bedeutete, als Jozsi in meinem Zimmer wie ein hungriges Raubtier im Käfig auf und ab lief.

„Als ich sechzehn war, glaubte ich noch an diesen Quatsch über Gott und all den anderen Schwachsinn, und eines Tages fragte ich den Dorfpfarrer, warum er nicht gegen den Grafen sprach, warum er ihm erlaubte, die Menschen auszubeuten. Ich werde niemals den Ausdruck auf seinem verdammt scheinheiligen Gesicht vergessen: ‚In deinem Herzen ist Rebellion, mein Sohn. Ge‘ zur Beichte und bitte Gott um Vergebung.‘ In diesem Moment starb Christus für mich. Seitdem spucke ich aus, wenn ich an einer Kirche vorbeikomme.“

Ich fragte ihn, warum er mir das erzähle, was es mit seiner Ausweisung aus der kommunistischen Partei zu tun hätte. Jetzt richtete sich sein Ärger gegen mich.

„Ich will dir mal was sagen: Du hast die Menschheit mit dem Fluch vom Christentum verseucht. Der Typ am Kreuz, war der nicht Jude? Hat der nicht die Gospeln deiner Propheten und Rabbis gepredigt? Ich werde dir sagen, warum Antisemitismus in der Welt besteht: Wegen ihm, wegen diesem Burschen am Kreuz. Die Menschheit hasste seine Lehren, aber die Kirche sorgte dafür, dass niemand gegen den ‚Sohn Gottes‘ rebellierte. Also lehnten sie sich stattdessen gegen das Volk auf, von dem er stammte, gegen das Volk, das die Menschheit mit dem Fluch des Glaubens befallen hat. Jetzt unterbrich mich nicht, ich bin noch nicht am Ende. Ein Blödmann namens *Goldman* mietet ein Anwesen hier in der Nähe. Während des Krieges versteckten er und seine Familie sich in einer neutralen Botschaft in Budapest. Du konntest sogar Leben kaufen, wenn du genug Geld hattest. Jetzt ist er zurückgekommen, und jeden Samstag morgen geht er mit seinem herausgeputzten Frauchen und seinen Kindern zur Synagoge. Vom Sonnenuntergang am Freitag abend bis der Schabbat zu Ende ist arbeitet niemand auf seinem Land, weil in eurem verdammten Talmud geschrieben steht, dass keiner eurer Diener und Dienerinnen am Ruhetag arbeiten darf. Aber glaubst du, dass er seinen Arbeitern für *seinen* Ruhetag bezahlt? Natürlich nicht! Er zahlt ihnen nur für fünf Tage Lohn, weil in der Bibel nicht geschrieben steht, dass ihr euren Bediensteten für euren heiligen Schabbat bezahlen müsst.“

„Also waren Juden und Heiden gleichermaßen Produkte eines dekadenten Zeitalters“, sagte ich. „Was hat das alles mit deinem gegenwärtigen Dilemma zu tun?“

„Ich sag‘ dir was“, rief er mit lauter Stimme. „Die Geistlichen, die Faschisten und die Juden sind in den

Parteiapparat eingedrungen, um ihn von innen her zu korrumpieren. Genau so war es."

Diesmal war ich sprachlos, während Jozsi wie ein Verrückter im Raum hin und her rannte.

„Wer regierte das Land vor dem Krieg, und wer regiert es jetzt? Schau dir die heutigen Parteiführer an; *Rakosi* war Jude; *Gero* war Jude; *Vass* war Jude. Ja, heute regieren sie das Land, in rot gekleidet, und gestern regierten die Wertheimer, die Goldberger, die Weiss Manfreds, in weiß gekleidet. Ihr Juden seid schlau, sehr, sehr raffiniert."

Ich hatte genug davon und sagte zu ihm:

„Es scheint, als ob die Faschisten dich tatsächlich kaputt gemacht haben, und das nicht nur in der Art und Weise, wie du es denkst. Sie haben auch deinen Geist gebrochen. Die Worte, die du sprichst, sind nicht die eines Mannes, der sein Leben lang Faschismus bekämpft hat. Sie sind die Worte Hitlers und seiner Gang. Was kann man von denen auf der anderen Seite des Zaunes erwarten, wenn du fühlst und redest so wie jetzt. Vielleicht hatte deine Partei am Ende recht, dich rauszuschmeißen, wenn auch aus anderen Gründen."

Er stiefelte aus dem Raum, knallte die Tür zu und sprach nie wieder ein Wort mit mir.

* * *

Danach sagte ich mir, dass dies nur *ein* Mann sei und dass die Mächte der Dunkelheit nicht in jede Schicht unserer neuen Gesellschaft dringen konnte. Ich fühlte weiterhin, dass Antisemitismus eine Erkrankung unserer Zeit war und mit gegenseitigen Bemühungen von Seiten der Juden und der Heiden geheilt werden konnte. Eines Nachmittags sprach ich

43

mit Janos darüber. Er hörte aufmerksam zu und erklärte nach einigem Zögern:

„Du betrachtest Antisemitismus als eine pathologische Erscheinung, die nur von Heiden geschaffen wurde. Das stimmt nicht. Ich gehe jeden Sonntag in die Kirche, und jeden Sonntag erinnere ich mich des grausamen Todes, den die Juden unserem Herrn zufügten. Wer also begann mit dem Antisemitismus? Kreuzigten *wir* ihn, oder *sie*? Es gibt etwas in der jüdischen Rasse, was wirklich angsterregend ist. Ihre Loyalität zu einem antiquierten Gott war in allen Zeitaltern ein ständiger Dorn im Auge des Christentums. Ist es nicht seltsam, dass es niemals einen Winkel auf dieser Erde gab, wo Juden wirklich gemocht wurden? Und wo auch immer sie erscheinen, stecken sie andere mit der Bakterie des Hasses an. Verzeih mir, dass ich so offen spreche; ich bin mir sicher, dass du erkennst, dass die Offenheit meiner Worte ganz klar anzeigt, dass ich dich nicht als Repräsentanten deiner Rasse ansehe. ...“

Ich hörte mit pochendem Herzen dem Bekenntnis dieses ‚Christen‘ zu, bevor ich antwortete:

„Was für eine alte Geschichte das ist: ‚Du bist anders als andere Juden.‘ Wie oft sagte das wohl schon ein Heide zu einem Juden? Es sind immer die anderen Juden, die beschuldigt werden, niemals man selbst. Du sprichst von einem christlichen Zeitalter, aber ich finde nichts Christliches in deinen Worten. Jozsi und du, ihr beide mögt unterschiedliche Begriffe benutzen, aber euer Geist ist der Gleiche. Du sprichst von Schuld, von Verantwortung und willst damit andeuten, dass die Söhne jeder Generation für die Sünden der Väter den Preis bezahlen müssen. Aber woher willst du wissen, dass es die Juden waren, die Jesus

44

gekreuzigt haben? Du wirst nirgenwo im Talmud finden, dass Kreuzigung eine jüdische Hinrichtungsart war. Ich glaube nicht an die Sünden der Väter, sondern ich glaube, dass Sünde zur Menschheit gehört. Du siehst im Juden all die hässlichen Dinge, von denen du nicht zugibst, dass sie auch im Christen zu finden sind. Ein Jude wurde vor zweitausend Jahren gekreuzigt, und Millionen anderer Juden wurden seitdem von jenen gequält, misshandelt und getötet, die sich Christen nennen. Was für eine Art Christentum ist das, das seine Hände von Sünde frei wäscht, wie *Pontius Pilatus*?"

Als ich *Pilatus* erwähnte, erschien auf seinem Gesicht ein schwaches Lächeln. Ich fuhr fort:

„Ich will die Vergangenheit und alles, was mit mir geschah vergessen. Ich will diesem Land helfen, wieder auf seinen Füßen zu stehen. Wie kann ich etwas tun, wenn meine Absichten missverstanden werden, wenn mein Recht, hier hinzugehören, ständig infrage gestellt wird?"

Janos antwortete mit ruhiger Besonnenheit:

„Du kannst das Land in seinem Wachstum nicht unterstützen, weil, was *du* als Wachstum verstehst, den Tod des Landes bedeuten würde. Du möchtest ein sozialistisches Ungarn, aber Ungarn will keinen internationalen Sozialismus. Ungarn will sich in eine christliche Monarchie entwickeln. Du wirst die Ergebnisse unserer Wahlen sehen. Dieses Land will zurück nach 1938 gehen und von dort aus weitermachen. Nationalsozialismus war ein unangenehmes Zwischenspiel. Dieser neue Sozialismus wird auch nur ein Intermezzo sein, wenn es uns erlaubt wird, unsere Zukunft mitzugestalten. Wenn das geschieht, wirst du hier überhaupt keinen Platz mehr haben."

„Wenn du sagst, keinen Platz', meinst du, keinen Platz als Sozialist oder als Jude?"

„Beides," sagte er, und ließ mich stehen, um die Wirkungen seiner Worte zu bedenken.

* * *

Sollte das mein immerwährendes Schicksal sein? Muss ich bis ans Ende aller Zeiten heimatlos herumwandern und überall ein Schild vorfinden mit der Aufschrift ‚Kein Eintritt!'? Werden wir, das Volk meines Glaubens, in jeder Generation bestraft, weil wir es gewagt haben, der Welt die zehn Gebote Sinais und die Bergpredigt zu geben?

Jeden Tag sah ich lange Kolonnen jüdischer Zeitgenossen südwärts übers Land marschieren, zu den Häfen des Mittelmeers und des Schwarzen Meeres. Sie gingen heim ins Heilige Land, ohne Pässe, ohne Visa, und wagten nicht, ihr endgültiges Ziel preiszugeben, denn die Briten warteten mit Maschinengewehren in den Häfen Palestinas. Nochmals das Schild ‚Kein Eintritt!'.

Eines Tages lag ein junger Mann am Straßenrand vor dem Haus, in dem ich wohnte; er hatte gerade einen epileptischen Anfall. Die Marschierer hielten an und überprüften die Gesichter der beobachtenden Menschenmenge. Dann entschied sich der Anführer für mich, als ob er in meinen Augen unser gemeinsames Schicksal entdeckt hätte. Er fragte mich, ob er den Kranken in meine Wohnung bringen dürfe. Wir trugen ihn die Treppen hinauf und legten ihn auf mein Bett. Und als alles vorüber war und er sein Bewusstsein wiedererlangt hatte, waren die ersten Worte, die er an mich richtete: "Kommst *du* nicht mit uns?" Die anderen standen da

46

und schwiegen, aber sie schauten mich auf eine Weise an, die mir Unbehagen bereitete; ich schämte mich. Es war, als ob sie zu mir sagten: ‚Du bist einer von uns. Was willst du hier, so weit weg von zuhause?'

Nachdem sie gegangen waren, öffnete ich die Bibel und laß die Prophezeiung Jeheskels: (16, 6-8)

„Darum weissage über den Boden Jisraels und sprich zu den Bergen und den Höhen, den Bachgründen und den Tälern: So spricht Gott, der Herr ...

Ihr aber, Berge Jisraels, sollt euer Gezweig treiben und eure Frucht tragen für mein Volk Jisrael; denn bald sollen sie kommen. Denn sieh, ich will zu euch, will mich euch zukehren, und ihr sollt beackert und besät werden. Und zahlreich mache ich die Menschen auf euch, das ganze Haus Israel gesamt, und besiedelt sollen die Städte werden und die Trümmerstätten aufgebaut. Und zahlreich mache ich auf euch Mensch und Vieh, dass sie sich mehren und fruchten; und ich besiedle euch wie in eurem frühern Stand, lasse euch es wohl sein über eure Erstzeit, und ihr sollt erkennen, dass ich der Ewige bin."

Bei Herbstanfang marschierten keine Kolonnen mehr. Und am 4. November stimmte die Nation in geheimer Wahl für's neue Parlament. Die rechtsgerichteten Kleinbauern erhielten 245 Sitze, die Kommunisten 70, die Sozialdemokraten 69, die Bauernpartei 23 und die (Liberale) Demokratische Partei 2 Sitze im ersten freien Parlament. Entsprechend dem vor den Wahlen geschlossenen Abkommen würde nun eine Koalitionsregierung gebildet.

Janos hatte recht. Die Vergangenheit hatte gewonnen. Das war der Wunsch des Volkes. Aber die Zukunft wartete an den Toren mit Hammer und Sichel in der Hand, und zwischen den beiden gab es nur eine Brücke, die Sozialdemokratische Partei Ungarns. In einem letzten Versuch, meinen richtigen Platz in diesem Land zu finden, entschloss ich mich, Szombathely zu verlassen und nach Budapest zu gehen.

* * *

Während dieses Zeitabschnitts in Szombathely hatte ich nur eine einzige Freundschaft geschlossen. Vor langem war er der Freund meines Vaters gewesen, und in letzter Zeit, während meines Konfliktes und meiner Verzweiflung hatte er mir geholfen, mich und meinen Platz in der Welt in einem klareren Licht zu sehen.

Bevor ich nach Budapest abreiste, besuchte ich ihn, um mich von ihm zu verabschieden. Er saß am offenen Fenster mit Blick auf den Fluss und las *Stefan Zweigs* Buch ‚*Die Welt von Gestern'*. Er war ein hochgewachsener, grauhaariger Mann mit großen blauen Augen; obwohl er über siebzig war, besaß er noch eine erstaunlich jugendliche Intelligenz.

Es war ein Sonntagnachmittag mit strahlendem Sonnenschein, und während wir am offenen Fenster saßen, konnten wir die Menschen gemütlich den Uferdamm entlangschlendern und Kinder im nahegelegenen Park rennen und spielen sehen. Mein alter Freund sagte, er sei froh, mich noch einmal zu sehen, aber es tat ihm leid zu hören, dass ich gehen wollte. „Ich verstehe, dass du gehen musst, aber ich habe ein Gefühl, dass du nie mehr wiederkommen wirst." Merkwürdigerweise drückte er genau das aus, was ich selbst fühlte. Dann wechselte er das Thema: „Ich verabscheue diese Sonntagnachmittage; es ist eine Scheinwelt. Das Leben ist nicht so ruhig und friedlich wie diese Sonntagnachmittage; es ist grau und laut wie Montagmorgende, voller Schweiß und Schmerz. Und jenseits von Schweiß und Schmerz ist immer Einsamkeit.

„Siehst du, Jancsi," sagte er, und hob sein Buch in die Höhe, „*Stefan Zweig* hatte recht. Ein Zeitalter ist zu Ende gegangen, und ein neues schleicht sich bereits heran: Ein Zeitalter ohne Gefühl, schonungslos nur auf seine eigenen materialistischen Bedürfnisse bezogen. Die Farbe und Wärme *Stefan Zweigs*, das große Einfühlungsvermögen *Thomas Manns*, werden von den *Iljah Ehrenburgs* abgelöst, die sich schämen, ihre schöpferische Seite zu zeigen. Anstelledessen werden sie verherrlichte Reporter. Für sie kann eine Farbe nur mit einer Stahlanlagenvorrichtung verglichen werden, und die menschliche Stimme mit einer gewaltigen elektrischen Maschine. Und trotzdem kann ich verstehen, warum sie den Gott verleugnet haben, in dessen Namen die Massen in Elend gehalten wurden. Die ganze lange Zeit haben wir von Liebe, Gleichheit und besseren Arbeitsbedingungen gesprochen, aber was haben wir getan, außer zu reden? Jahrhundertelang haben wir gesehen, wie sich unsere Bauern und Arbeiter zu Tode gearbeitet haben; wir haben erlaubt, dass eineinhalb Millionen Ungarn nach Amerika auswanderten; wir haben die lodernden Schornsteine der Krematorien beobachtet, als ob es ein Feuerwerk am St. Stephans Tag gewesen wäre ... und wir haben geredet, die ganze Zeit geredet. Und was machen wir jetzt? Wir hassen ..."

Er hatte Tränen in seinen Augen, als er mich anschaute.

„Du, zum Beispiel. Du bist von der Hölle zurückgekommen, du hast deinen Stolz und deine Trauer runtergeschluckt, und was erhälst du zum Dank? Hass, und noch mehr Hass. Du bist ein Mann, der hätte helfen können, diese Nation wieder aufzubauen, aber was wirst du tun? Du wirst weggehen und deine Fähigkeiten in ein fremdes Land bringen, wo es dir ermöglicht werden wird, sie zu benutzen. Es hat keinen Zweck zu protestieren und zu sagen, dass du Ungarn nicht verlässt und nur nach Budapest gehst. Ich weiss, dass du am Ende aufbrechen und Ungarn zurücklassen wirst, weil du es tun musst. Niemand wird dich jemals wieder deportieren oder dir mit Gaskammern drohen. Aber der Tag wird kommen, an dem du erkennen wirst, zusammen mit vielen anderen deinesgleichen, dass der Mensch nicht von Brot allein leben kann; und dann wirst du entweder kämpfen – oder das Land verlassen müssen. Und Kämpfen wird nichts erreichen. Noch ein Krieg würde die Welt zerstören. Die einzige Art und Weise zu gewinnen ist, einen stärkeren Glauben zu haben. Kommunismus ist ein neuer Glaube und Glaube kann nur mit einem stärkeren Glauben besiegt werden. Es könnte sogar sein, dass die Menschen aus dem Osten selbst gewinnen werden, indem sie eines Tages zu den immerwährenden Werten der Menschheit zurückkehren, nachdem sie sich der Heuchelei vergangener Generationen entledigt haben. Aber in der Zwischenzeit ist es die Aufgabe deiner eigenen Generation, diesen stärkeren Glauben zu entdecken, nicht in einem feudalen Gott, nicht in einem Gott, der die Reichen bevorzugt, sondern in einem Gott, den kein Mensch in seinem eigenen Image geschaffen hat."

Ich hatte noch nie vorher den alten Mann in einer solchen Verfassung gesehen. Er sprach, so schien mir, wie einer der alten Propheten Israels; er war jedoch Christ.

„Da dies meine letzte Gelegenheit ist, mit dir zu sprechen, möchte ich dir sagen, wie ich mich fühle. Ich sage das nicht nur dir zuliebe, sondern auch meinetwegen, denn es gibt heutzutage nur wenige Menschen, mit denen man offen sprechen kann. Du hast mir oft vom Glauben an Gott erzählt, der dich im Konzentrationslager erhalten hat, und wie du jetzt diesen Glauben verloren hast. Ich bin alt und zu Zeiten fühle ich, dass ich genug gelebt habe. Wenn ich nachts meine Augen schließe, weiß ich nie, ob ich den nächsten Sonnenaufgang erleben werde. Seit langem habe ich mich gefragt, ob es mehr als dieses schmerzliche Leben gibt, ob etwas jenseits des Grabes existiert. Früher habe ich über diese Dinge geistig argumentiert, aus Sicht der Gesellschaftsschicht, in die ich geboren wurde und gemäß der Schicht meiner Eltern; aber seit kurzem habe ich gemerkt, dass der einzige Weg, dieses ewige Geheimnis zu finden, nicht durch Denken gefunden werden kann und auch nicht durch Reden, sondern dadurch, den Bedürftigen Hilfe zu leisten. Die Tat eines Menschen seinen Mitmenschen gegenüber ist die Tat Gottes. Mir ist bewusst, dass ich, wie die anderen meiner Generation auch, versagt habe, Christentum zu praktizieren. Aber ich weiß ebenso, dass genau dieses Verlangen in mir nach einem Gott der Beweis ist, dass Er existiert. Kannst du das verstehen? Wenn du, wie Tarzan, weg von jeglichem menschlichen Einfluss aufgewachsen wärst, ohne Worte, die dich etwas lehrten, würdest du nicht sexuelles Begehren kennen, wenn dein Körper dazu bereit ist? Würde dein Begehren nicht anzeigen, dass irgendwo Frauen existieren, obwohl du es nicht weisst? Es ist das Gleiche mit Gott. Mein Wunsch nach Gott ist meine Gewissheit, dass es Ihn gibt."

Als wir uns verabschiedeten, hielt der alte Mann lange meine Hand.

„Ich werde zu dir Verbindung aufnehmen, wenn du dich niedergelassen hast", versprach er mir. - Er meldete sich jedoch nie, weil er einen Monat später an Herzversagen starb. Aber die Worte, die er mir sagte, als ich ihn das letzte Mal sah, sind seither in meinem Herzen verblieben.

* * *

Es gibt Momente im Leben, die für immer mit allen Einzelheiten ins Bewusstsein geprägt sind. Seine Heimat zu verlassen und zu wissen, dass es vielleicht für immer sein kann, ist ein solcher Moment.

Die Sonne schien und ein stürmischer Novemberwind brachte ein Versprechen von Schnee mit sich, als ich vor dem Haus, in dem ich geboren war, stand und mich verabschiedete. Ich hatte das Gefühl, dass alle in der Stadt tot seien, alle Häuser tot, und dass auch ich dabei war zu sterben. Ich ging die Straße entlang und hielt an der Ecke an. Noch einmal blickte ich zurück, um niemals zu vergessen.

Das war mein dritter Anlauf, Szombathely zu verlassen. Zweimal zuvor hatte ich versucht wegzugehen. Am ersten Tag ging das Auto kaputt. Am nächsten Tag wollte ich mit dem Zug wegkommen, aber aus ‚militärischen Gründen' fuhr an diesem Tag kein Zug. Jetzt wartete ein Lastkraftwagen in der *Square of the Madonna* auf mich. Als ich mich auf dem Dach des Lasters, der Gummireifen nach Budapest transportierte, niederließ, äußerte ich zu einem meiner

Reisegefährten, es sähe aus, als ob es mir bestimmt wäre, diesen Ort niemals zu verlassen. Er lachte und antwortete, dass er aufgrund meiner Artikel, die er gelesen hatte, nie geglaubt hätte, dass ich abergläubig wäre. Fast unverzüglich ruckte der Laster, die Bremsen quietschten, dann kam ein Stoß und wir fielen alle aufeinander. Unser Fahrer hatte ein Pferd überfahren, das jetzt tot vor unserem Lastauto lag: der Bauer, dem es gehörte, drehte fast durch. Er weinte, fluchte, betete, während jemand aus einem nahegelegenen Haus die Polizei rief. Aus Gründen, die mir immer noch nicht bekannt sind, kam die ‚Politische' Polizei, - zwei in Zivil gekleidete Männer auf einem Motorrad. Dann folgte eine phantastische Unterhaltung, der ich vom Dach des Lastwagens aus zuhörte, ohne gesehen zu werden.

Der erste Polizist wollte wissen, warum der Fahrer diesen Lastkraftwagen fahre. Der Fahrer sagte, der einzige Grund dafür sei, dass er ein Lastkraftwagenfahrer sei. Der Polizist schrieb es nieder. Dann fragte der andere Polizist den Fahrer, wohin er den Lastwagen führe und warum. Er antwortete, dass er alte Gummireifen nach Budapest transportiere, wo er hoffe, sie zu verkaufen. Warum Gummireifen? Warum nicht! Warum nach Budapest? Deshalb! An dieser Stelle verlangte der Bauer, dass das tote Pferd, das auf der Straße lag, auf seine Beine gestellt werden sollte. Er hätte noch nie solch ein gutes Pferd gehabt, sagte er, und kein Geld könnte es ersetzen. Polizist I sagte: „Du hälst dich da raus!" Der Bauer antwortete: „Es war nicht dein verdammtes Pferd, es war meins!" Polizist II wies den Bauern darauf hin, dass er nicht zu einem anderen Bauern sprach, sondern zur Geheimpolizei der Republik, worauf der Bauer antwortete, dass noch keine Republik deklariert wurde, wir offiziell noch in einer verdammten Monarchie lebten und jetzt die Monarchie ein Pferd verloren hätte. Polizist I fragte den Bauern, ob er versuche, ironisch über die Republik zu sprechen. Hier griff der Lastwagenfahrer ein und fragte: „Seid ihr total verrückt geworden, oder könnt ihr keinen Witz verstehen?" Der Bauer sagte, er sei nicht zum Scherzen aufgelegt, er sei sowieso nicht an Politik interessiert. Aber was werde aus dem Pferd? Die Polizisten gaben keinen Millimeter nach, aber: *sie* waren nicht an dem Pferd interessiert. Warum sie gerufen worden seien, wollten sie wissen.

Jetzt hatte Polizist II eine schlaue Idee. „Ich sehe, dass in deinem Laster Leute sind. Wer sind sie, und warum wollen sie nach Budapest?" Der Lastwagenfahrer zuckte mit den Achseln und schlug dem Polizisten vor, uns zu fragen. Wir wurden dementsprechend gebeten herunterzuklettern, und daraufhin folgte eine unsinnige Unterhaltung. Ich beschloss, bis zum letzten Moment meinen Namen nicht zu sagen, um den Spaß nicht zu verderben.

Mittlerweile hatte sich eine Menge Bauern um uns versammelt. Eine Frau ‚erklärte' den anderen, dass Faschisten, die in Eile seien, nach Budapest zu kommen, ein Pferd überfahren hätten. Aus diesem Grund sei die Politische Polizei geholt worden. Acht Leute begannen, das Pferd zu bewegen, zwei an jedem Bein, aber sie wurden von Polizist II gestoppt, der sagte, es sei illegal, „tote Personen oder Tiere oder beides' zu entfernen, bevor die Tatsachen des Falles bekannt seien. Inzwischen waren die Frauen so verärgert, dass sie nach Verstärkung telefonierten, während der Bauer bei seinem toten Pferd saß und weinte, von Polizist I bewacht. Unterdessen befragte Polizist II die Mitfahrer. Als ich an die Reihe kam, war meine Eitelkeit verletzt, weil mein Name ihm offensichtlich nichts bedeutete. Die nächste Frage überraschte mich:

„Hast du ausländische Währung an dir?" fragte er.

Ich war gerade dabei zu antworten, dass ich keine hätte, als die Staatspolizei eintraf und sich mit dem Pferd beschäftigte. Sie maßen den Abstand zwischen dem Tier und dem Lastkraftwagen (Da das Pferd genau unter den Vorderrädern lag, war da keine Entfernung). Dann maßen sie die Entfernung zwischen der Stelle, wo der Bauer dachte, er sei gewesen, und dem Lastkraftwagen. Währendessen legte sich Polizist I auf der Strasse hin, um sich auszuruhen, und Polizist II, der jetzt das Interesse an mir verloren hatte, redete wieder mit dem Fahrer.

„Hast du Erlaubnis, diese Reifen nach Budapest zu bringen?"

„Erlaubnis von wem?"

Das wusste der Polizist nicht. Zu diesem Zeitpunkt kam der Polizei Sergeant zu Polizist II und fragte ihn, ob er etwas dagegen hätte, wenn das Pferd beseitigt würde. Der Polizist sagte, er würde es vorziehen, wenn das Pferd bleiben könnte wo es war, bis er seine Vernehmung beendet hätte. Nach einer halben Stunde kamen die ‚Politiker' und der ‚Staat' überein, dass sie jetzt einen guten Grund hatten, das Pferd zu beseitigen. Also wurde es wegbefördert, durch zwei Bauern an jedem Bein, und Polizist II gab uns die Erlaubnis, unsere Reise fortzusetzen - allen von uns, mit Ausnahme des Fahrers, der zu weiterem Verhör in Sache der Reifen festgehalten wurde. Da der Fahrer den Lastkraftwagen mitnahm, blieben wir drei Fahrgäste auf der Straße zurück und hofften auf eine Mitfahrgelegenheit. Schliesslich kam ein Auto vorbei und

nahm uns mit; ich kam am gleichen Nachmittag in Budapest
an.

Kapitel IV

Auf der *Rakoczi Avenue*, zwischen dem National Theater und der *Great Eastern Railway Station* stand das *Palace Hotel*. In der Lobby, wo in guten alten Zeiten Hausierer bei einer Tasse Kaffee ein Päuschen gemacht und uniformierte Portiers an der Drehtür gestanden hatten, stand jetzt eine andere Sorte von Männern in Uniform. Die neuen Portiers eines neuen Zeitalters waren die Empfangschefs des Zentralen Sekretariats der Sozialdemokratischen Partei Ungarns. In den oberen Schlafzimmern, in denen phlegmatische Bürger einmal geschnarcht, geliebt und ihre Zähne geputzt hatten, arbeiteten jetzt die Beamten der sozialistischen Bewegung, während in den Vorderräumen, die belebte Straße überblickend, Kabinettminister und Parlamentsmitglieder - die Führer der neuen Republik - saßen.

Diese Partei, obwohl von weniger als siebzehn Prozent der Stimmen des Volkes unterstützt, war dennoch eine der wichtigsten politischen Gruppen, die in Ungarn schon immer diese demokratischen Ideale repräsentiert hatte, die in ungarischer Erde tiefer verwurzelt waren als in anderen westlichen Nationen. Deswegen war es unter ständigem Angriff von den Rechten und den Linken.

In den dunklen Korridoren streiften Professoren die Schultern von Stahlarbeitern, Anwälte und Geschäftsleute die von Bäckern und Bauarbeitern. Marxistische Theologen diskutierten mit Schustern aus *Ujpest* die Maxime von ‚*Das Kapital*‘ , und wachsame junge Männer standen bescheiden in den Ecken und modellierten sich an den ‚Großen‘.

Aber in dieser Zusammenkunft von Idealisten, Dichtern und Visionären gab es auch solche, die gesandt worden waren, um zu spionieren, zu verwirren und zu betrügen; sie kamen mit unsichtbaren Dolchen, um dieser alten, noblen Bewegung einen Dolchstoß zu versetzen. Es ist ein geringer Trost, wenn überhaupt einer, dass, nachdem sie ihre hinterlistige Arbeit beendet und die Partei in die Gruft gestoßen hatten, diese Verräter auch verhaftet und gefoltert und neben denen, die sie bespitzelt hatten, begraben wurden.

Dieses Gebäude und dieses Milieu betrat ich im frühen Winter 1945.

* * *

Die grosse Stadt lag in Trümmern. Die prächtigen Brücken, die von den Deutschen vor ihrem Rückzug in den Fluss gesprengt worden waren, lagen da wie Leichname, die ihre gelähmten Arme in den Himmel streckten, und an ihrer Stelle waren *Buda* und *Pest* jetzt mit nur einer unwichtigen hölzernen Fußbrücke verbunden, die eilig an der Seite der schönen *Bridge of Margaret* gebaut worden war und die örtlich als die ‚*Little Mary*‘ bekannt ist. Die Straßen waren nachts unbeleuchtet und erschienen auch während des Tages dunkel, nicht nur wegen der bedrückenden Winterwolken, die über der Stadt hingen, sondern auch wegen der düsteren Stimmung, die den zertrümmerten Häusern entströmte, in welchen jede Familie um einen verlorenen Verwandten trauerte. Man hörte fortlaufend die Frage, die ins Herz stach: „Sag mir, Kamerad, wofür mussten sie ihr Leben lassen?"

Es ist weniger schwer, den Schmerz des Verlustes von geliebten Menschen zu ertragen, wenn diese für Ideale, an die sie glaubten, gestorben waren. Aber wenn ein Volk feststellt, dass seine Toten für teuflische Ziele – vom größten Teil der Welt verurteilt - geopfert wurden, dann starben diese nationalen Märtyrer ohne jeglichen Sinn und Zweck. Eine Nation mag einen Krieg verlieren, seine Söhne mögen verbannt werden, seine Frauen mögen vergewaltigt oder versklavt werden; aber wenn die geschlagene Nation weiß, dass Gerechtigkeit auf ihrer Seite steht, kann sie alles ertragen.

Die große Tragik meines Landes war, dass, obwohl seine Dichter und Schriftsteller durch die Jahrhunderte hindurch ihre Stimmen erhoben hatten, aufgrund der ständigen Verstöße von Ost und West gegen Ungarn die Stimme, die die Welt hörte, nicht die Stimme Jakobs, sondern die Esaus war. Es würde für den Westen einfach sein zu sagen: ‚Ein hoffnungsloses Land, immer gewalttätig.' Aber wenn man ein Volk sieht, dessen Herz voller Mordlust ist, muss man sich fragen, wer diese Nation blutrünstig gemacht hat.

„Mein lieber Herr," sagte ein alter Mann zu mir an der Ecke des *Great Boulevards*, „mein Sohn wurde an der russischen Front getötet, meine Tochter kam in einem Luftangriff um, meine Frau beging Selbstmord, und keiner von uns war Nazi oder ein Sympathisant der Faschisten. Wer ist für all das verantwortlich?"

Die Frage der Verantwortung, das ständige Thema der Nachkriegsjahre, ist nicht so einfach zu beantworten, wie es scheinen mag. ‚Natürlich war die Swastika verantwortlich.' Aber wer hat die Swastika eingeführt? ‚Die Deutschen, natürlich.' Und wer hat Nazi-Deutschland geschaffen? ‚Hitler, natürlich.' Und wer erlaubte Hitler, an die Macht zu kommen? ‚Die Deutschen, natürlich.' Es ist leicht, einen Menschen oder ein Volk zu beschuldigen. Man kann beispielsweise

Versailles für das Elend Europas zwischen den Kriegen verurteilen. Aber kann Krieg immer nur das Werk eines oder zweier Menschen sein, oder eines oder zweier Völker? Ist es nicht wahrscheinlicher, dass Kriege Folgen ungerechter Verteilung von Besitz in der Welt sind? Werden nicht die meisten Menschen zu Tieren, wenn sie an Hunger leiden oder Niederlagen erleiden? Haben wir nicht in den Konzentrationslagern gelernt, dass zivilisierte Menschen zu Tieren werden können, wenn Zivilisation nicht vorhanden ist?

In diesem Winter starben alte Menschen in Ungarn stillschweigend in ihren kleinen Zimmern, weil es nichts zu essen gab; die Arbeiter hungerten, weil ihr Geld keinen Heller mehr wert war, als sie ihre Lohntüte erhielten. Aber auf dem Schwarzmarkt konnte man das Unmöglichste kaufen: Butter, weißes Brot, Marmelade, Fleisch. Wer kaufte auf dem Schwarzmarkt?

Ein verzweifeltes Volk antwortete: ,Die Lords unserer neuen Demokratie – und die Juden natürlich.'

* * *

Tagsüber arbeitete ich in der Presseabteilung im *Palace Hotel*, las die Provinz-Zeitungen und bereitete Zusammenfassungen interessanter Themen für die Mitglieder des Exekutivausschusses vor. Wenn eine Provinz-Zeitung Probleme hatte, war es meine Aufgabe, die Schwierigkeiten wieder in Ordnung zu bringen. Ich schrieb auch ein Paar Artikel, aber nichts besonders Nützliches oder von großem Interesse. Seit ich nach Budapest gekommen war, schien meine Feder ausgetrocknet zu sein.

Abends schrieb ich mich als Student an der Akademie für Sozialwissenschaften ein, einer Marxistischen Universität, wo ich lernte, die Welt mit neuen Augen zu betrachten. Mir wurde gesagt: „Du kannst die Welt nur von deinem Blickwinkel aus sehen", – was bedeutete, dass ich aus einer Bourgeoisie-Familie stammte, und dass alles, was ich sagte oder dachte, von dieser unbestreitbaren Tatsache gefärbt war. Vergebens protestierte ich, dass ich von sozialistischer Herkunft war und mein Vater sich mit den Interessen der Unterdrückten und der Arbeiterklasse identifiziert hatte. Für sie war es jedoch ziemlich klar, dass mein Vater ein bisschen ‚nebulös' war, weil er auch in die Synagoge ging.

Am Anfang schuf Marx den Himmel und die Erde. Die Erde war aber bloß und bar, und Dunkel lag über dem Grund, und Hegels Windhauch wehte über dem Wasser. Da sprach Marx: „Es werde hell!" , und es ward hell. Und Marx schaute auf den Klassenkampf und trennte die Unterdrücker von den Unterdrückten. Und der Abend und der Morgen waren der erste Tag.

Dann sprach Hegel: „Es gibt These und Anti-These und daraus wird Synthese geboren. Aber im Moment der Geburt wird Synthese zu These, und so geht es immer weiter." Und das war der zweite Tag.

Jetzt konnte Geschichte in einem neuen Licht gesehen werden. Menschen waren Produkte sozialer Konditionierung, Herrscher waren Produkte ihrer Zeit; und es konnte nie zufällig sein, dass das Unvermeidliche geschah. Die Menschen wurden von ihren Klassen-Interessen bewegt, die Unterdrückten rebellierten gegen die Unterdrücker und wurden - entsprechend Hegelistischer Prinzipien - zur These, - wurden zur herrschenden Klasse, die wiederum andere

61

unterdrückte. Die breite Masse zog *die* Führer wie einen Magneten an, die die Wünsche ihrer Anhänger ausdrückten. Es gab keinen Platz für Zufall oder individuelle Launen; was geschah, *hatte* zu geschehen. Der menschliche Geist fehlte in dieser History. Gedanken, Ideen und Götter waren alle Produkte ökonomischer Bedürfnisse. *Sophocles* schrieb *Oedipus Rex,* um das Verlangen seiner Klasse zu befriedigen; *Shakespeare* schrieb *Hamlet* aus dem gleichen Grunde. Das schöpferische Element im Menschen, alle persönlichen oder geistigen Anregungen fehlten in diesen Lehren. Wenn ich aufstand und diese marxistischen Professoren fragte, „Aber Kameraden, warum *Sophocles*? Warum *Shakespeare*? Warum haben Sie nicht jemand anderen ausgesucht? Persönliche Begabungen haben darin sicherlich auch einen Anteil?", dann antworteten sie, dass persönliche Begabungen eine Zusammensetzung aus Hormonen und anderen biochemischen Tatsachen sei und mit dem Thema unserer Diskussion nichts zu tun habe. Wie ich es später bei Anhängern der *Freud'schen* Lehre sah, war ein Argument nur gültig, solange man von der gleichen Seite aus argumentierte. Sobald man von einem anderen Standpunkt ausging, war die Antwort: „Siehst du, du kannst es nicht verstehen, deine widersprüchlichen Worte bestätigen, dass du die Welt nur aus dem Blickwinkel heraus sehen kannst, in dem du stehst. Du bist nicht in der Lage zu kritisieren, denn deine Kritik selbst ist ein Symptom."

Einmal fragte ich: „Wenn menschliche Geschichte nichts weiter ist als wiederholter Klassenkampf, würde es nicht logisch folgen, dass die neue klassenlose Gesellschaft am Ende auch ihre Unterdrückten produziert?" „Nein", war die Antwort, „eine klassenlose Gesellschaft wird ihre wirtschaftlichen Probleme gelöst haben; deshalb wird es keine Revolte mehr geben, ebenso wenig Anti-These, und keinen weiteren Krieg." Das war dann also das Zeitalter des Messias.

Ich fragte: „Wie kann die Hegelistische Philosophie einmal gültig sein und ein anderes mal nicht?" Die Antwort kam unverzüglich: „Und repräsentiert Hegel nicht sein eigenes Zeitalter, das auch einmal zum Ende kommen muss?"

Und doch lag in ihrer Lehre auch Wahrheitsgehalt, auch wenn es nur ein Teil der Wahrheit war. Ich konnte zustimmen, dass der Mensch von den Kräften der Gesellschaft konditioniert ist und dass Unterdrückte Freiheit und frische Luft wollen; aber ich konnte der Ansicht nicht zustimmen, dass vergangene und gegenwärtige Führungskräfte in der Welt die Menschheit nicht beeinflussen, sondern nur von der Menschheit beeinflusst werden. Ebenso wenig konnte ich jemals ihre Auffassung teilen, die Rolle des Menschen in der Welt sei, ein kleines Rädchen in einem großen Getriebe zu sein; noch konnte ich akzeptieren, dass des Menschen einzige Bedürfnisse ausschließlich materialistische waren. Dass *Moses* und *Jeremiah, Jesus* und *Buddha* Produkte ihrer Zeit waren, konnte ich glauben; sie hinterließen jedoch nicht nur Spuren in ihrer eigenen Generation, sondern aufgrund ihrer Persönlichkeiten für viele darauf folgende auch. Diese a + b = c Theorien beunruhigten mich immer und machten mich misstrauisch. Auch wenn die Kirche und die Synagoge Waffen in den Händen der Machthabenden waren und im Namen Gottes ihre geistigen Schöpfer verleugneten und missverstanden, konnte das auf Basis der Logik die Möglichkeit der Existenz Gottes nicht widerlegen.

* * *

Ich teilte zwei Räume in einer Wohnung auf dem *Great Boulevard* mit einem Burschen aus meiner Heimatstadt, den ich zufällig ein paar Tage nach meiner Ankunft in Budapest getroffen hatte. Steven war etwa in meinem Alter und hatte die Kriegsjahre in einem ungarischen Arbeitsbattalion an der Ostfront verbracht. Während der letzten Kriegsmonate war er von den Russen gefangengenommen worden; jetzt arbeitete er als Schneider.

Steven hatte einen jüdischen Vater und eine nichtjüdische Mutter; er war nirgendwo zuhause. Er konnte sich nicht mit den Juden identifizieren, weil er nicht als Jude aufgewachsen war; er konnte sich nicht mit den Christen identifizieren wegen derer Verbrechen gegen die Juden. Er wollte Sozialist sein, aber er konnte marxistische Prinzipien nicht akzeptieren. Er war ein Einzelgänger, groß und dünn, voller Konflikte, voller Zweifel, unfähig zu nehmen, unfähig zu geben. Zuhause, vor dem Krieg, war er ein völlig anderer gewesen; die dazwischenliegenden Jahre hatten jedoch seinen Geist gebrochen.

Aber er brauchte mich, und ich brauchte ihn. Aus unserer gemeinsamen Vergangenheit waren nicht viele übrig geblieben, und wir klammerten uns beide an ein familiäres Gesicht, als ob Vertrautheit die letzte Hoffnung wäre.

Nacht für Nacht hörte ich sein heftiges Husten. Jede Nacht war ihm übel, aber jedesmal, wenn ich ihn fragte, was sein Problem sei, wich er aus und schickte mich ins Bett zurück. Eines morgens hörte ich ihn nicht und klopfte an seine Tür. Niemand antwortete. Ich öffnete die Tür und sah ihn in einer Blutlache in seinem Bett liegen. Ein

Krankenwagen fuhr ihn ins Krankenhaus, wo er zwei Wochen lang ohne Bewusstsein lag, bevor er starb. Der Arzt sagte, er habe Krebs gehabe und dass er sich viele Monate mit schrecklichen Schmerzen gequält haben musste.

Es war Stevens Tod, der in mir den verstopften Kanal der Angst öffnete. Als ob ein Tornado aus heiterem Himmel herab käme, lag meine ganze Welt in Trümmern. Alpträume überfluteten die Finsternis meiner Nächte, und an den Morgenden erwachte ich schweißgebadet. Die Depression, die folgte, die kumulative Reaktion auf all das, was ich in der Vergangenheit durchgemacht hatte, verlangsamte mich in einem mir völlig unbekannten Ausmaß, und dazu kam ein außerordentliches Gefühl von Unwirklichkeit.

Es sah so aus, als ob der Wahnsinn seine Arme öffnete und mich zu einer letzten Umarmung einlud.

* * *

Eines Nachmittags im Frühling 1946, als die Welt wieder mir gehörte, die Hügel grün waren und die Bäume im Wind ihre Köpfe neigten, saß ich mit Lily im Gras oben auf *Mount Gellert*, den großen Fluss unten betrachtend, der wie ein Band auf dem Kleid der Stadt aussah. Mit zitternden Händen gab ich ihr das erste Gedicht, welches ich seit dem Krieg geschrieben hatte, und als sie die von ihr inspirierten Zeilen gelesen hatte, schaute ich sie an und sprach die Worte, mit denen am Anfang der Zeit die Welt geschaffen worden war: „Ich liebe dich."

Lily war meine Cousine zweiten Grades mütterlicherseits. Sie war neunzehn, mit großen braunen Augen, in denen sie ein Feuer trug, das genug war, uns beide zu wärmen. Nach meiner Ankunft in Budapest wurde ich von ihrer Familie wie ein verlorener Bruder willkommen geheißen.

Sie hätte Pianistin werden sollen, aber als der Krieg begann, musste sie die Akademie verlassen. Sie hatte ihren Bruder im Krieg verloren und anfangs, glaube ich, sah sie in mir einen Ersatz für ihn. Dann, als ich meinen Zusammenbruch hatte, war es Lily, die mir beistand und mir aus der Dunkelheit half. Ohne sie wäre ich Nichts gewesen. Mit ihr wurde ich Alles.

Als es mir besser ging, fuhr ich hinauf in ein Sanatorium auf den *Hill of Freedom*, wo ich mich ausruhen und meine Zukunft planen konnte. Freunde im *Palace Hotel* hatten alles arrangiert, und ich wurde mit einer Höflichkeit empfangen, wie sie für die Privilegierten reserviert ist.

Der Arzt untersuchte mich von Kopf bis Fuss und gab sein Urteil bekannt:

„Du leidest an einer reaktiven Depression. Es ist nicht verwunderlich, dass du zusammenbrichst, nach dem, was du in den letzten Jahren durchgemacht hast. In einer abnormalen Welt nicht normal zu sein, bedeutet nicht, dass du abnormal bist, weisst du? Du must dich ausruhen, spazierengehen und lesen, Tennis spielen und schwimmen, und du wirst sehen, wie schnell du dich erholen wirst."

Kapitel V

Von Verwandten hatte ich ein paar Dollar erhalten, und mit dem Besitz dieser harten Währung während der Inflation fühlte ich mich ungeheuer reich. Jetzt konnte ich mir kleine Vergnügungen wie Konzerte leisten und hin und wieder im *Majestic Hotel* tanzen gehen. *The Majestic* war während des Krieges das Hauptquartier der Gestapo gewesen, und die Keller bezeugten noch Erinnerungen an alptraumhafte Qualen. Mittlerweile hatte Jazz-Musik die Atmosphäre gereinigt, und es waren sogar ein paar ausländische Besucher erschienen. Nachmittags war das *Majestic Hotel* mein Hauptquartier, da ich es hasste, den ganzen Tag lang im Sanatorium zu bleiben. In dieser bourgeoisen Umgebung tanzte ich mit Lily und diskutierte mit meinen sozialistischen Freunden über die zukünftige Welt.

Ich traf dort auch neue Freunde, mit denen ich manchmal etwas trinken ging. Diese ausländischen Freunde machten einen tiefen Eindruck auf mich, weil sie die ersten Menschen waren, mit denen ich sprach, die das Ausland repräsentierten.

Rajah war indischer Geschäftsmann aus *Bombay*, der im Land war, um ungarische Wissenschaftler für seine Firma zu werben, die etwas mit elektrischen Maschinen zu tun hatte. Er grüßte mich jeden Morgen auf deutsch mit den Worten: „Hallo, mein ungarischer Freund! Was meinst du zu den neuesten Nachrichten?"

Er wusste genau, dass ich keine Ahnung von den neuesten Nachrichten hatte, weil ich ihm gesagt hatte, ich lese seit den letzten Wochen keine Zeitungen und höre kein Radio. Aber jedesmal wartete er geduldig, bis ich es wiederholt hatte, und erzählte mir dann die Neuigkeiten.

„Die Briten halten wieder Schiffe an den Küsten Palestinas auf. Eines der Schiffe wurde nicht an die Küste gelassen, und Fahrgäste und Besatzung begannen einen Hungerstreik. *Zypern* ist ein einziges großes Konzentrationslager, und es sieht so aus, als ob die Briten beenden, was die Deutschen angefangen haben. Vielleicht denken sie, dass sie schlau sind, aber sie werden bald herausfinden, dass das nicht so ist; man kann nicht gegen den Wind pissen, und am Ende werden die Briten selbst nass. Indien wird sehr bald frei sein", fuhr er fort, „und dann wird eine neue Sonne am Himmel Asiens aufgehen. Die Briten haben versucht, den Atem von Freiheit in der Welt zu ersticken, aber ihre Zeit ist abgelaufen. Sie haben Indien angetan, was die Deutschen Ungarn antaten. ...."

„Wie kannst du so etwas sagen?" fragte ich. „Die Deutschen haben nichts als Zerstörung angerichtet. Die Briten haben das Land aufgebaut, verwaltet und geschult und Asien verändert. Wo würde Indien ohne die Arbeit dieser Kolonialisten sein? Wie kann man die Briten mit den Deutschen vergleichen?"

Er hatte eine Angewohnheit, sehr aufmerksam zuzuhören, während er sein Ohr zum Mund des Sprechenden hielt, als ob er schwerhörig wäre, und würde erst nach sorgfältiger Betrachtung antworten.

„Ich war privilegiert", sagte er, „ich gehörte einer reichen und gebildeten Klasse an. Ich bin übrigens Halb-Europäer, da meine Mutter deutsche Jüdin war, deren Eltern sich in Indien niedergelassen hatten. Ich weiß die guten Dinge, die Europa anbieten kann, zu schätzen. Aber was ist mit den Millionen, die nicht solches Glück haben? Haben sie weniger Hunger? Sind sie gebildeter? Ja, doch, die Briten haben schöne Häuser gebaut, Fabriken, Straßen – für sich selbst. Wahrscheinlich bessere, als sie zuhause hatten. Aber sie haben Indiens Reichtum, auch deren Arbeitskräfte und Intelligenz für sich allein genutzt. Und wie haben sie Gandhi und andere indische Heilige behandelt? Vielleicht werden wir eines Tages privilegiert sein", – ein höfliches Lächeln erschien auf seinem Gesicht – „dich in Indien begrüßen zu dürfen. Dann wirst du die Dinge selbst sehen können. Ich bin sicher, dass es dich an Auschwitz erinnern wird. Es gibt keinen elektrischen Zaun, aber solange die Briten da sind, ist Indien nicht besser als ein Konzentrationslager mit seinen Kapos und anderen privilegierten Gefangenen. Im Großen und Ganzen ist der einzelne Brite ein anständiger Typ, mit einem Sinn für Fairness. Aber in der Masse sind sie Monster, genau wie die Deutschen. Das alte scheußliche Kolonialsystem war dafür verantwortlich - Gestapo in britischer Uniform. Herrenvolk."

Ich sagte, ich könne nicht glauben, dass die Briten mit ihrer Tradition von Freiheit und Demokratie mit der Gestapo verglichen werden könnten.

Wieder hörte er aufmerksam zu, bevor er fortfuhr.

„Ich kannte einen Mann, einen indischen Patrioten in den 30-ger Jahren. Er war von den Briten ins Gefängnis gesteckt worden, aber es gelang ihm, zu entkommen. Sie ergriffen ihn erneut, und danach ließen sie ihn einmal in der Woche in einen Eiskeller fallen, wo er vierundzwanzig Stunden lang auf Eis lebte, bis seine Beine und Arme verfaulten. Das zeigt es dir. Indien ist nicht gegen Weiße, auch nicht antibritisch, aber gegen Kolonialherrschaft. Vielleicht werden eines Tages die alten Wunden heilen, aber ein großer Teil wird davon abhängen, ob die Briten das Land graziös verlassen. Innerhalb ihrer Insel sind die Briten natürlich zivilisiert, aber ..."

Mir entfielen seine abschließenden Worte. Mir fiel der alte Mann an der Ecke des Boulevards ein, der mich vor nicht so langer Zeit gefragt hatte, wer für alles verantwortlich wäre. Jetzt war das große Puzzel komplett: Es schien, als ob die ganze Welt verantwortlich war ... Deutsche, Ungarn, Briten, Amerikaner, Russen. Und trotzdem war mir etwas rätselhaft: Inwieweit beeinflusst der *einzelne Mensch* Entwicklungen? Inwiefern ist er fähig, den Nazis, Kommunisten, Kolonialisten ins Gesicht zu sagen: ,Bis hierhin, und nicht weiter. Was auch immer verlangt wird - ich morde nicht, ich quäle niemanden, ich füge keinem Menschen Leid zu, auch wenn ich als Verräter angesehen werde.'

Robert war Engländer, ein großer dünner Mann Ende fünfzig. Er schien unnahbar, aber wenn man ihn näher kannte, sah man, dass er Gefühle und Intelligenz besaß. Er erzählte mir nie, was er in Budapest machte, und ich fragte auch nicht. Da Rajah nicht mit Robert und Robert nicht mit Rajah sprach, musste ich die Unterhaltung von einem zum anderen übermitteln.

„Natürlich wurden Greueltaten begangen," sagte Robert. „Die Menschen sind die gleichen auf der ganzen Welt. Aber ... die Deutschen sanktionierten Gewalt, die Engländer nicht. Die Deutschen waren auf Befehl von oben brutal, aber von der britischen Regierung kam nie ein solcher Befehl. *Bevin?* Ja, seine Politik ist schlimm, aber hängen Fehler immer nur von *einem* Menschen ab? Ich denke, wenn man jemanden verurteilen kann, ist es die Geschichte selbst. Wenn du in den Kongo gehst, wirst du sehen, dass die Belgier schlimmer waren, als die Briten und auch als die Franzosen jemals waren. Die Menschheit muss während ihrer Entwicklung durch einen schmerzhaften Prozess gehen, und Westminster kann der Welt bis heute noch etwas geben. Ohne Revolution haben revolutionäre Ideen langsam aufeinanderfolgende Britische Regierungen geformt. Wahrscheinlich ist der Weg noch lang, aber du solltest es dir selbst ansehen."

„Sag mir, Robert, wenn ich nach England käme, wie würde ich dort empfangen werden?" Robert bedachte meine Frage gründlich.

„Ich habe mehrere ausländische Freunde in England, die alle etwas aus ihrem Leben gemacht haben. Anfangs ist es nicht leicht; Sprache und Bräuche sind erhebliche Hindernisse. Aber nachdem diese bezwungen sind, liegt es an dir. Als Ausländer beliebt oder unbeliebt zu sein, hängt nicht allein davon ab, dass man Ausländer ist."

Ich habe noch nie jemanden so viel trinken gesehen wie Robert. Während unserer Unterhaltung hatte er es geschafft, drei Gläser Bier runterzuschütten, und jetzt bestellte er das vierte. Wenn er trank, konnte er ziemlich intim werden.

„Aber geh nicht allein, John." (Er hatte mich ‚John‘ getauft, weil er Jancsi zu schwierig fand auszusprechen.) „Du könntest dich sehr einsam fühlen, wenn du allein gehen würdest. Nirgendwo in der Welt kann man sich so einsam fühlen wie in England, wenn man keine Freunde hat. Der Nebel, der Regen, die langen Winterabende, das Getümmel in *Leicester Square* – all das erzeugt ein Ausmaß von Einsamkeit, das beängstigend sein kann. Es ist auch manchmal für die Engländer furchteinflößend."

* * *

Während der langen Nächte entfloh mir oft der Schlaf. Was sollte ich tun? Wohin sollte ich gehen? Sollte ich nach Paris gehen, der Favorit unserer eigenen Poeten und Schriftsteller, oder nach Palestina, zum ursprünglichen Geburtsland meines Volkes? Wenn ich das täte, würde ich dann genügend Kraft haben, noch einmal zu kämpfen, möglicherweise mit einer Waffe in der Hand? Oder sollte ich Rajah fragen, ob ich nach Indien gehen und dort in geringem Maße nützlich sein könnte, diesen enormen Kontinent wieder aufzubauen? Aber jedesmal, wenn mich meine Fantasie über die ungarische Grenze trug, erkannte ich, dass ich nicht für lange Zeit in Erwägung ziehen konnte, den blutgetränkten europäischen Kontinent gänzlich zu verlassen. Manchmal fragte ich mich im Stillen, ob ich überhaupt gehen sollte, aber jedesmal war mir, als ob mir aus der fernen Vergangenheit eine Stimme antwortete und mich zum Gehen ermutigte: ‚Zieh deine Wurzeln heraus, Jancsi, und verschwinde von hier. Das ist nicht dein Land; das ist nicht dein Kampf. Sie wollen dich hier nicht.'

Schließlich beantragte ich ein britisches Visum, denn letztendlich musste es England sein. Obwohl mich die Geschehnisse in Palestina tief betrafen, wollte ich nach England gehen, weil es mir schien, dass Demokratie einer menschlichen Utopie am nächsten lag. Zu jenen Zeiten ein britisches Visum zu erhalten war eine fast unmögliche Aufgabe, es sei denn, es war für ein Studium an einer Universität. Die Britische Botschaft, die versuchte, mir zu helfen, trat mit Verwandten von mir in Verbindung, die bereits in *Coventry* lebten, aber mir wurde mitgeteilt, meine Verwandten seien leider nicht in der Lage, mich finanziell zu unterstützen. Das war die Hürde: Wie könnte all das finanziell gehandhabt werden? Trotzdem beantragte ich ein Studenten-Visum für drei Monate und hoffte, dass es mir während dieser Zeit gelingen würde, in England etwas zu arrangieren und einen Beruf oder ein Gewerbe zu erlernen. Als mir das Visum entsprechend gewährt wurde, überkam mich eine seltsame Stimmung. Jetzt, wo alles geregelt war, war mir nicht zum Gehen zumute.

* * *

Abgesehen von meinem Glauben an Demokratie hatte meine Kindheit auch eine Rolle in der Wahl von England gespielt. Meine Schwester Susan, die acht Jahre älter war als ich, war Englischlehrerin gewesen und hatte Englisch ohne jeglichen Akzent gesprochen. Sie war ungewöhnlich sprachbegabt gewesen und sprach und schrieb Italienisch, Deutsch, Französisch und Hebräisch, zusätzlich zu Ungarisch und Englisch. Gegen Ende des Krieges begann sie Spanisch zu lernen, was sie nie völlig perfektionierte; in den Gaskammern waren keine Bücher erlaubt.

Als sie begann, Englisch und Französisch zu unterrichten, war ich in meinen frühen Teenager-Jahren, und auf Bitte meiner Eltern fing sie an, auch mir Englisch beizubringen. Ich kam jedoch nicht über die ersten zwei Seiten des Englischbuches für Anfänger hinaus; dann goss ich langsam und absichtlich ein Tintenfass über ihrem Rock aus, denn ich wusste, dass sie danach nie wieder den Versuch unternehmen würde, mich zu unterrichten. Ich wusste auch, dass ich dafür mit einer ordentlichen Tracht Prügel büßen musste, die mein Vater gebührend lieferte. Meine Mutter schimpfte mich aus und sagte: „Du wirst deine Dummheit eines Tages bereuen

...", worauf ich höflich antwortete: "Ja, Mama", und hinaus zum Fußballspielen ging. Das war das Ende meines Englischunterrichts.

Jetzt dachte ich an die Worte meiner Mutter und wünschte, ich hätte dieses Tintenfass nie ausgeschüttet. Ich erinnerte mich an die ersten Zeilen von Susans Englischbuch, aber damit war es mit meinem Englisch zu Ende. Wenn ich zurückschaue, merke ich, dass es ein blödes Buch war, total phantasielos und langweilig, und dass es die Geduld eines Heiligen gebraucht hätte, um nicht zu verzweifeln. Das Buch fing so an:

"Teacher: 'Good morning, boys. Good morning, girls. You are my English pupils and I am your English teacher.'

Pupils: 'Good morning, teacher. We are your pupils, teacher. You are our teacher.'"

Es war also nicht die englische Sprache, die den Grundstein für mein Interesse an England legte, sondern britische Geschichte. Obwohl ich mich so ungezogen verhalten hatte, was das Lernen der Sprache betraf, wusste ich, wie ich Susan erpressen konnte, um meine Portion an britischer Geschichte zu erhalten. Ich sagte zu ihr: „Weiß Mama, dass du gestern abend auf der Treppe einen Jungen geküßt hast?" Daraufhin lief Susan rot an und befahl mir, den Mund zu halten. Dann bat ich sie auf natürlichste Weise, mit normalster Stimme, mir etwas über die *Magna Carta,* oder *Cromwell,* oder *Robin Hood* oder *Oliver Twist* (für mich gehörte *Oliver Twist* auch zur britischen Geschichte) zu erzählen. Sie war wirklich ein Engel; sie antwortete mir auf jede Frage. Diese Geschichten machten einen tiefen Eindruck auf mich, und mein Vater erweiterte sie gewöhnlich. Ich war wirklich davon beeindruckt, dass er mehr über London wusste als andere Ungarn, die ich kannte. Er hatte ein altes Bilderbuch mit vielen Abbildungen Londons und auch eine Karte der Londoner U-Bahn aus früherer Zeit. An langen Winterabenden saß er mit mir für ein Weilchen zusammen und erzählte mir von der ‚größten Stadt der Welt‘.

„Siehst du, Jancsi, hier, das ist *Hyde Park Corner*.“ Dann zeigte er auf ein anderes Bild im Buch und fuhr fort: „Und dies hier ist *Marble Arch*, wo jeder auf einer Seifenkiste stehen und sagen kann, was er will.“

„Und wenn er keine Seifenkiste hat?“

„Dann kann er auf einem Stuhl stehen.“

„Warum steht er auf einer Seifenkiste, Papa?“

Vater irritierten diese ‚irrelevanten Bemerkungen‘ seines achtjährigen Sohnes.

„Was tut das zur Sache, um Gottes Willen, worauf der Mann steht!“ Dann war ich still und er beruhigte sich.

„Das Wichtigste ist“, sagte er nach einer Weile, „dass dort ein Mensch die Freiheit hat, zu sagen, was er will.“

„Auch Schimpfworte?“

„Ach, jetzt sei nicht kindisch!“

„Aber du hast gesagt, Papa, dass er sagen kann, was er will?“

„Ja.“

„Kann er sagen: ‚Blöder Lehrer‘?“

„So was Dummes würde er nicht sagen wollen.“

„Könnte ich sagen: ‚Dumme Susan‘?“

Aber jetzt hatte er genug, und für diesen Abend war meine Englischbildung beendet.

* * *

Ich bat Robert, mir von *Hyde Park Corner* zu erzählen. Er war an diesem Thema nicht sehr interessiert, aber, wie gewöhnlich, einverstanden. Sein Desinteresse machte mich jedoch zum ersten Mal neidisch. Hier war ein Mann, der an seinem eigenen Land einen wertvollen Diamanten besaß, ihn aber nicht zu schätzen wusste. In diesem Augenblick verstand ich, was Freiheit wirklich bedeutete. Es bedeutete, dass man sich damit langweilen konnte, weil es ein selbstverständlicher Teil des Lebens war.

„Ehrlich gesagt, dort reden jeden Abend eine Menge Spinner", teilte mir Robert mit. „Hin und wieder steht da ein Vernünftiger, aber die meisten sind Spinner. Jeden Abend sagen sie dieselben langweiligen Dinge; sie reden sogar zu sich selbst, wenn kein anderer ihnen zuhören will. Manche greifen sogar die Monarchie an."

Also betrachtete Robert die Monarchie als ein so normales Phänomen, dass jeder beliebige, der gegen sie sprach, verrückt sein musste. Welch ein Land!

Zu diesem Thema hatte Rajah auch etwas zu sagen.

„Es stimmt, ein Inder kann in London Dinge sagen, die er in Bombay niemals zu sagen wagen würde. England hat ein System gebildet, das ausschließlich für den Konsum der Insel bestimmt ist. Es ist nicht für Export gedacht!"

Ich habe *Priestley, Cronin* und *H. G. Wells* gelesen, sogar *Jules Verne*. Ich habe mir alles beschafft, was ins Ungarische übersetzt ist. Es war wieder *Dickens*, der mich packte.

„Die Folge ist, dass vor hundert Jahren nur die Privilegierten in Freiheit lebten. Und was ist mit den Übrigen?" fragte ich Robert.

„Als das restliche Europa die Menschen wie Sklaven behandelte", antwortete er, „wurden während der Herrschaft

Viktorias reihenweise Häuser für die Arbeiterklasse gebaut. Vergleichsweise waren wir vielleicht fortgeschrittener als die restliche Welt zu dieser Zeit."

„Und die Kinder, die in Fabriken und Bergwerken arbeiteten?"

„Neulich fuhr ich durch dein Land und sah eine Menge Kinder auf den Feldern arbeiten. Heutzutage werden Kinder in England nicht mehr ausgebeutet, und sie treten keine Vollzeitbeschäftigung an, bis sie im Alter von fünfzehn die Schule verlassen."

* * *

Während dieser Zeit reiste ich in meiner Vorstellung nach England und sah die kleinen Reihenhäuser in den Vororten. Ich befand mich immer außerhalb dieser Häuser, immer allein, bitterlich meiner Einsamkeit gewahr. Dieser Vorgeschmack meiner Isolation, der Unfähigkeit, meinen Mitmenschen meine Gedanken und Gefühle zu übermitteln, machte mich mutlos und ängstigte mich.

Ich begann wieder zu schreiben. Ein Gedicht nach dem anderen wurde akzeptiert und in der Zeitung veröffentlicht. Da wurde mir schlagartig klar, dass, wenn ich meine ungarische Sprache aufgeben würde, es das Ende für mich als Dichter bedeuten könnte; dass ich vielleicht ohne meine Leserschaft nicht mehr schreiben möchte.

Ich habe oft sagen hören, dass der Jude seinem Heimatland nicht treu ist; dass er nur an sich selbst denkt, an seine Familie und an die anderen Juden.

Ich war ungarischer Poet, stolz auf meine ungarische Herkunft und auf die Generationen meiner Vorfahren, die in

Ungarn gelebt hatten und gestorben waren. Ich war auf die ungarischen Schriftsteller und Dichter der Vergangenheit stolz, die vom ewigen Kampf des Menschen und vom unterdrückten Volk gesprochen hatten; die von Freiheit träumten, von einem Leben ohne Furcht. Vielleicht war es wegen meiner jüdischen Herkunft, einer Herkunft voller Schmerz, Verfolgung und Leiden, dass ich mich doppelt stark mit den Tragödien ungarischer Geschichte identifizierte.

Wenn ich die Worte ungarischer Vertriebener durch die vergangenen Jahrhunderte hindurch las, die das Land mahnten, sich den Invasionen zu widersetzen und in ihren Herzen Ungarn zu bleiben, fielen mir die Worte unserer Weisen ein, die das jüdische Volk seit babylonischen Zeiten gewarnt hatten, niemals nachzugeben, nicht den Glauben zu verlieren, sondern auf eine bessere Zukunft zu hoffen und daran zu glauben. Für mich war sowohl Jude als auch Ungar zu sein nie unvereinbar.

Aber wieviel mir Ungarn wirklich bedeutete, wurde mir erst während dieser Sommermonate im Jahr 1946 klar, als ich mit Sicherheit wusste, das ich es verlassen und möglicherweise niemals zurückkehren würde. Während dieser Wochen wurde mir die Sprache, die mich meine Mutter gelehrt hatte, bewusst, und ich begriff, dass die Sprache selbst ihre Liebe und ihr Lächeln umarmte- tausend Erinnerungen kostbarer Jahre. Diese Sprache für eine andere auszutauschen erschien mir wie das Begraben der Geliebten meiner Kindheitsjahre. Und mit der Beerdigung seiner Heimatsprache kommt ein Gefühl, nirgendwo hinzugehören. Ich fühlte meinen bevorstehenden Tod als Poet im Verlust dieser satten, aromatischen Worte.

Anfang September verließ ich das Sanatorium mit dem Gefühl, ein neuer Mann zu sein. Ich war von der Depression befreit; die Müdigkeit war verschwunden, und die Angst und Rastlosigkeit waren auch aufgelöst. Mein Arzt verkündete sein letztes Urteil:

„Deine physische Gesundheit ist jetzt viel besser, aber die emotionalen Wunden, die dir in der Vergangenheit zugefügt wurden, haben ihre Narben hinterlassen. Ich kann nicht dafür garantieren, dass die Depression und die Angst nicht wiederkommen. Die einzige Möglichkeit, eine Wiederholung des Zusammenbruchs, den du erlebt hast, zu vermeiden, wäre, dich einer längeren Psychoanalyse zu unterziehen. Vielleicht entscheidest du dich eines Tages, das zu tun."

Meine Freunde im *Palace Hotel* hatten eine schöne, möblierte Wohnung auf dem *Hügel der Rosen* für mich gefunden, die früher einmal nur für die Reichen da war. Als ich dort ankam, war der Garten voller welkender Sommerblumen, und die Aussicht vom Hügel war unaussprechlich schön. Jetzt, wo ich entschlossen war zu gehen, schien es, dass mir alle Gelegenheit gegeben wurde, mich zu guter Letzt in Komfort niederzulassen.

Zu etwa dieser Zeit hatten die Vereinigten Staaten Ungarn ein Darlehen von zehn Millionen Dollar gewährt, um die Inflation anzuhalten. Eine neue, stabile Währung wurde eingeführt, und wir konnten wieder planen, Geld zu sparen.

Jetzt war es auch möglich, mit Lily Pläne für unsere bevorstehende Hochzeit zu schmieden, und wir beschlossen, am 30. November zu heiraten. Ich hatte einst zuvor unter dem Heirats-Baldachin gestanden, als ich Eva, meiner ersten Frau, die im Sommer 1945 in Auschwitz umkam, ewige Liebe versprochen hatte. Jetzt lauschte ich zum zweiten Mal auf die uralten Worte des Rabbis, als ob diese Worte von einem anderen Planeten kämen. In dieser leidvollen Melodie war etwas Unsterbliches: Schmerz, Schönheit, Kraft, Hoffnung, - alle miteinander vermischt. Wie Liebe.

* * *

Kurz nach unserer Heirat stellte ich mit Lilys Hilfe meinen dritten Gedichtband zusammen, da mittlerweile mein Name in Ungarn vielen nicht unbekannt war. Ich hatte auch gerade ein Gedicht mit dem Titel ‚Gulliver‘ geschrieben, das ziemlich bekannt wurde.

Es war ein symbolisches Gedicht, welches die Geschichte *Gullivers* beinhaltete, der im Land der Lilliputaner ankam. Sobald er ans Ufer geschwemmt worden war, legten die Winzlinge Schlingen um seinen Hals, weil ihnen seine riesige Größe Angst machte. *Gulliver* war Demokratie und Ungarn das Land der Lilliputaner.

Mit der Veröffentlichung dieses Gedichtes begann eine seltsame Kette von Ereignissen, die mich in eine Falle lockten.

Auf einer Party traf ich einen Mann, den ich ‚Onkel Zoltan‘ nennen werde. Das war ein Spitzname, den Lily und ich ihm im Nachhinein gaben. Im Laufe des Abends zeigte er großes Interesse an ‚Gulliver‘ und an meinen anderen Gedichten und sagte, dass er gern mit mir die Möglichkeit besprechen würde, meine gesammelten Werke zu veröffentlichen. Er deutete sogar an, dass er womöglich eine große Auflage produzieren könnte, und natürlich war ich über diese Möglichkeit sehr erfreut.

Eine Woche darauf lud mich ‚Onkel Zoltan‘ in seine Wohnung zu einem Kaffee ein. Er war ein Mann Anfang fünfzig, von sichtbar hoher Intelligenz. Zuerst sprachen wir über Gedichte, aber bald wandte sich unsere Unterhaltung meinen Eltern, meiner Vergangenheit und meinen politischen Überzeugungen zu. Ich hatte das komische Gefühl, dass ich ‚Onkel' irgendwo zuvor schon einmal getroffen hatte, aber so sehr ich mich auch bemühte, ich konnte ihn nicht einordnen.

„Ich nehme an", sagte er, „dass Sie uns nicht feindlich gesonnen sind?" Er bezog sich auf ‚uns Kommunisten' und hielt offensichtlich eine prominente Stellung in der Partei. Er fuhr fort:

„Sie erkennen ganz klar – und das ist jedem sichtbar, der ‚Gulliver' liest – dass Faschismus noch nicht tot ist und dass es einer ‚*United Workers Front*' bedarf, sein Wachstum zu stoppen."

Ich unterbrach ihn und äußerte, dass sich nichts in ‚Gulliver' auf eine ‚*United Workers Front*' bezog. Er ignorierte meine Unterbrechung jedoch völlig und fuhr fort:

„Ich bin froh, dass Sie uns gegenüber nicht feindlich eingestellt sind. Es wäre verwunderlich, wenn Sie es wären, bei Ihrer Herkunft und den Überzeugungen Ihres Vaters. Ihr Vater muss ein Mann mit Weitsicht gewesen sein. ...."

Langsam begann er, meine Gefühle zu manipulieren, die Gefühle eines Sohnes für seinen Vater. Die Falle war gelegt.

„Ist Ihnen bewusst, dass reaktionäre Elemente in genau die Bewegung eingedrungen sind, für die Ihr Vater starb? Können Sie nicht sehen, dass Sozialdemokratie zum Werkzeug in den Händen der Rechten geworden ist? Es ist zweifellos Ihre Pflicht, diese Bestien zu entlarven."

Ich sagte, mir sei nicht bewusst, dass meine Partei von Reaktionären unterminiert sei. Und auch wenn es so wäre, was meine er mit ‚entlarven‘, fragte ich ihn, und wem gegenüber?

„Uns gegenüber, natürlich. Denn wir haben keine Rechten und können unseren Führern vertrauen, die sich im Gefängnis und im Exil bewährt haben."

Plötzlich fiel mir ein, warum mir seine Merkmale bekannt vorkamen. Blitzartig erkannte ich, dass ‚Onkel‘, obwohl er einen anderen Namen trug, der Bruder des Diktators der Kommunistischen Partei in Ungarn war.

In diesem Moment wurde mir auch klar, dass ich in eine Falle gelaufen war. Er bot an, meine Gedichte zu veröffentlichen, und als Gegenleistung wollte er mich als Spion gegen meine Partei benutzen.

Mein Herz raste, denn ich nahm die Gefahr wahr, in der ich mich befand. Ich hatte mein britisches Visum, ich hatte meinen Pass, aber ich hatte meine erforderlichen russischen Ausreisepapiere noch nicht erhalten, um Ungarn zu verlassen. Wenn ich seine Bitte ablehnte, war es nicht unmöglich, dass mir meine russische Ausreisegenehmigung nicht gewährt würde. Wusste er, dass ich nach England gehen wollte? Es war ziemlich klar, dass, falls er es noch nicht wusste, er es bald wissen würde. In diesem System wurden Spione bespitzelt, um ihre Verlässlichkeit zu testen, und in seinen Augen war ich bis jetzt nur ein potentieller Kandidat. Von jetzt an würden wahrscheinlich alle meine Schritte verfolgt und überprüft. Obwohl die Staatsmaschine noch nicht völlig in kommunistischer Hand war, wurde die *Political Police* mit Sicherheit von ihr betrieben. Ich musste mich schnell entscheiden. Ich tat einen wagemutigen Schritt, und, anstatt auf seinen Vorschlag einzugehen, antwortete ich:

„Vielleicht ist Ihnen nicht bekannt, dass ich beabsichtige, auf einen kurzen Besuch nach England zu gehen. Ich habe alle meine Papiere, mit Ausnahme meines Ausreisevisums von den Sowietbehörden. Können Sie mir helfen, es bald zu bekommen?"

Er lächelte. Wahrscheinlich dachte er, ich biete ihm ein Geschäft an. Nun war ich aus der Falle heraus, aber diesmal fiel er hinein.

„Sie werden Ihr Ausreisevisum innerhalb von zwei Tagen bekommen. Wird Ihre Frau mit Ihnen reisen?"

Ich sagte ihm, dass Lily nicht mit mir kommen würde, und ich sah ein Zeichen von Erleichterung auf seinem Gesicht.

„Sie gehen nach England, und wenn Sie zurückkommen, werden wir die Veröffentlichung Ihres Buches weiter besprechen."

An diesem Abend entschloss ich mich, einem erfahrenen Sozialisten von dieser Unterhaltung zwischen ‚Onkel Zoltan' und mir zu erzählen. Er sagte:

„Du bist nicht der Einzige, an den sie herangetreten sind. Aber du bist mit Sicherheit einer der Wenigen, der es mir mitgeteilt hat."

* * *

Endlich kam der Tag, an dem ich Budapest Lebewohl sagte. An diesem Wintermorgen fühlte ich mich wie ein Mann, der dabei ist, ins Schwimmbecken zu springen, aber nicht weiß, ob es mit Wasser gefüllt ist. Ich war dabei, alles, was mir seit meinen frühen Jahren wichtig war, hinter mir zu lassen: Berühmtheit, Komfort, aber zuallererst meine junge Braut. Mir war unbehaglich zumute und mein Herz klopfte schwer unter meinem Wintermantel, als ich im Taxi saß, auf dem Weg zum Bahnhof, wo meine Frau und meine Freunde mich erwarteten, um adieu zu sagen. Ich hatte meinen Pass im Reisebüro, wo ich eine Stunde vorher mein Ticket abgeholt hatte, liegengelassen, und jetzt raste ich vom Reisebüro zum Bahnhof zurück, durch die kalten Straßen und den glitzernden Schnee. Zum letzten Mal blickte ich auf die Donau. Werde ich sie einmal wiedersehen? Good-bye, Budapest. Lebe wohl, Kindheit. Adieu, Mädels. Plötzlich – ein Crash, und mein Kopf erhielt einen kräftigen Stoss, als ich nach hinten fiel. Wir waren mit einem Lieferwagen zusammengestoßen. Polizei. Namen. Nummern. Kein ernstlicher Schaden, Gott sei Dank, aber die Zeit wird knapp; der Zug wird gleich abfahren.

In ein anderes Taxi, aufgewühlt, verängstigt, Herzklopfen. ... Das zweite Taxi war noch keinen Kilometer weit gefahren, als es auf der *Rakoczi* einen Zusammenstoß hatte. Diesmal waren zwei Taxis kollidiert, und wir waren auf eins von ihnen draufgefahren. Polizei, Namen, Nummern. Keine Verletzte. Zitternd und in kaltem Schweiß gebadet rannte ich in Richtung Bahnhof und betete:

„Oh Gott, lass mich gehen, lass mich doch nun bitte gehen!"

Schnelle Küsse, Händeschütteln, ein paar Tränen – und der *Alberg Express* bewegte sich langsam gen Westen. Lily sah in ihrem weißen Pelz wie ein Püppchen aus: „Du wirst mir bald folgen. Good-bye, good bye ..."

TEIL II

GRÜNES GRAS UND NEBEL

Kapitel VI

In einem miesen kleinen Hotelzimmer, nicht weit vom *Gare du Nord*, streckte ein gräulicher Fleck genau über meinem Kopf in alle Richtungen seine Tentakeln aus, ein Hinweis auf einen Rohrbruch oder vielleicht auf ein überfülltes Bidet im Zimmer über mir. Im Schloss eines altmodischen Schrankes steckte ein Schlüssel, aber das Schloss funktionierte bereits seit Ionen nicht mehr; eine Zeitung, mit dem 3. Juli 1946 datiert, steckte in den Spalten zwischen den Türen, um sie geschlossen zu halten.

Neben dem Schrank war ein Waschbecken mit einem gesprungenen Spiegel und ein Bidet. Das große Bett hätte leicht Lily und mich unterbringen können, und ich dachte mit Bedauern, dass ich allein sein würde. Gott allein weiß, wieviele Liebende in den vergangen Jahren in diesem Bett die Nächte verbracht hatten. Eine nackte elektrische Birne hing von der Decke, kalt und ohne Licht an diesem frühen Winterabend. Über den orangefarbenen Schornsteinen des gegenüberliegenden Hauses sah ich die Spitze des *Gare du Nord*, aus dem das gelegentliche Schnaufen eines Zuges zu hören war. Dann wurde es dämmrig und die Schatten fielen, und als die frühe Nacht im Februar alles in Dunkelheit gehüllt

85

hatte, lag ich immer noch auf meinem Bett und konnte nicht glauben, dass ich zu guter letzt in Paris war.

Pali war Geiger, der aus meiner Heimatstadt kam und seit Ende des Krieges in Paris gelebt hatte. Er war sehr stolz, mir - dem ‚Ausländer' - Paris zu zeigen, denn er wusste sehr wohl, wie es das Herz eines ungarischen Dichters begeistern würde. Wir besuchten *Notre Dame* und sprachen über die Schönheit einer vergangenen Zeit, als der Geist des Menschen noch himmelwärts schwang; wir blickten auf die unaussprechliche Herrlichkeit der *Saint Chapelle*; und von der Spitze des Eifelturms schauten wir hinunter auf die große Stadt, die im Wintersonnenschein erglühte.

Er brachte mich zum *Montmartre*, und dort verfolgten wir in den winzigen Theatern die Windungen nackter Körper. Aber er zeigte mir auch das andere Paris, das Paris derer, die am linken Ufer der *Seine* lebten.

Dort hauste er mit noch einem Ungarn - einem Fotografen namens Feri - und einem Franzosen Ende vierzig namens Monsieur René. Während sich meine ungarischen Freunde Künstler nannten, und zweifellos waren sie als solche von anderen Mitgliedern des *Quartier Latin* akzeptiert, war Monsieur René Außenseiter, weil er für's Ministerium arbeitete. Sein größtes Bestreben im Leben war es, wie ein Künstler auszusehen, und daher ließ er sich einen Schnauzer und einen Bart wachsen. Nach seinen Bürostunden kleidete er sich in Lumpen der Intelligenz und behauptete, ein Künstler ohne Kunst zu sein. Er behauptete auch, er sei direkter Nachkomme von *François Villon* , „von Seiten des Bastards, natürlich", und als Beweis dafür wies er auf die heidnische Romantik in seinen Adern hin. Faktisch gehörte diese Wohnung Monsieur René, aber im Laufe der Zeit war der

Großteil der Möbel verschwunden. Alle drei waren sich einig, dass es nicht viel bedarf, auf Erden glücklich zu sein; man braucht nur einen kleinen Drink, Essen und Frauen, ein Bett natürlich – und Berühmtheit. Der einzige, der sich einen Namen gemacht hatte, war *Feri*. Seine Fotos von nackten Frauen, sagte er, waren keine gewöhnlichen Studien, sondern ‚symbolische Ausdrucksformen der Beziehung zwischen Frauen und dem Universum'. Er erklärte, jede Frau habe seit Beginn der Zeit in ihren Gesichtszügen und in ihren Bewegungen etwas Animalisches bewahrt und dass es seine primäre Aufgabe als Künstler sei, dieses Tier einzufangen und ihm Ausdruck zu verleihen.

Im lokalen Bistro sitzend, beobachtete er jede Frau, die vorbeiging, und bemerkte: „Tigerin, Katze, Hund, Schwein, Geier, Fuchs ..." Wenn er ein Model gewählt hatte, entkleidete er es, setzte es auf einen Teppich, und dann ließ er es eine Pose des entsprechenden Tieres einnehmen, die er entworfen hatte.

„Es gibt nur eine ausdrucksvolle Stellung für eine bestimmte Frau", sagte *Feri*. „Eine ‚Hunde-Frau' muss eine völlig andere Stellung einnehmen als eine, die zu einer ‚Tiger-Frau' passen würde. Der Erfolg meiner Kunst liegt im Erkennen dieser grundlegenden Faktoren."

Dieser kurze Aufenthalt in Paris war meine erste Kostprobe von Freiheit, und ich war dankbar, dass der erste Stop jenseits der Grenzen meines Landes mit dieser munteren, freundlichen Schar begann. Es machte mir Hoffnung, ich könnte jenseits des Kanals ebenfalls Widerhalle eines familiären Lebens finden. Wie vergnüglich Paris auch war, es war lediglich die Brücke zwischen meinem alten Leben und meinem neuen. Ich spazierte zum letzten Mal den *Boulevard*

Saint Michel hinunter, wo eines Herbstnachmittags einst der große ungarische Poet *Ady* dem Phantom des Todes begegnet war. Dann rief ich ein Taxi und fuhr zum *Gare du Nord, en route* zum Land des Nebels und des grünen Grases.

Kapitel VII

‚Am 11. Februar 1947 kam ich in London an‘, schrieb ich
Lily. Hinter dieser lakonischen Verkündung liegt eine völlig
neue Lebensart.

Victoria Station in Dunkelheit. ... Ein alter Porter sagt
‚Ta‘, als er mir mein Gepäck abnimmt und noch einmal ‚Ta‘
als ich meine ersten englischen Worte stottere: „Taxi bitte!“ ...
Das Taxi rast durch die Nacht, während der Fahrer in seinen
Bart murmelt. ... Eisige Kälte draußen, kein grünes Gras,
jedoch dichter Nebel. ... Verkehrsampeln wechseln
mysteriöserweise die Farbe (das ist ein neuer Anblick; in
Budapest kontrolliert die Polizei alle Verkehrsampeln). ...

Die ersten englischen Worte: ‚Rationierungskarte‘,
‚Stromausfall‘, ‚how do you do?‘, ‚how are you?‘. Sie
ergeben keinen Sinn. Die Suppe ... man bewegt den Löffel
von sich weg; erst die zweite Bewegung ist auf den Mund
gerichtet. Warum legen sie die Erbsen nicht auf die innere
Kurve der Gabel, anstatt das Unmögliche zu versuchen, sie
auf die Außenseite zu balanzieren? Warum essen sie Brot und
Butter mit ihrer Suppe? Warum sagen sie „Uhmm, well ...“
wenn sie dir nicht antworten wollen? Was soll der
zeremonielle Tanz, wenn man mit einer Frau auf dem
Bürgersteig entlang geht und immer an der Bordsteinkante
bleiben muss?

Sind sie unfähig zu sagen, was sie denken? ‚Vielleicht
könnte ich vorschlagen, Mr. Heimler ...‘ Was bedeutet das?
Bedeutet das ‚tue‘ es, anderenfalls ...‘?

Die Schwierigkeiten beim Lernen der Sprache, Versuche,
Wörter in Sätze zu fügen und dann sein Ohr ‚einzustellen‘,

89

um zu verstehen, was hinter den Worten liegt. ‚Er ist nicht besonders hervorragend.' Bedeutet das, dass ich nur ein kleines bisschen weniger als ein Genie bin, oder betrachten sie mich als Idioten?

Das kleine graue Buch sagt *,Aliens Act 1921'*. Ich schaue *,alien'* im *Oxford Dictionary* nach: Ich will wissen was ich bin. ‚Nicht sich selbst'; ‚fremd, unter fremder Loyalität'; ‚von anderer Natur'; ‚abstoßend ...', das bin ich. ‚Abstoßend', ‚ausgeschlossen', ‚feindselig'. Und *,alienism'* heißt im selben Wörterbuch ‚Studie und Behandlung von Geistesstörungen'. Das kann einen wahnsinnig machen!

‚Die ersten Eindrücke sind abgeklungen und jetzt ist mein Leben hier sehr einsam.'

Oh Lily, Lily, wann kommst du? Hier in diesem fremden Land fühle ich mich so allein unter all den Menschen. Robert hatte recht, das ist die verlassenste Stadt der Welt. Jetzt ist der Sommer gekommen und draußen auf der Straße sind Menschen. Im Park sehe ich Paare sich umarmen und lieben, und Männer sitzen mit ihren Frauen bei einem Glas Bier. Mich hungert nach Zuwendung, nach Liebe. Ich kann nachts nicht schlafen. Wann kommst du, Lily, mein Liebling?

Ich fange an, Menschen zu treffen, Ausländer, wie ich selbst, aber die meisten mag ich nicht. Sie erzählen mir: „Genau wie du, sind wir auch deportiert worden, ... auf die *Isle of Man.*" Ich muss lächeln. Sie haben die Kriegsjahre in Hotels verbracht. Einige von ihnen sind Linke und Kommunisten, die jetzt in die paradiesische Heimat zurückkehren wollen. Wenn ich ihnen sage, dass es das Paradies nicht mehr gibt, beschimpfen sie mich als faschistischen Kriegshetzer.

Ich habe Angst, dass dir etwas passieren könnte, Lily. Ich höre, dass sich in Ungarn dunkle Wolken zusammenziehen, dass jeden Tag Menschen verhaftet werden, dass sogar unser Premierminister zurückgetreten ist. Wann wirst du deinen Pass bekommen, mein Liebling?

‚Ich habe mich um einen temporären Job beim BBC beworben.'

Aldwych. Bush House. Ungarische Abteilung. Hier ist London. Das sind die Nachrichten: „Von Budapest wurde berichtet, dass *Bela Varga,* Präsident des ungarischen Parlaments, das Land verlassen hat." Ich rauche eine Zigarette, während mich das Mikrofon anstarrt. Lily, hörst du meine Stimme, zweitausend Meilen entfernt?

„Der Staatssekretär gibt Ihnen hiermit bekannt, dass Ihrer Frau ein Visum gewährt wurde."

Letztendlich kommst du also, Lily!

* * *

Ende 1947, Sylvesterabend. Wir sitzen in unserem dunklen Raum in *Kingdon Road.* Lily ist gerade von der Arbeit gekommen. Sie arbeitet in einer Bäckerei im *West End.* Sie ist müde, unglücklich; ich auch. Ich lebe von dem, was sie verdient und sie lebt von Tränen. Zuhause hatte sie es sich nicht so vorgestellt. Wir haben kein Geld, irgendwohin zu gehen; wir kennen ja ohnehin niemanden, und uns kennt auch keiner.

Den ganzen Tag lang habe ich geschrieben und jetzt sitze ich da und starre ins Nichts. Ich schreibe ein Buch über mein Leben in den Konzentrationslagern, aber ich finde, wenn ich in die Vergangenheit zurückgehe und jene verhängnisvollen

Tage noch einmal durchlebe, - wenn ich versuche, die Welt zu sehen, wie ich sie damals sah, hält mich etwas in der Gegenwart fest, denn die Vergangenheit ist voller Schmerz und ich will nicht noch einmal leiden.

„Was sollen wir tun?" frage ich.

„Was können wir tun?" sagt sie, auf dem Bett sitzend. „Was können wir tun? Die Grenzen haben sich hinter uns geschlossen. Wir können nicht mehr zurück."

„Aber das ist doch kein Leben für uns, - ich sitze hier im Zimmer und warte darauf, dass du nachhause kommst, und dann können wir nicht einmal miteinander reden, weil wir beide zu müde sind."

„Wenn du doch beim *B.B.C.* erfolgreich gewesen wärest."

Wir hatten viele Male mein Interview für einen permanenten Job beim *B.B.C.* erörtert, und wie ich versagt hatte.

„Mein Englisch war für sie nicht gut genug."

„Du hast alles vermasselt. Sie haben dich nicht nur wegen deinem Englisch abgelehnt."

Sie hat natürlich recht. Ich habe das Interview vermasselt, weil ich Angst hatte. Jetzt erzähle ich ihr zum zehnten Mal, was passiert war.

„Ich hatte das Gefühl, dass ich verfolgt wurde. Mehrere Tage lang hatte ich zwei Männer gesehen, manchmal im Auto, manchmal auf der Strasse hinter mir gehen. Ich dachte, dass ‚Onkel Zoltan' sie hinter mir her geschickt hatte. Ich hätte schwören können, dass sie etwas im Schilde führten. Ich habe es dir damals erzählt."

„Das hast du dir eingebildet. Du bist nicht so bedeutend, wie du denkst, auch wenn du es sein möchtest. Hier weiß niemand, wer du bist, was du bist. Du hast es vermasselt."

Ich hatte tatsächlich alles vermasselt. Die ganze Zeit, während ich vor dem Interviewkomittee saß, hatte ich das Gefühl, dass ‚Onkels' Spione hinter der Tür standen und jedem Wort, das ich sprach, zuhörten. Ich traute mich nicht zu sagen, was ich wirklich dachte, oder Interesse an Politik zu zeigen; ich gab mich für einen Trottel aus, der lediglich an Poesie und an nichts anderem interessiert ist.

„Was können wir jetzt tun?" frage ich, und Lily sitzt auf dem Bett und wiederholt automatisch: „Ich weiß nicht, ich weiß nicht, ich weiß nicht."

Wie wir da sitzen, bewegen sich die Uhrzeiger auf Mitternacht zu. Gleich beginnt ein neues Jahr. Welchen neuen Kummer wird es uns bringen? Die Glockenschläge des *Big Ben* sind übers Radio zu hören ... neun, zehn, elf, zwölf ... Die Menschen singen und tanzen in *Picadilly Circus.* Wir singen nicht, wir tanzen nicht ... wir gehen ins Bett und konfrontieren uns mit unserer privaten Dunkelheit.

Wo sind die Hügel Budapests? Stehen sie noch über der Donau? Hat die Wiese von verblasstem Gras, auf welchem ich Lily meine Liebe erklärte, noch die Spuren jenes Tages bewahrt? Wo ist unsere Liebe jetzt? Haben Tränen sie weggeschwemmt?

* * *

Während dieses Frühlings wurde ich von Träumen geplagt. Jetzt, wo die Spione mich nicht mehr von aussen bedrohten, drohte mir 'Onkel Zoltan' im Inneren und beschuldigte mich, Verräter meiner Heimat und der Millionen, die während des Krieges gestorben waren, zu sein. Wenn ich nachts aufwachte, fühlte ich mich schuldig, weil ich ihn, einen Feind, benutzt hatte, mich nach England zu bringen, und jeder Aspekt meiner selbst, der in mir Krieg führte, sprach seine Sprache, bis ich endlich erkannte, dass er lediglich ein Symbol meiner eigenen inneren Dunkelheit war. Zu diesem Zeitpunkt der Krise kam mir meine jüdische Herkunft sehr zu Hilfe. Ich erkannte meine eigene Prüfung lediglich als einen Teil des Tests der Jahrhunderte, und als ich mich mit meinem verfolgten Volk identifizierte, wurde mein Schmerz zu einem Glied in seiner Kette.

Zu dieser Zeit wurde der Staat Israel aus dem Staube wiedergeboren, und an langen schlaflosen Nächten dachte ich an die Prophezeiung, von der ich zum ersten Mal in Szombathely gehört hatte. Was für Kräfte lagen hinter der Geschichte? War die Gründung Israels nichts weiter, als das Ergebnis fanatischen Glaubens, eine Art Selbst-Hypnose, oder war es mehr? War ich in der Wildnis modernen Lebens Zeuge der Erfüllung von Gottes Versprechen, wie es vor tausenden von Jahren niedergeschrieben worden war?

Ich fühlte in meinem Blut und in meinen Gehirnzellen, dass ich einem unzerstörbaren Volk angehörte. Und diese Dazugehörigkeit half mir, neue Hoffnung zu gewinnen, den Tests meines gegenwärtigen Lebens zu widerstehen, noch einmal zu kämpfen und mich nicht geschlagen zu geben.

* * *

In jenem Jahr lernte ich mit unvergleichlicher Mühe Englisch, schrieb mein Buch und besuchte an der Londoner Universität Abendkurse. Für kurze Zeit verdiente ich auch ein paar Pfund. Die ungarische Botschaft brauchte Teilzeitarbeiter für die Registrierung von britischen

Ansprüchen auf Aktien, die durch die Nationalisierung verlorengegangen waren. Ein paar Wochen lang hatte ich das Gefühl, mich wieder auf ungarischem Boden zu befinden. Es war jedoch ein Boden, der unter meinen Füßen bebte. Am 30. Juli resignierte der erste Präsident der ungarischen Republik, *Zoltan Tildy*, und sein Schwiegersohn wurde wegen Hochverrats und Spionagetätigkeit verhaftet und zum Tode verurteilt. Als die Guillotine schließlich auf den letzten Rest der ungarischen Demokratie fiel, befand ich mich wieder in unserem kleinen dunklen Raum, und das einzige, worauf ich mich freuen konnte, waren Lilys Nachhausekommen und unsere gemeinsamen Wochenenden.

* * *

An einem Sonntagnachmittag im Juli gingen wir zum *Hampstead Heath*. Dort im Gras sitzend, beobachteten wir die Sonntagsspaziergänger, die überall in der Welt die Gleichen sind. Etwas an ihren langsamen Bewegungen und ihrer müden Gestik erinnerte mich an einen Zeitlupenfilm. Als die Stunden vergingen, wurden mir das Wunder der Luft und des Windes und ein Sinn im Leben bewusst, der vom Menschen nicht immer erkannt wird. Plötzlich kamen mir die Worte des Psalmisten in den Sinn: ‚Oh Herr, mein Gott, ich lege meinen Glauben in dich; beschütze mich vor allen, die mich verfolgen, und erlöse mich ...‘

Ich legte meinen Kopf in Lilys Schoß und fühlte, wie sich die Schatten meiner dunklen Nächte im Blau des großen Himmels über uns allmählich auflösten. ‚Ich rief zum Ewigen mit meiner Stimme und Er erhörte mich von Seinem heiligen Hügel...‘

Als Lily und ich an diesem Abend nach *Kingdon Road* zurückgingen, merkten wir, dass wir unsere Schlüssel verloren hatten. Sie müssen beim Aufstehen ins Gras gefallen sein, als wir aufbrachen, um nachhause zu gehen. Wir konnten ohne sie nicht in unser Zimmer, also mussten wir zum *Heath* zurückkehren.

In der ankommenden Nacht kleine Schlüssel im Gras einer riesigen Wiese zu finden, ist eine fast unmögliche Aufgabe. Hatten wir durch diese kleine Öffnung den *Heath* betreten? Und war es unter diesem Baum dort drüben, wo zwei Mädchen vor ein paar Stunden ihre Butterbrote gegessen hatten?

„Nein", sagte Lily, „hier war es nicht, es war ein Stück weiter oben. Ach, ja, ein Hund hat dort unter dem Baum sein Geschäft gemacht. Jetzt such danach." Und hier befand ich mich, in der Nacht, auf einer riesigen Wiese, und suchte nach den Exkrementen eines fremden Hundes.

Lily fand sie zuerst und rief mich mit grosser Aufregung in ihrer Stimme. Sie hatte ihn gefunden, sie hatte den Hundedreck gefunden. Eine lange Zeit liefen wir in Kreisen. Nirgendwo waren Schlüssel.

„Wie konnten wir *beide* unsere Schlüssel verlieren? Es ergibt keinen Sinn. Es war total unsinnig, zurückzukommen; in dieser Dunkelheit werden wir sie niemals finden."

Sie erinnerte mich daran, dass wir bereits etwas gefunden hatten: den Hundekot.

Mich beunruhigte mehr die Polizei. Zu welchem Schluss würden sie kommen, wenn sie uns mitten auf *Hampstead Heath* in der Dunkelheit entdecken würden? Meine Phantasie rannte ins Grenzenlose.

„Schau, Liebling, jemand hat die Schlüssel vielleicht an sich genommen. Du kennst doch die Menschen. Ganz besonders diese Briten, die sammeln doch alles. Der Kerl, der sie aufgehoben hat, sammelt vielleicht Schlüssel. Wer weiß? Bitte, lass uns nachhause gehen und das Schloss aufbrechen. ...“

„Nein. Du redest zuviel Unsinn! Niemand sammelt Schlüssel.“

„Ab jetzt bin ich Schlüsselsammler.“

„Bitte, sei still!“

„Ohje, Hölle ...!“

Kaum hatte ich diese Worte ausgesprochen, drehte sie sich zu mir um.

„Fluchst du jetzt mit mir?“

„Natürlich nicht, Liebling!“

„Doch, du hast geflucht. Ich tue hier all die dreckige Arbeit, und er flucht!“

Als Lily sich auf mich in der dritten Person bezog, obwohl niemand anderes da war, fing ich an zu lachen; ich lachte, bis mir die Tränen die Wangen runterliefen. Ich konnte nicht aufhören.

Jetzt kroch Lily auf allen Vieren, fast weinte sie in ihrer Verzweiflung.

„Sie sind nicht hier. Okay, du hast gewonnen: Ich gebe auf.“

Aber das Lachen hat meine Bitterkeit weggespült. Ich war jetzt durchaus bereit, hier die Nacht zu verbringen, und den nächsten Tag, und die ganze nächste Woche, um diese Schlüssel zu finden. Ich kniete mich neben sie im nassen Gras nieder und sagte:

„Siehst du nicht, dass diese Episode hier auf dem *Heath* unser Leben ist? Wir suchen nach etwas, was wir verloren haben. Wir versuchen, unseren Weg in der Dunkelheit zu finden. Und was finden wir? Hundedreck. Du machst dich willenskräftig daran, zu suchen, während ich träume. Wir streiten uns; ich lache; du wirst nass und dein Kleid wird schmutzig. Jetzt erlaube ich *dir* nicht, aufzugeben; jetzt bin *ich* der Starke. Und jetzt will ich dich küssen, nicht nur, weil diese Nacht äußerst symbolisch ist, sondern weil ich es möchte." Im nassen Gras knieend küssten wir uns und vergaßen den Polizisten, den Hundedreck und sogar die Schlüssel.

„Ich liebe dich, du Dummchen", flüsterte ich in ihr Ohr.

„Ich liebe dich, auch wenn ich niemals diese Schlüssel finde."

Und dann geschah das Wunder. Als ich näher an sie heranrückte, fühlte ich etwas Hartes unter meinem Knie. Ich wusste, dass es die Schlüssel waren, aber ich küsste sie erst zu Ende, bevor ich sie aufhob und sie im Mondschein sichtbar machte.

„Ich liebe dich", rief sie freudig. „Ich liebe dich ..."

Als wir nachhause gingen, fühlten wir beide irgendwie, dass wir ein Problem gelöst hatten. Wir hatten etwas gesucht, und wir hatten gefunden, was wir gesucht hatten. Nicht nur die Schlüssel zu unserem Raum, sondern noch etwas. Diese Nacht hatten wir bewiesen, dass - wie unmöglich eine Aufgabe auch erscheinen mag - , sie verwirklicht werden kann, wenn es einen Willen, Liebe und Lachen gibt, ja sogar Tränen.

* * *

Danach probierte ich mit erneuerter Kraft viele Dinge. Eine Zeit lang war ich Hausierer für Bücher für einen kontinentalen Verlag; für einen anderen war ich Leser; dann arbeitete ich als fotografischer Drucker und dann als Postbote. Jetzt konnte ich Englisch sprechen und war bereit, die Samen, die der Sturm hierher getragen hatte, fest in britische Erde zu säen. Bevor ich jedoch meine alten Wurzeln ausgraben konnte, musste ich meine innere Welt betrachten, die unruhige Botschaften an die Oberfläche sandte. Ich war jetzt entschlossen, die Vergangenheit auszubuddeln und sie für immer los zu werden. Ich erinnerte mich der Worte meines Arztes im Sanatorium auf dem *Hügel der Freiheit* vor vielen Sommern und entschied mich, mich einer Psychoanalyse zu unterziehen.

Kapitel VIII

Meine Entscheidung, Hilfe zu suchen, kristallisierte sich während der Sommer - und Herbstmonate 1949 heraus. Zu dieser Zeit erreichten mich Nachrichten aus Budapest von der Verhaftung meiner alten Freunde und Kameraden, von Folterungen durch die Geheimpolizei und vom Ende Ungarns als unabhängiger Staat. Am 20. August wurde vom Marionetten-Parlament eine neue Verfassung verkündet, die sich ziemlich stark an das sowjetische Vorbild anlehnte.

Eine ‚Nacht der langen Messer' fiel auf Ungarn, und ich konnte nicht mehr von einer eventuellen Rückkehr träumen. Die Wahrnehmung, dass ich nun total von meiner Heimat abgeschnitten war, zusammen mit der Trauer über die vielen braven Männer und Frauen, die dem Tod ins Angesicht schauten, und die schockierende Erkenntnis, dass dies auch mein Schicksal gewesen wäre, wenn ich zurückgeblieben wäre, löste enorme Verzweiflung aus.

Am 23. September, mit meinen Ohren an ‚Radio Budapest' geklebt, hörte ich die Stimmen einiger meiner Freunde, als die ‚Verhandlung' an die ganze Welt ausgestrahlt wurde. Sie alle gestanden Sünden, die sie unmöglich begangen haben konnten, und bezogen sich manchmal auf Dinge, die ich kannte und von denen ich wusste, dass sie nicht der Wahrheit entsprachen. Ich brauchte meine Fantasie nicht schrecklich zu strapazieren, um zu erkennen, wie diese Geständnisse zustande kamen. In meiner Vorstellung sah ich die zerfleischten Körper, die unbegreifliche Grausamkeit einer neuen Gestapo. Die Heilige Inquisition quälte Menschen auch in Horror-Kammern mit

100

Handlungen gegen die Menschlichkeit. Aber in jenen Tagen hatte es einige gegeben, die, obgleich gequält und zerbrochen, immer noch ihre Unschuld, ihren Glauben an Gott und den Menschen, vor den priesterlichen Richtern erklärt hatten. Wie unterschiedlich die Verhandlungen des Mittelalters und die unseres zwanzigsten Jahrhunderts doch waren! Jetzt gestanden alle ihre Schuld, alle schrien: *„Mea Culpa, mea maxima Culpa!"* In welchem Maße kann der Mensch Geist und Seele eines Menschen vernichten? Inwieweit kann das Böse die Welt regieren?

Ich rief einen namhaften Psychoanalytiker an, um ihn um Hilfe zu bitten. Ich erzählte ihm, dass ich nun Flüchtling sei, dass ich kein Geld hätte, für die Behandlung zu bezahlen, dass ich jedoch dringend Hilfe bräuchte.

Er empfing mich am nächsten Tag, und noch ein-zweimal mehr. Er war warmherzig und freundlich und versprach, eine volle Analyse mit einem anderen Analytiker im *West End* für mich zu arrangieren. Ich kann mich seiner Abschiedsworte noch erinnern: „Du wirst lernen, du wirst beginnen zu verstehen, und wenn alles gut geht, wirst du wachsen." Er deutete auch an, dass er dachte, obwohl meine Erlebnisse im Konzentrationslager, - mit der *Rajk Verhandlung* als letzten Strohhalm, - meine gegenwärtige Unzufriedenheit wahrscheinlich ausgelöst hätten, die Ursache für mein Problem tiefer als diese läge.

* * *

Meine erste Begegnung mit Psychoanalyse geht in die Pubertätsjahre zurück, als ich, um Antworten auf die brennenden Fragen jener Zeit zu finden, alles, was mir

101

möglich war, las, unabhängig davon, ob ich es verstand oder nicht. Es war *Stefan Zweig*, der mich in seinem Buch *The Healers of the Mind* mit *Sigmund Freud* bekanntmachte. Die Lebensgeschichte von *Mary Baker Eddy*, der christlichen Wissenschaftlerin; *Mesmer*, dem mystischen Hypnotiseur und von *Freud* regten in mir damals ein Interesse am menschlichen Geist an, das niemals verblasste. *Freuds* Leben, seine Kämpfe mit der Engstirnigkeit seines Zeitalters erweckten in mir tiefe Sympathie für diesen Mann, der es gewagt hatte, tief in den Dschungel vorzudringen, wo niemand vor ihm gewesen war. Dichter, Schriftsteller und alle Arten von Künstlern hatten von diesem Dschungel seit undenklichen Zeiten geträumt, aber Freud tat mehr als träumen; er zog hinaus, den Bestien und den Schlamm gegenüberzutreten. Indem er das tat, riskierte er eine Menge, einschließlich seiner eigenen geistigen Gesundheit. In einer Welt, in der der Mensch Gefahr nur in anderen sah, wagte er es zu verkünden, dass die Hauptgefahr des Menschen in ihm selbst läge. Nicht an Gott glaubend, sondern nur daran, was er beweisen konnte, teilte er die gleiche Botschaft mit wie die Propheten und Heiligen, die den Menschen befahl: ‚Erkenne dich selbst.‘ Lächerlichkeit, Verlust finanzieller Sicherheit und professionellen Status riskierend, wagte er sich ins Land der Träume, wo nur Spinner, Mystiker und Propheten vor ihm gewesen waren. Auf diesem ‚royalen Weg‘, - wie er sich auf Träume bezog, - drang er in den Dschungel und versuchte sein Chaos zu ordnen. *Stefan Zweig* beschrieb *Freud* als einen Mann, der sich in ein unsichtbares Land wagte und jede Nacht zu seiner Frau zurückkehrte, zu seinen Kindern, zur Gesellschaft. Weil er von Sex sprach, und weil Sex das Tabu der jüdisch-christlichen Zivilisation war; weil er zu zeigen wagte, dass Sex und Liebe miteinander verflochten sind, wie die mysteriösen Wurzeln von Dschungelbäumen, schockierte er seine Generation, die unfähig war, den Gedanken von Liebe in Sex zu akzeptieren. Ich las seine Bücher und die seiner Gefolgsleute, und mein pubertärer Verstand akzeptierte instinktiv seine Behauptungen, ohne zu verstehen, was sie beinhalteten.

Meine Generation ungarisch-jüdischer Heranwachsender aus der Mittelklasse, nach dem Ersten Weltkrieg geboren, suchte hauptsächlich im Westen ihre Antworten; Freuds Ideen fanden dort zweifellos Widerhall, denn von seinen Worten ging der Geist der Freiheit aus. Aus den gleichen Gründen wandten wir uns dem Paris von *Baudelaire, Verlaine* und *François Villon* zu, dem *Moulin Rouge* und dem *Casino de Paris*, weil sie in einer ängstlichen Welt alle wagemutig waren. Wir waren ,aufgebrachte junge Männer' mit einem Unterschied. Wir sagten nicht nur: „Das ist mies und übel", wir wandten uns auch dem zu, zu welchem wir sagen konnten: „Das ist gut, das wollen wir." Wir wollten die Demokratie von *Westminster* und *Petrarchs* Sonetts und *Ciecero*, die *Divina Commedia, Thomas Mann*, unseren eigenen Poeten *Ady* – und *Freud. Freud* mag in unseren weiten intellektuellen Interessen eine Art neurotische Flucht gesehen haben, weil wir die deutlichen Gefahren unser Zeit nicht betrachten wollten. Es war jedoch noch etwas anderes im Spiel: Ein Mensch, der wenig Luft hat, muss jede beliebige Sauerstoffquelle benutzen, um am Leben zu bleiben.

Als ich immatrikuliert war, betrachtete ich mich als ,*Freudianer*' und schaute die Welt mit *Freuds* Augen an. In welchem Maße es mir gelang, weiß ich nicht, aber dies weiß ich: Während dieser Jahre hatte ich zwei Ambitionen: Ich wollte Schriftsteller und Psychologe werden.

* * *

Meine Analyse begann im Januar 1950, und ich war fünf Mal in der Woche, jedesmal für fünfzig Minuten anwesend. Mein Doktor war eine Frau in den sechziger Jahren, ausländischer Abstammung, und sie konnte nicht ungarisch sprechen. Da ich über meine Vergangenheit und meine Gefühle nicht auf Deutsch sprechen wollte, vereinbarten wir, in der Sprache unseres Adoptivlandes zu kommunizieren, also auf Englisch. Das produzierte am Ende ein interessantes Ergebnis. Da ich über mein Leben auf Englisch sprach und deshalb meine Erinnerungen in eine andere Sprache übersetzte, wurden die emotionalen Bindungen, die mich an Ungarn und ganz besonders an die ungarische Sprache gefesselt hatten, am Ende relativ unwichtig; und meine Erlebnisse, obwohl ursprünglich auf ungarischem Erdboden durchlebt, wurden jetzt zu denen eines Mannes, für den dieser Boden seine Wichtigkeit verloren hatte. Durch die merkwürdige Verwandlung psychologischer Chemie wurden meine Gedanken und Träume seitdem in allen Schichten meines Verstandes in Englisch ausgedrückt, und obwohl mein Englisch sogar heute noch weit vom Perfekten entfernt ist, muss ich jedesmal, wenn ich in meiner Muttersprache spreche, aus dem Englischen übersetzen und deshalb mache ich viele grammatische Fehler. Obwohl ich einen ungarischen Akzent behalten habe, bemerkte ich nach meiner Analyse nicht mehr, dass ich anders als meine britischen Mitmenschen sprach, und die meiste Zeit ist mir jetzt nicht mehr bewusst, dass ich noch

Ausländer bin. Die Wirkung von Psychoanalyse, die in einer anderen Sprache als der eigenen durchgeführt wird, auf die nationale Identität wurde meines Wissens noch nicht untersucht.

Bei meinem ersten Besuch sagte mir die Therapeutin, ich solle mich auf die Couch legen. Sie wies mich an, alles zu sagen, was mir in den Sinn kam, wie irrelevant oder dumm es mir auch erscheinen möge. Sie sagte, dass ich am meisten reden müsse und dass sie nur hier und da zu meinem Gesagten Stellung nehmen würde. Während unserer Sitzungen würde sie nahe hinter mir sitzen.

Eine Analyse wiederzugeben ist unmöglich; alles, was ich versuchen kann, ist, ein Gefühl dafür zu geben. Ich werde so weit gehen, wie ich kann, und ich werde so ehrlich sein, wie ich kann. Aber es gibt Gebiete in jedermanns Leben, die nicht zur öffentlichen Ansicht bestimmt sind: Ich werde diese nur berühren und dem Leser überlassen, seine eigenen Schlüsse zu ziehen.

* * *

„Dieses Zimmer ... es ist ein kleines Zimmer. Sie sollten in so einem kleinen Zimmer wie diesem nicht arbeiten. Sie sollten in einem großen Zimmer arbeiten, solche wie man sie in amerikanischen Filmen sieht. Niemand wird viel von Ihnen halten, wenn Sie in einem Raum dieser Größe arbeiten. Ich hoffe, Sie haben nichts dagegen, dass ich diese Dinge sage, aber Sie sagten, ich soll alles sagen, was mir in den Sinn kommt. Ich frage mich, was Sie in Ihren Schubladen aufbewahren. Ich wette, Sie halten Ihre Schubladen verschlossen, damit Sie sicher sein können, dass ich nicht hineingucke, falls Sie mal zur Toilette gehen. Sie haben Ihre Geheimnisse, ich habe meine. Alle haben wir Geheimnisse."

„Was für Geheimnisse?"

„Nun, Geheimnisse eben. Es gibt kleine Geheimnisse und große Geheimnisse. Wenn man klein ist, sind die Geheimnisse klein, auch wenn man zu der Zeit denken mag, dass sie groß sind. Wenn man erwachsen wird, blickt man zurück und lacht. Jetzt hat man wirkliche Geheimnisse, und jene Geheimnisse waren unwichtig. Ich weiß, auch Sie haben Geheimnisse. Einige sind in diesen Schubfächern verschlossen. Was haben Sie in diesen Schubladen? Ich habe Sie etwas gefragt. Warum antworten Sie mir nicht? Jetzt habe ich gar keine Lust, mit Ihnen zu sprechen. Überhaupt keine. Es ist lächerlich, dass ich Ihnen eine Frage stelle, und alles, was Sie tun, ist, da zu sitzen wie eine allwissende Göttin. Ich bin jetzt unglücklich, ich weiß nicht warum. Dieses Zimmer ist klein, alles in ihm ist klein, Ich fühle mich auch klein."

Jetzt sehe ich mir bewegte Bilder an, wie in einem Film. Sie gehen schnell vorbei, aber ich sehe sie ganz klar. Sie wollte, dass ich ihr alles erzähle, aber ich kann ihr nicht von diesen Bildern erzählen. Wenn ich jetzt darüber sprechen wollte, würden sie verschwinden. Wie kann ich ihr *alles* erzählen? Sie muss verrückt sein. Ich habe ihr gesagt, dass ich mich klein fühle. Nun, es scheint so. Zwischen dem Schreibtisch und der Tür - in der Luft. Es ist ein Hotelzimmer. Wo? In Italien. Wo in Italien? Ich weiß nicht. In dem Hotel ist ein großes Bett. Ich bin darin allein. Mutter und Vater gingen weg und ließen mich ganz alleine hier. Sie gehen jede Nacht aus, und sie lassen mich immer allein. Das Fenster steht offen, und ich darf kein Licht anmachen, weil komische kriechende Viecher durchs Fenster fliegen könnten. Vielleicht fliegen sie jetzt herein. Wenn *sie* jetzt hier wären, könnte nichts reinkommen. Sie kommen rein, weil *sie* ausgegangen sind. Sie gehen immer aus. Es ist ein sehr großer Raum, zu groß. Das Bett ist auch zu groß. Das Meer macht komische Geräusche da draußen. Wie Schnarchen. Ja, das Meer schnarcht, wie Papa.

„Mein Vater schnarchte gewöhnlich. Ich frage mich, ob Sie schnarchen? Oder ich? Lily hat nie etwas davon erwähnt. Man kann sich selbst nicht schnarchen hören. Ich sah gerade ein großes Bett und ich entschloss mich, Ihnen nichts davon zu erzählen. Man kann nicht alles erzählen, wissen Sie. Das wäre unmöglich. ... Sagen Sie mir, was Sie in den Schubladen haben und ich werde Ihnen von dem Hotel erzählen. Das war albern, nicht? Ich rede, als ob ich ein Fünfjähriger wäre. Ich *war* fünf Jahre alt, als wir nach Fiume gingen. Genau, Fiume. Da war ein großes rotes Schiff im Hafen. Es war nach dem Meer benannt: ‚Adria‘.“

Onkel Nicholas lebte in Fiume. Als wir an dem Schiff vorbeikamen, fragte ich meinen Vater: ‚Gehen wir an Bord?‘ ‚Wir werden sehen‘, antwortete er und fuhr fort, mit Mutter zu sprechen. Sie reden immer miteinander, aber nicht mit mir. Nur manchmal. *Sie* redet auch nicht mit mir. Ich rede mit mir selbst. Vielleicht schläft sie.

„Schlafen Sie?“

Sie ist wirklich schlau. Sie hustet, damit ich wissen soll, sie ist wach. Aber sie antwortet immer noch nicht. Ich muss sie verärgert haben. Ja, genau. Ich habe ihr etwas Unfreundliches gesagt, dass sie in diesem kleinen Zimmer arbeitet. Sie ist verletzt.

„Es tut mir leid, ich wollte Sie nicht verärgern.“

„Wie haben Sie mich verärgert?“

Sie ist 'ne Zicke. Wirklich. Jetzt täuscht sie vor, dass sie nicht verletzt ist. Sie will, dass ich mich so klein fühle, dass ich sie nicht einmal verletzen kann. Aber hab keine Sorge, ich werde sie schon richtig verärgern. Zicke! Jetzt werde ich nicht mit ihr sprechen, dann wird es ihr wirklich leid tun. Aber ich verhalte mich wie ein Kind. Alles, was ich fühle und denke, ist kindisch. Ich muss ihr zeigen, dass ich kein Kind bin, dann wird sie mit mir sprechen. Aber das ist auch kindisch. Vorzutäuschen, erwachsen zu sein, wenn man es nicht ist. Gott, bin ich durcheinander!

„Ich bin verwirrt."

„Ja, Sie scheinen böse auf mich zu sein. Warum sind Sie böse, Mr. Heimler?"

Sie sagte ‚Mr. Heimler'. Also betrachtet sie mich nicht als ein Kind. Niemand nannte mich Mr. Heimler, als ich fünf Jahre alt war. Sie nannten mich Jancsi. ‚Mr. Heimler', sagte sie. Vielleicht fühle ich mich wie ein Kind, aber ich bin kein Kind. Genau. Jetzt bin ich nicht mehr so verwirrt. Was hat sie gefragt?

„Entschuldigung, ich habe vergessen, was Sie mich gefragt haben."

„Warum sind Sie böse mit mir?"

Diesmal sagte sie nicht Mr. Heimler. Komische Frau. In einem Moment ist sie in Ordnung, im nächsten Moment scheint sie sehr merkwürdig. Ist sie merkwürdig, oder bin ich merkwürdig? Sie hat mich gerade etwas gefragt, und ich habe schon wieder vergessen, was es war.

„Es scheint, dass Sie sich nicht erinnern wollen."

Ja, das ist es. Jetzt ist sie böse auf mich ... oder, warte mal eine Sekunde, sie ... das ist es, sie fragte mich, ob ich böse auf sie bin. Und ich denke, sie ist böse mit mir. Bin ich am Verrücktwerden?

„Irgendwie schaffen Sie es, dass ich mich ganz klein fühle. Oh, ich weiß nicht, vielleicht ist es nicht Ihre Schuld, vielleicht liegt es an mir. Ich fühle mich klein. Ich bin klein und unglücklich und einsam. Niemand redet mit mir. Ich muss immer nett sein, denn dann werden die Leute mit mir reden. Wenn ich sage ‚es tut mir leid‘, dann sprechen die Leute mit mir. Es tut mir leid, Mama; es tut mir leid, Papa ... darf ich dich jetzt küssen, Susan? Man muss immer brav sein, um gemocht zu werden, und wenn man nicht brav ist, mögen sie einen nicht. Es tut mir leid, dass ich diese Dinge vor Ihnen zurückgehalten habe ...“

„Sie scheinen sich jetzt bei mir zu entschuldigen. Möchten Sie, dass ich Sie mag? Sie haben versucht, mich zu ärgern, um mich zu testen. Jetzt scheinen Sie mir mehr zu vertrauen, weil ich nicht böse auf Sie bin.“

„Das leuchtet ein, Doktor. Wirklich. Warum bin ich nicht aufgewachsen wie Sie?“

Sie antwortet nur, wenn sie es möchte. Aber sie ist nicht wie die anderen ... Mutter, Vater und Susan. Sie weiß, worauf sie aus ist. Wenn sie nicht antwortet, will sie, dass ich meine eigene Antwort finde. Ich glaube, ich werde sie ziemlich gern haben.

* * *

„Letzte Nacht hatte ich wieder diesen Traum, Frau Doktor. Sie wissen schon, den, von dem ich Ihnen erzählt habe. Ich war wieder im Gefängnis und Lily kam mich besuchen, aber sie blieb draußen, außerhalb des Gefängnistores. Sie sah so hübsch aus, und ich hatte Angst, dass ich sie verlieren würde, während ich im Gefängnis war. Es war noch nicht mal ein richtiges Gefängnis, es war eine Grube. Das Licht kam durch ein Loch von oben, und ich war ganz und gar allein. Ich versuchte, die Öffnung über mir zu erreichen, obwohl ich wusste, dass, wenn ich erfolgreich wäre, Wachen dort stehen würden, SS-Wachen, die mich erschießen würden. Aber so sehr ich mich auch anstrengte, ich konnte die Mauer nicht hoch klettern. Ich betete, und dann verfluchte ich Gottes Namen, aber es war nutzlos. Dann merkte ich plötzlich, dass ich nicht allein war. Ich schaute in die Dunkelheit, meine Augen voller Tränen, und ich sah Sie mir entgegenkommen. Sie brachten eine Leiter mit, Doktor, und wir beide kletterten sie hoch und es gelang uns, hinaus zu kommen. Ich blickte mich um, um die Wärter zu finden, aber es waren keine da. Ich war Ihnen so dankbar, mehr als ich ausdrücken kann. Als ich aufwachte, hatte ich das Bedürfnis, ein Gedicht für Sie zu schreiben ... aber ich schrieb es nicht. Nachdem Lily zur Arbeit gegangen war, saß ich lange an meinem Schreibtisch, aber ich konnte nicht schreiben. Irgendwie fühlte ich mich schuldig für den Wunsch, Ihnen ein Gedicht zu schreiben.

„Warum schuldig, Mr. Heimler?“

„Ich weiß auch nicht. Ich hatte das Gefühl, dass ich jemanden im Stich ließ. Ich weiß nicht wen. Ich weiß nicht warum ...“

Natürlich weiß ich es. Aber wie kann ich es ihr sagen? ... Winterabend, dunkler Himmel. Regen. Kaum eine Seele auf den Straßen. Bin gerade aufgestanden. Mandelentzündung, aber mir geht es jetzt besser. Das Feuer im Ofen knistert fröhlich. Mutter liest ein Buch.“Was liest du, Mama?“ „Hör dir das an", sagt sie und setzt mich auf ihren Schoß. „Eine Welt für sich", fährt sie fort. „Dichtung, Jancsi. ..."

Ich bin fünf Jahre alt, oder bin ich sechs? Ich verstehe die Worte nicht, aber ihre Stimme klingt wunderbar. Der Rhythmus ihrer Worte ist auch wunderbar. Es liegt Musik in ihren Worten, eine Geschichte von einem Mann, der auf der Suche nach Glück ist. ... Was ist Glück? Die Straße draußen ist dunkel, aber die offene Ofentür gibt gerade soviel Licht, wie wir brauchen. Im Tal ist Sonnenschein, und ein Fluss, und auch Blumen. Ich schaue auf die Flammen und dann auf Mutters Gesicht. „Ich wollte Schauspielerin werden, Jancsi", sagt sie und legt das Buch zur Seite. „Ich liebe Gedichte, mein kleiner Bengel." Ich liebe auch Gedichte. Sie lassen Mamas Gesicht erstrahlen, wie die Sonne über dem Fluss, von dem sie gesprochen hat. Ich bin etwas benommen. „Mama, bitte, lies noch ein bisschen." Ich fühle ein leichtes Pochen in meinem Kopf. Der Raum dreht sich allmählich im Kreis, immer rundherum. Ich höre nur die Musik ihrer Stimme. „Sind wir glücklich, Mama, du und ich?" Sie lacht. In ihrer Kehle klingen Glocken. „Aber natürlich sind wir das." Dann erzählt sie mir von ihrem geheimen Wunsch. Ich setze mich auf. „Was ist er, Mama, was ist er?"

„Es war einmal, bevor du auf die Welt kamst," - die Worte schwingen in Kreisen – „da wünschte ich mir einen kleinen Jungen. Weißt du, wir hatten damals Susan, und eines Nachts sagten Papa und ich ... wir wollen einen kleinen Bengel im Haus haben. Aber es war acht Jahre nach Susans Geburt, bevor du ankamst, du kleines Äffchen." „Ich bin nicht wirklich ein Äffchen..." „Kurz bevor du geboren wurdest, im März, sagte ich zu Papa: „Ernest, ich habe mir mehr als alles andere einen Sohn gewünscht", und dein Vater sagte: „Maria, das stimmt nicht ganz, mehr als alles andere wolltest du Schauspielerin werden." „Stimmt, stimmt," sagte ich zu Papa, „aber ich wurde deine Frau und musste meine Träume aufgeben. Ernest, wie wäre es, wenn unser Sohn, - wenn es ein Junge ist -, Dichter wird und Gedichte für Schauspielerinnen schreibt, die sie vortragen?" Und Papa sagte, das wäre sehr schön, ihm würde das auch gefallen. Das war unser geheimer Wunsch in dieser Nacht, Papas und meiner. Vielleicht wirst du eines Tages einmal ein Dichter, wenn der liebe Gott dir hilft, zum Mann zu werden, und dann, wie alt ich auch immer sein mag, werde ich an einem kalten Abend wie diesem deinen Kindern die Gedichte vortragen. Und ich werde bei dir sein, wenn hübsche Schauspielerinnen die Worte, die du geschrieben hast, vortragen. Ich werde immer bei dir sein, wenn du schreibst."

„Meine Mutter wünschte sich, dass ich Dichter werde, als ich Kind war. Eines kalten Winterabends saß ich auf ihrem Schoß und sie sagte mir, dass das ihr geheimer Wunsch wäre ...“

„Und Sie wollen Ihre Mutter nicht betrügen? Sie möchten dieses Geheimnis nicht mit mir teilen?"

Sie weiß es. Sie kennt mich besser, als ich mich selbst kenne. Weiß sie, dass ich, als ich neun Jahre alt war und Mutter mit der Krankheit, an der sie schließlich starb, im Bett lag ... was war es nochmal? Pernicious anaemia? ... und ich hatte Schulferien und war zuhause, .. Angst hatte, dass sie sterben könnte, und ich setzte mich hin, um das erste Gedicht meines Lebens zu schreiben? Es ging um einen gerechten König von Ungarn, *King Matthias*. Ich wartete, bis sie aufwachte, dann setzte ich mich auf ihr Bett und las es ihr vor.

112

„Es ist wunderschön, Jancsi ... Du bist ein richtiger Dichter ..."

Weiß sie, dass, als ich vierzehn Jahre alt war, ich eines Nachts im Winter allein in meinem kleinen Zimmer saß, während die Ärzte um Mutters Leben kämpften, und ein Spezialist war auf dem Weg, aus Budapest ... weiß sie, dass es draußen regnete, dass der Ofen warm war und das Feuer munter knisterte ... weiß sie, dass ich hinauf zum Himmel blickte und mich an diesen Winterabend vor langer Zeit erinnerte, als sie mir ihren geheimen Wunsch mitgeteilt hatte, und dass ich mich dann hinsetzte und ein Gedicht für sie schrieb? Weiß sie, diese meine kluge Doktorin, dass, während ich schrieb, meine Tränen auf die Tinte fielen ... die Vergangenheit war vorbei, die guten alten Tage ... und Mutter könnte sterben ... heute abend ... morgen .... oder in einem Jahr? Bevor der Spezialist am nächsten Tag kam, las ich ihr dieses Gedicht vor und sagte: „Du hast mir einmal versprochen, dass du meine Gedichte eines Tages vortragen würdest ..." Und zu meines Vaters Überraschung setzte sie sich im Bett auf, mit Tränen in ihren Augen, und trug uns das Gedicht vor. Da wusste ich, dass ich schreiben musste, sehr viel schreiben, um sie gesund zu machen. Aber sie starb, als ich siebzehn war.

„Sehen Sie, sie war so glücklich, wenn ich etwas schrieb. Seitdem sie gestorben ist, fühle ich immer ihre Gegenwart, wenn ich die Feder in meiner Hand halte."

„Sie wollen sie nicht enttäuschen."

Was sie meint ist ... Oh Gott, was sie meint, ist, dass ich während all der Jahre mit einem Geist gelebt habe; dass ich niemandem erlaubt habe, Mutters Platz einzunehmen. Was sie meint, ist, dass ich so sehr an sie gebunden war, dass ich eine lange, geheime Winternacht mit ihr verbrachte ... ich habe mit ihr Tag und Nacht gelebt und saß auf ihrem Schoß lange nachdem sie gestorben war ... ich saß in Deutschland auf ihrem Schoß, und als ich zurückkam, habe ich ihr nie verziehen, dass *sie* mich enttäuschte, dass sie Hitler zuließ, und die Gestapo, die Lager ... Oh, lieber, lieber Gott ... ich konnte nicht schreiben, weil ich fühlte, dass ich fallengelassen wurde ... ich fing erst an zu schreiben, als ich sie in Lily wiederfand ... nicht in Lily selbst, sondern in einem vergangen Schatten. ...

„Frau Doktor, ich glaube ... ich fange an zu weinen ..."

* * *

„Nichts mehr ergibt einen Sinn. Die Welt ist ein grausamer Ort und ich verstehe sie nicht. Alle meine Worte sind Lügen. Ich lüge Sie nicht wirklich an, aber trotzdem habe ich die ganze Zeit das Gefühl, dass ich Sie angelogen habe. Und mich selbst auch. Ich verstehe gar nichts mehr, überhaupt nichts. Alles, was ich Ihnen erzählt habe, waren Lügen, und sind's auch wieder nicht. Ich bin verwirrt, ich fühle mich schwach, ich habe das Gefühl, als ob ich ein schreckliches Verbrechen begangen habe ... ich muss etwas wirklich Schlimmes getan haben, sonst würde Gott mich nicht so bestrafen. Ich habe irgendwo gelesen, dass Freud sagt, Gott ist eine Vaterfigur. Vielleicht rede ich Unsinn, oder vielleicht hat es gar nichts mit Gott zu tun."

„Das ist möglich."

„Sagen Sie mir nicht, Frau Doktor, dass Sie an all diesen Quatsch glauben. Es tut mir leid, dass ich jetzt ärgerlich bin, aber es ist alles solch ein Blödsinn. ‚Vaterfigur' – wirklich!

Da ist eine ganze Menge dummes Zeug in diesem Psychospiel. Manchmal denke ich, ich sollte mit dem Ganzen hier aufhören und nicht mehr kommen. Was habe ich denn bis jetzt gelernt? Nichts von Wichtigkeit."

Du lügst schon wieder. Du weißt verdammt genau, dass du eine Menge gelernt hast. Warum sagst du ‚du‘ und nicht ‚ich‘ ... ? Oh, fahr zur Hölle. Was für eine jämmerliche Kreatur du doch bist! Hier liegst du auf dieser verdammten Couch und lügst ... Das ist echt gut! Du liegst und lügst. ... Quatsch. Alles ist Unsinn. Warum lebst du eigentlich weiter, hmm? Wofür lebst du dein elendes Leben? Was wirst du noch herausfinden? Am Ende wirst du noch nicht einmal mehr Farben sehen. Genau. Am Ende wirst du voller Schwachsinn sein, wie sie. Weil, sie ist ... und du bist ... Wohin ist das ‚ich‘ heute gegangen? Wo ist das ‚ich‘ ... wir könnten sie fragen, wo es ist.

Sie sitzt da wie eine Göttin. Was für ein frustriertes Etwas sie sein muss. Warum sprichst du mit ihr? Hmm? Ich wette, sie möchte die saftigen Brocken aus deinem Leben wissen. ... Jetzt sei nicht vulgär. Warum nicht? Du wirst heute nicht mit ihr sprechen, das kann ich sehen. Da, da ist ‚ich‘ ... Ich wusste bisher nicht, dass ich verrückt bin. Wird jeder, der Analyse hat, verrückt wie ich? Wo ist jetzt das ‚*du*‘? Jetzt hab ich genug davon. Ich werde nachhause gehen ...

„Ich will jetzt nachhause gehen."

* * *

Es tut mir leid wegen gestern, Frau Doktor. Ich weiß nicht, was über mich gekommen ist. Bitte, verzeihen Sie mir ... ich habe Angst vor dieser Analyse. Ich habe Angst, dass ich am

Ende so gründlich analysiert bin, dass ich nicht mehr schreiben kann ...“

„Meinen Sie, dass diese Analyse eine Art Bestrafung ist?“

„Nun, es ist irgendwie mit dem verbunden, was ich gestern gefühlt habe. Warum sollte ich fühlen, ich werde bestraft?“

„Nun, warum?“

„Können Sie mir nicht *einmal*, nur ein einziges Mal, bitte eine richtige Antwort geben? Müssen Sie die Drecksarbeit immer mir überlassen?“

„Warum Drecksarbeit?“

Ich weiß nicht warum, aber diese Frage von ihr stimmt mich sehr unbehaglich. Ich sagte ‚Drecksarbeit‘ ... was hat das mit Spionen zu tun? Was bedeutet das alles? Es hat mit Spionen zu tun, damit, dass ich die ganze Zeit beobachtet werde ... von der SS, der M.I.5, den Kommunisten ... und, Gott vergebe, von Vater ... aber ich liebte dich, alter Mann. Wirklich. ... Du musst mir glauben. ... Was habe ich gestern gesagt? Du lügst wieder. ...

„Ich bin wieder so verwirrt wegen der Spione, und eine Menge anderer Dinge und ...“

„Ja, Mr. Heimler ...?“

„Oh, es ist lächerlich!“

„Erzählen Sie es mir, bitte.“

Sie weiß, dass ich mit ihr nicht über ihn reden möchte. Sie weiß alles. Ich könnte ... könnte was, du Bastard? Ich könnte sie umbringen. ...

„Ich habe Ihnen gestern nicht erzählt, dass ich mit dem ‚ich‘ und dem ‚du‘ verwirrt war. Ich habe Ihnen nicht erzählt, dass das ‚*du*‘ gestern hässliche Dinge zu mir gesagt hat.“

„Was sagt es *jetzt*?“

Wie macht sie es? Wie kann sie es wagen, mir zu unterstellen, dass ich nicht nur die liebevollsten Empfindungen für den alten Mann habe? Heh ... du ... er ist tot. ... Ah, ja, das ist er. ...

„Ich würde gerne davon hören, Mr. Heimler."

„Helfen Sie mir. Bitte helfen Sie mir. Ich kann es nicht alleine tun."

„Ich werde Ihnen helfen. Ja, wir werden es zusammen angehen."

„Ich kann es nicht, Frau Doktor ... ich kann es nicht. ... ich bin ein Miststück ... ein Feigling ... ein Mörder. ..."

Mörder? Weißt du noch, als du das geleugnet hast? Kannst du dich daran erinnern? Nachdem Kato vergewaltigt wurde, auf dem Zug. Weißt du noch, was sie sagte: ‚Du Feigling, du Bastard, du standest da und hast alles gesehen, ohne einen Laut von dir zu geben, ohne einen Versuch, mich zu retten. Du bist kein Mann, du bist eine Bestie.' Und dann, als du dich schuldig fandest und ihr Haar berührtest, was hat sie da gesagt? ‚Fass' mich nicht an, du Scheusal, du Mörder.' Und was hast du gesagt? ‚Mörder? Ich bin kein Mörder, Kato.' Nun, um Gottes Willen, was bedeutet das alles?

War es vor oder nach dem 'heimlichen' Vorfall mit Mutter? Wer weiß? Vielleicht vorher, vielleicht danach. Eines Nachts wachte ich auf ... nun, weiter. ... Ich wachte eines nachts auf und ... weiter, du Schuft. ... Ich hörte, was sie dort taten. ... Wer, du Feigling? Mutter und Vater natürlich. Was haben sie getan?

„Frau Doktor, ich möchte etwas Wasser, mir ist schlecht."

„Danke, Frau Doktor. ... Sie haben dort drin etwas Schreckliches getan, in ihrem Schlafzimmer. ... Ich wachte

117

auf und fürchtete mich, ich hörte alles. ... Die Russen haben das mit Kato getan. ..."

„Was meinen Sie?"

„Ich habe leise die Tür geöffnet. ... Ich habe alles gesehen. ... Er war dabei, sie umzubringen. ... Ich wusste es. ... Er ... der ..."

„Okay, Mr. Heimler, ich bin noch hier. ..."

„Dann sah er mich an ... mit Hass in seinen Augen. Er ... ."

Ich kann ihr nicht alles erzählen. ... Ich kann es nicht. Als Mutter starb, zerbrach mein Herz, aber als ich ihn weinen sah ... oh Gott. ... Gott, vergib mir! ... bitte, bitte Gott, vergib mir! ... war ich froh. ... Ich war froh, dass er sie nicht mehr hatte. ... Du musst es ihr sagen, Jancsi ... alles wird in Ordnung sein wenn du es ihr erzählst. ...

„Doktor ... Doktor ... als Mutter starb ... stand er am Bett und legte *tefillin* an, die zeremonellen Symbole, mit denen er jeden Morgen betete, und rief in ihre toten Ohren: ‚Höre, oh Israel, unser Gott, der Herr unser Gott ist Einzig ...'. Er stand da und wir weinten alle mit ihm ... dann, als ich seine Traurigkeit sah ... fühlte ich ... dass es ihm recht geschah ... weil ..."

„Weil Sie Ihre Mutter nicht mit ihm teilen wollten ..."

„Ja ...ja ...ja ... und, Doktor ... bitte, bitte hören Sie zu und verzeihen Sie ... und als die Gestapo ihn mitnahm, war ich schrecklich bestürzt ... und trotzdem fühlte ich, als ob ein großer Schatten von meinen Schultern gehoben wurde. ... Bitte vergib mir. ... Oh, verzeih mir, bitte ..."

„Aber Sie haben ihn auch geliebt ..."

„Oh ja, ich liebte ihn aus vollem Herzen, aber immer erinnerte ich mich daran ... was er ihr angetan hatte ..."

„Was er getan hat, Mr. Heimler ... er hat Ihre Mutter geliebt ... so wie Sie."

Er liebte sie auch. ... Komisch, das ist mir bis jetzt nicht eingefallen. Nicht wirklich, nicht so, wie ich es *jetzt* verstehe. ... Natürlich liebte er sie ... natürlich ... und ich liebte sie auch, und ihn ... Warum, um Himmels willen, wusste ich das bisher nicht? Warum musste ich mit dem Glauben durchs Leben gehen, dass er sie in jener Nacht umbringen wollte?

„Tränen machen einen Mann nicht geringer, Mr. Heimler ..."

„Danke, Frau Doktor. Vielen Dank."

* * *

Tränen machen einen Mann nicht geringer, aber es gibt Zeiten, wenn man seinem Verfolger ins Auge sehen muss, durch Tränen, durch Schmerz, durch Leiden hindurch. Es gibt Momente im Leben eines Menschen, in denen er verstehen muss, dass er die Zeit vor langer Zeit angehalten hat, zu einem Moment, der von zukünftiger Zeit unverändert geblieben ist. Wenn ein Mensch in diesen Momenten, die kristallisiert werden, ein falsches Konzept von der Welt empfängt, ... kristallisiert sich das falsche Konzept auch und ist in diese stillstehende Zeit eingehüllt. So geschieht es, dass dieser eigenartige Überrest einer Vergangenheit einem sein Bild von der Welt verfälscht. Vater hat Mutter nicht angegriffen, sondern er hat sie geliebt, und doch ... sah ich nur Mord in dieser Nacht. Und weil in meinem Herzen auch Mord war, suchte ich meine Bestrafung durch Spione und Kommunisten und Nazis. Jetzt war die Blase geplatzt ... nur eine von vielen, das ist wahr, aber eine wichtige. Wenn eine

119

Blase im Verstand platzt, bleibt die Vergangenheit in der Vergangenheit; sie wird nicht in die Gegenwart reichen und auch nicht das Morgen zerstören.

* * *

Im Dezember war meine Analyse zu Ende, und ich verabschiedete mich von meiner Therapeutin. Sie hatte viele wichtige Figuren meiner Vergangenheit repräsentiert. Mit ihrer Hilfe hatte ich noch einmal die Gedanken und Emotionen vergangener Jahre durchlebt und erfahren. Ich nannte sie ‚Doktor', aber tatsächlich hatte ich sie nie als ein menschliches Wesen angesehen. Ich sah in ihr ‚die Göttin', und erkannte nie, dass sie ihre eigenen Gefühle und ihre eigenen Probleme hatte. Als jetzt der Augenblick des Abschieds kam, sah ich sie plötzlich als einen Menschen und fühlte, dass sie mich mochte, dass ihr mein Abschied leid tat, aber sie war auch froh, weil ihre Aufgabe beendet war.

Ein letzter Blick auf den kleinen Raum, die Couch, das Fenster, Freuds Portrait an der Wand ... ein letztes Dankeschön ... dann die Treppen und die Strasse ... und die Zukunft ...

TEIL III

KEIN MENSCH IST EINE INSEL

Kapitel IX

„Als ich Sie in Ihrem Beratungszimmer zurückließ, war mir, als ob etwas gestorben wäre. In diesem Moment war jedoch auch etwas neu geboren. Ich erinnere mich, dass ich auf der Straße stand und den Verkehr beobachtete, als ob ich ihn zum ersten Mal sähe. Ich möchte Ihnen erzählen, wie ich mich fühlte, denn dieser Anfang war das Fundament meiner heutigen Tage. Die Welt sah seltsam aus: das Rot der roten Busse war verblichen und der Wintersonnenschein schien kränklich blass. Ich bemerkte Dinge, die ich vorher kaum wahrgenommen hatte. Zum Beispiel Gesichter von Menschen; der Ernst in ihren Augen reflektierte eine neue Traurigkeit. Sie gingen vorüber, jeder zu seinem eigenen Zielort eilend, jeder trug eine Last und versuchte gleichzeitig sie abzuwerfen. War das ein Teil der Realität, über die wir so oft gesprochen haben, oder war dies Teil meiner eigenen Realität? Lange Zeit stand ich da, unfähig, mich zu bewegen, und fragte mich, wie mein Leben ohne Sie aussehen würde. Während ich auf den Bus wartete, hatte ich das Gefühl, als ob Sie gestorben wären, obwohl ich wusste, dass Sie – Gott sei Dank – am

Leben sind. Und als ich zum Postamt fuhr, wo ich vorübergehend arbeitete, merkte ich, dass ich dieses Gefühl von damals her kannte, als meine Mutter gestorben war und wir von der Beerdigung zurückkamen.

Sie standen mit mir an den unsichtbaren Gräbern meines Vaters und meiner Schwester. Ich danke Ihnen, dass Sie mir geholfen haben, sie zu beerdigen. Nichts ist angsterregender, als ein vages Wissen vom Tod eines geliebten Menschen zu haben und dennoch nicht in der Lage zu sein, an ihren Gräbern zu weinen. Sie haben mir geholfen, meine Toten zu begraben, und doch blieben sie in Ihnen lebendig. Und aus diesem Grund hatte ich das Gefühl, dass auch Sie gleichermaßen tot und lebendig waren.

Durch Ihre Hilfe bin ich gewachsen, so wie Sie selbst zweifellos durch die Hilfe anderer gewachsen sind. Jetzt wünschte ich mir, dass es anderen möglich wäre, durch mich zu wachsen, damit wiederum andere, die ich niemals kennen werde, durch sie wachsen. Der sichtbare Teil unsichtbaren Lebens ist der Einfluss, den Menschen auf andere haben. ‚Kein Mensch ist eine Insel, gänzlich für sich allein. ...' "

* * *

Ich wollte in meinem Leben immer zwei Dinge: Psychologe und Schriftsteller werden. Aber Wünsche allein schaffen noch keine Wirklichkeit, auch Begabungen nicht; Realität wird mit Schweiß, harter Arbeit und Tränen geboren. Mein Ziel war mir klar, aber ich wusste noch nicht, welchen Weg ich einschlagen sollte, um es zu erreichen.

„Ich beneidete Sie, wissen Sie? Sie waren Doktor der Medizin, voll ausgebildet, um Wegbereiterin in Ihrem gewählten Fach zu sein. Aber das Gebäude meiner Karriere war eingestürzt, bevor ich die Möglichkeit hatte, meinen Beruf zu wählen. Jetzt war ich neunundzwanzig, und es war zu spät, um neu zu beginnen. Ich hatte keine Zeit, Medizin zu studieren, und für ein Diplom, obwohl ich es gern getan hätte. Ich musste die Sachlage meiner bisherigen Ausbildung mit meinen Möglichkeiten konfrontieren und diese zu etwas hinzufügen, das ich innerhalb angemessener Zeit erreichen konnte. Medizin stand nicht zur Diskussion. Vielleicht einen Zweig der Psychologie? Aber welchen?

Erinnern Sie sich, dass wir über den neuen Beruf der psychiatrischen Sozialarbeit gesprochen haben, von dem Sie meinten, dass er hervorragende Möglichkeiten bietet? Jetzt habe ich darüber Erkundigungen angestellt und fand, dass meine vorherige Ausbildung für Training in diesem Fach annehmbar war. Innerhalb eines Monats war ich ein Auszubildender in einem großen psychiatrischen Krankenhaus in Kent, und zum ersten Mal in meinem Leben konnte ich der Welt der psychisch Kranken von der anderen Seite des Zaunes aus entgegentreten.

Aber nach dem, was ich durchgemacht hatte, erkannte ich, dass es nicht so etwas wie die ‚andere Seite‘ gibt. Ich hatte durch meine Leidenserfahrung gelernt, dass jeder Mensch beide Welten in sich trägt; dass der Zaun nicht zwischen einem selbst und dem psychisch Kranken ist, sondern zwischen seinem eigenen gesunden und ungesunden Teil.

In diesem Krankenhaus hatte ich Angst. Ich fürchtete mich nachts vor den widerhallenden Korridoren, als ob Wahnsinn in den dunklen Ecken lauerte und böse Geister durch die dunklen Gebäude gingen, wie sie am Anfang aller Zeiten durch den Dschungel liefen. Das Primitive und

Chaotische, das Kleinkind in mir spürte Gefahren, wo keine waren, ohne zu erkennen, dass sich die einzige Gefahr in einem selbst befindet.

Aber mit der Zeit hatte ich keine Angst mehr. Die Stimmen, die meine bedauernswerten Patienten hörten, waren keine mysteriösen Kommunikationen von fernen Planeten; es waren die Stimmen des Geistes, für sie echt und real, aber für mich nicht.

Ich war sieben Jahre alt, als psychiatrische Sozialarbeit in England begann; als der erste *Mental Health Course,* eine Ausbildung in einer neuen Sphäre der Sozialarbeit eingeführt wurde. Zu dieser Zeit spielte ich mit Pistolen und zerbrach Susans Puppen. Und am selben Tag, als sich die ersten Studenten der psychiatrischen Sozialarbeit an ihre Pulte setzten, saß ich als kleines Kind wahrscheinlich auch an meinem Schreibtisch, ohne gewahr zu sein, dass sich mein eigenes Schicksal abzeichnete."

* * *

Das Krankenhaus bestand aus großen Gebäuden mit langen, widerhallenden Korridoren und riesigen, unfreundlichen Krankenstationen, wo die Farbe von den Wänden blätterte. Über zweitausend Patienten befanden sich dort, und das medizinische – und Pflegepersonal waren völlig unzureichend, sie zu versorgen. Ich kam zu einer Zeit der Veränderung an, als neue Einstellungen alte ersetzten und Unverständnis neuer Einsicht wich.

Während der nächsten achtzehn Monate lernte ich eine Menge. Ich lernte, eine Anamnese zu erheben und Patienten bei ihrer sozialen Rehabilitation zu helfen. Es war auf dem

Gebiet der Rehabilitation, wo psychiatrische Sozialarbeiter ihren besonderen Beitrag leisten konnten.

Ich sah rasch, dass psychische Erkrankung keine totale Erblindung des Geistes war; dass es gesunde Bereiche im Verstand des psychisch Kranken gab, die mit etwas Hilfe funktionieren konnten. Ich fand auch, dass deshalb viele Patienten, obwohl noch krank, nützliche Glieder der Gesellschaft werden konnten. Aber für diese Männer und Frauen Arbeit zu finden, bedeutete nicht nur, sie zu entlassen, es musste mit Sorgfalt geschehen, mit Verständnis für die Probleme der Patienten und mit Kenntnis davon, was die Welt draußen anzubieten hatte.

Die Welt draußen ... Vor hundert Jahren sah diese Welt nur Teuflisches in den psychisch Kranken, und vor mehreren hundert Jahren wurden sie auf dem Scheiterhaufen verbrannt. Während des letzten Jahrhunderts wurden „Verrückte" von menschlichen Wohnstätten ferngehalten, - von der Welt abgesondert, um die Welt nicht an ihren eigenen Irrsinn zu erinnern. Aber bald waren diese ‚Irrenhäuser‘, die wie Siedlungen für Aussätzige abgetrennt waren, langsam von Reihenhäusern umgeben, bis sich in der Mitte des zwanzigsten Jahrhunderts die Bevölkerung an die Tür des psychiatrischen Krankenhauses verlagerte. Als es Männern und Frauen möglich war, durch ihre Spitzengardinen über die Straße zu schauen und zu sehen, dass jenseits der Mauern des psychiatrischen Krankenhauses eine organisierte Welt lebte, begann die Angst davor nachzulassen. Aber es ist immer noch die Einstellung der Welt außerhalb der hohen Mauern, die das Schicksal seiner Mitmenschen drinnen bestimmt. Wenn diese Welt begreift, dass psychische Krankheit keine totale Gewaltherrschaft über den Menschen hat, dann können noch weitaus mehr diese Grenzen überschreiten, bis eines Tages die Notwendigkeit dafür ganz wegfallen kann.

* * *

„Sie haben mir geholfen, Doktor, meinen Platz in der Welt zu finden, und Sie halfen mir auch, Lily neu zu entdecken."

Während meiner Ausbildung lebten wir in einem Bungalow im Krankenhausbereich. Lily arbeitete noch in London. Aber das sollte bald aufhören, denn sie trug ein neues Leben unter ihrem Herzen.

Ich hörte davon praktisch das erste Mal, als der Gemüsehändler mir zwischen Kohlköpfen und Kartoffeln stark zuzwinkerte, als ob wir beide Mitglieder ein und desselben Komplottes wären. Dann warfen mir Krankenschwestern komisch lächelnde Blicke zu, und der Tabakwarenhändler gegenüber des Tores grinste, als er mir meine Zigaretten aushändigte und sagte: „Gut gemacht!" Aber im Oktober schien ich als Partner ‚unseres Unternehmens' aus dem Bild geblendet zu sein. Manchmal schien es sogar, als ob ich noch nicht einmal mehr Teilhaber war.

Ich werde die Nacht des 10. Novembers 1951 nie vergessen. Ein Krankenwagen rast nach London. Die Krankenschwester darin ist freundlich. Als sie mein blasses Gesicht und meine zitternden Lippen sieht, bittet sie Lily, sich hinzusetzen und rät mir, mich hinzulegen, als ob ich das neue Leben trüge. Alle sind ermutigend. Lily sagt: „Mach dir keine Sorgen, Liebling, es ist bald vorüber."

Als wir auf der Entbindungsstation ankommen, wechselt die freundliche Krankenschwester mir gegenüber ihre wohlwollende Einstellung, und als ich sie frage, ob ich etwas helfen könne, schaut sie mich mit kalten, abstoßenden Augen an: "Ja", sagt sie, „Sie können beten."

* * *

Nach der Qual dieser unvergesslichen Nacht rief ich am Morgen das Krankenhaus an, und mir wurde gesagt, Lily habe einen gesunden Jungen zur Welt gebracht.

Ich wählte sorgfältig einen teuren Blumenstrauss mit Lilys Lieblingsblumen und bereitete eine kurze, aber wirkungsvolle Rede vor, mit der ich sie begrüssen wollte. Als die Besuchszeit näher kam, weinte ich fast vor Freude. Auf meinem Weg zum Krankenhaus stellte ich mir unsere freudige Begrüßung vor, meinen dankbaren, zärtlichen Kuss und die Glückseligkeit auf ihrem Gesicht, da sie den kleinen Sohn, wie von ihr gewünscht, geboren hatte.

Ich kam zu früh an, aber nachdem er mich kurz angeschaut hatte, deponierte mich der Liftboy wortlos auf der Entbindungsstation. Im Wartezimmer saßen die Väter in einer Gruppe zusammen. Ich lächelte sie freundlich an, aber mein Lächeln blieb unbemerkt. Der Leiter der Gruppe war ein großer, stiernackiger Mann von etwa vierzig, der, so vernahm ich, vor ein paar Tagen Vater eines neun-pfündigen Töchterchens geworden war - sein drittes Kind. „Das Kind", erklärte er der jugendlichen Schar, „wird an die Flasche gelegt." Ich bemerkte, dass ich der einzige war, der einen Blumenstrauß trug, und zog daraus den Schluss, dass all die anderen bereits seit mehreren Tagen etablierte und anerkannte

127

Väter gewesen sein müssen, wenn man Blumen nur am ersten Tag mitbrachte.

Gierig, von meinen Vorbildern zu lernen, fragte ich den Stiernacken, ob er dachte, dass Stillen mit Flasche Bruststillen gleichgestellt sei. Ich hatte die falsche Frage gestellt. Er kam zu mir herüber mit einem Blick in seinen Augen, der mich die Blumen auf den Sitz neben mir legen ließ, und hielt vor mir an; er war so riesig wie diese Steingötter in der Wüste. „Ich bin selbst ein flaschengefüttertes Baby", ejakulierte er.

„Nun, das ist wirklich genug Beweis", flüsterte ich, dankbar, dass er nicht den Wunsch hatte, seine Kraft eines flaschengefütterten Babys unter Beweis zu stellen.

Die Stimme der Schwester rettete mich vom Flaschengefütterten, als sie rief: „Väter ...!"

Das war der Moment des Eintritts ins Paradies. Fest an den letzten Resten meiner Menschenwürde festhaltend, gelang es mir, nicht zu rennen. Ich spürte, dass etwas fehlte, aber was? Was hatte ich nicht in der Hand, das hätte da sein sollen? Mein Gott! Die Blumen! Ich raste ins Wartezimmer zurück. Sie waren nicht mehr da. Ich war sehr enttäuscht. Was würde sie von meinem Geiz denken, wenn ich ihr an diesem bedeutsamen Tag keine Blumen mitbrachte? Dann dachte ich: „Blumen ... was sind Blumen? Sie will *mich*, ... den Vater ihres Kindes ..." Und mit erhobenem Haupt lief ich auf die Station zurück.

Ich küsste zärtlich ihre Lippen. „Liebling", begann ich, aber sie unterbrach mich.

„Jancsi", flüsterte sie, "hast du mir keine Blumen mitgebracht? Du weißt doch, persönlich macht es mir nichts aus, aber die Schwester... sie ist so eine Soundso ... und sie mag keine Ehemänner ...."

„Braucht sie nicht", antwortete ich verärgert.

Ich war gerade dabei ihr zu sagen, dass meine Blumen aus dem Wartezimmer verschwunden sind, als sie mich unterbrach. „Schau dir diesen Mann dort drüben an ... er gefällt der Schwester ... er bringt seiner Frau jeden Tag Blumen ..."

Ich sah die glückliche Wahl der Schwester an und erkannte den Stiernacken, der gerade seiner Frau *meine* Blumen überrreichte.

„Das sind meine Blumen", sagte ich ihr aufgeregt, „soll ich sie zurückverlangen?"

„Ach, red' keinen Unsinn, Jancsi ..."

Minuten vergingen. Ich war mit der ganzen Welt auf Kriegsfuß. Dann bat Lily mich, ihr näher zu kommen.

„Nie wieder, Jancsi", flüsterte sie mir ins Ohr, „nie wieder."

„Nie wieder was?" Irgendwie hatte ich noch die Blumen im Kopf. Aber als ich sie anschaute, erkannte ich die volle Bedeutung ihrer Worte.

„Ich will nie wieder durch all das hindurch müssen ..."

Ich verließ das Krankenhaus als ein sehr enttäuschter Mann. Das Baby sah wie ein Chinese aus. „Gelbsucht", erklärte die Schwester. Lily hatte gesagt: „Nie wieder." Und der Pförtner am Tor meines eigenen Krankenhauses sagte: „Sie sehen nicht gut aus, Mr. Heimler. Was ist los?"

* * *

„Ich wollte Ihnen all diese Dinge mitteilen, Doktor, denn eine geraume Zeit waren Sie Teil meines Lebens. Der Vorgang, mich von Ihnen gänzlich loszulösen, war ziemlich langsam. Immer wenn etwas geschah, gut oder schlecht, fragte ich mich, was Sie dazu sagen würden, was Sie mir raten würden zu tun; wie Sie reagieren würden. Die Zeit war nicht mehr weit davon entfernt, dass ich Sie getrennt und nicht als Teil von mir sehen würde."... Aber dieser Moment war noch nicht gekommen.

Was als Nächstes passierte, war eine der größten Prüfungen meines Lebens. Ich denke nicht, dass ich übertreibe. Bis jetzt war ich immer vom Rest der Menschheit ausgeschlossen, weil ich als Jude geboren war. Aber jetzt kam der Moment, wo ich aus einem anderen Grund ausgeschlossen war: weil ich *ich* war.

Nachdem ich ein Jahr als Praktikant im psychiatrischen Krankenhaus verbracht hatte, musste ich mich für meine endgültige Ausbildung zum psychiatrischen Sozialarbeiter für den ‚*Mental Health Course*' bewerben. Die zuständige Krankenhausbehörde hatte bereits erklärt, dass ich nach meinem Abschluss fähig sein würde, die von mir verlangte Arbeit zu leisten. Dann kam am 14. März 1952 ein Brief bei mir an.

Der Brief informierte mich, dass sich das Auswahlkommittee entschieden hatte, es wäre nicht möglich, mir einen freien Platz für den *Mental Health Course* anzubieten. Die Schreiberin des Briefes, die auch Dozentin im Kursus war, fuhr fort zu sagen, ihr sei klar, dass ich über ihre Entscheidung sehr enttäuscht sein würde, obwohl sie vermutete, dass ich zum Teil darauf vorbereitet sei. Sie versicherte mir, dass meine Bewerbung lange und sorgfältig geprüft worden sei, bevor eine Entscheidung gefällt wurde. Zum Schluss fügte sie hinzu, sie glaube nicht, dass es für mich von Nutzen sei, mich erneut zu bewerben, weil das Kommittee meine Bewerbung zu einem späteren Zeitpunkt wahrscheinlich nicht anders betrachten würde.

Bevor ich diesen Brief erhielt, war ich bereits zu mehreren Interviews geladen worden. Es schien jedoch, dass sich die Prüfer unsicher waren, was meine Stabilität betraf, und mich deshalb immer wieder erneut zu einem Interview eingeladen hatten. Es war dieses Interview, woraufhin sie sich entschieden, mich nicht zu akzeptieren:

Sobald ich das Beratungszimmer des Interviewers betrat, fühlte ich, dass etwas nicht stimmte. Ich mag es nie, wenn jemand hinter seinem Schreibtisch sitzt, als ob er sich von anderen abtrennen will.

Dieser Mann mittleren Alters, der jetzt hinter seinem Schreibtisch saß, repräsentierte für mich alle Macht der Autorität, die mir in der Vergangenheit soviel Leid zugefügt hatte. Ich muss dieses Interview in aller Fairness zum Interviewer beschreiben, weil ich es war, der ihn in dieser autoritären Rolle sah, und meine Interpretation seiner Bedeutung war nicht unbedingt die seine. Ich ärgerte mich auch darüber, dass dieser Mann mein Schicksal bestimmen konnte. Mein Unmut war sogar noch größer, weil ich fühlte, dass in den vorherigen Interviews die schmerzhaften Geschehnisse meiner Vergangenheit nicht in Erwägung gezogen worden waren. Indem sie die Schwächen meiner Persönlichkeit suchten, die nur zu offensichtlich waren, hatten sie gedacht, dass alles, woraus ich bestand, das Ergebnis innerer mentaler Konflikte war. Dass Psyche und die Welt jenseits der Psyche eng miteinander verbunden waren; dass für mich Verfolgung real und nicht nur Einbildung war, konnten sie nicht sehen. Ich ärgerte mich darüber, weil ich von Lehrern eines so wichtigen Berufs erwartete, dass sie mehr wissen und mehr verstehen, ganz besonders, wenn sie sich psychiatrische Sozialarbeiter nannten. In meinem Inneren griff ich ihn bereits für etwas an, wofür er nicht verantwortlich war.

Vor seinem Schreibtisch standen zwei Stühle, - ein Sessel und ein harter Stuhl. Ich dachte, er beobachtete mich, um zu sehen, welchen ich wählen würde. Da ich die symbolische Bedeutung der beiden Stühle wieder nicht begreifen konnte, weil ich fühlte, dass jede Bewegung, die ich machte, über mein zukünftiges Leben entscheiden würde, lehnte ich ihn noch mehr ab. Und doch hatte er bis jetzt noch kein Wort gesprochen.

Schließlich wählte ich den Sessel, und dann sprach er: „Warum wollen Sie psychiatrischer Sozialarbeiter werden?"

Wieviele Male war mir diese Frage gestellt worden! Sie hatten diese Frage gestellt, als ich Praktikant wurde; sie fragten die gleiche Frage im Krankenhaus, wo ich arbeitete; die vorherigen Interviewer hatten mich dasselbe gefragt. Was kann man antworten? Wie kann man eine Antwort geben, die wahr und auch akzeptabel ist? Die Wahrheit hat so viele Seiten. Ich sagte:

„Mein erstes Interesse an psychisch Kranken wurde während des Krieges geweckt, nachdem die Deutschen Ungarn besetzten. Mein Vater wurde damals verhaftet und ich musste fliehen, um meine Haut zu retten. Der ärztliche Superintendent unseres örtlichen psychiatrischen Krankenhauses, ein anständiger Mann, gewährte mir für einige Zeit Unterschlupf. Dort begegnete ich zum erstenmal psychisch Kranken, nicht in der Rolle eines Patienten, sondern in der eines Asylanten."

Einige Augenblicke lang war es still, und dann sagte er: „Oh, ja." Das bedeutete, dass er mehr wissen wollte.

„Sehen Sie, ich war in einer ungewöhnlichen Situation. Diese Patienten wurden von den Mächten ihres eigenen Geistes verfolgt, und ich wurde von meinen Feinden verfolgt. Ich konnte mich in gewisser Weise mit ihnen identifizieren, und gleichzeitig hatte ich Mitleid mit ihnen, weil ich wusste, dass, wenn ich eines Tages überleben würde, meine Qualen zu Ende wären, während sie weiterhin ihrer privaten Dunkelheit gegenüberstehen würden, wenn ich schon frei war."

Ich spürte wieder, dass er meinem Gesagten nicht zustimmte und dass er fühlte, ich wäre oberflächlich und zu allgemein. Er sagte wieder:

„Oh, ja."

Die Tatsache, dass ich wie ein Patient behandelt wurde, ohne ihn als meinen Therapeuten gewählt zu haben, und dass von mir verlangt wurde, einem Fremden meine intimen Gedanken zu offenbaren, war für mich in diesem Moment äußerst widerlich. Hätte er mehr gesagt, hätte er die jeweiligen Rollen, die wir spielten, vergessen und seinen Schreibtisch mit Interesse und Wärme überbrücken können, wäre ich nicht so verzweifelt gewesen. Mein Ärger wuchs, als ich schloss, dass dem, was ich gesagt hatte, eine falsche Interpretation gegeben worden war.

„Ich hatte eine Analyse", sagte ich weiter, „weil ich mich machtlos fühlte, weil ich versiegt war und nicht schreiben konnte, weil ich die Tragödien meines Lebens überwinden wollte. Ich habe mich jetzt gefragt und festgestellt, dass das

Niemandsland zwischen meiner Gesundheit und Geisteskrankheit nicht so gross ist, wie ich vor meiner Analyse gedacht hatte. Ich habe das Gefühl, dass ich meine Patienten jetzt besser vestehen kann, weil wir etwas gemeinsam haben. ..."

„Was meinen Sie?"

„Ich meine, dass die Motivation hinter meinem Wunsch, psychiatrischer Sozialarbeiter zu werden, das Wissen von meinem eigenen Inferno ist ..."

„Vielleicht sind Sie zu vehement, zu beweisen, dass Sie nicht impotent sind. ..."

Ich fühlte, dass die Würfel gefallen waren und dass er Bestätigung meiner Instabilität gefunden hatte. Ich beschloss, einen letzten verzweifelten Versuch zu unternehmen, seine Meinung über mich zu ändern.

„Ich denke, ich kann diese Arbeit leisten, vorausgesetzt, mir wird eine Chance gegeben. Bitte unterstützen Sie meine Bewerbung." Und als er nicht antwortete, fragte ich ihn geradeaus:

„Werden Sie meine Bewerbung unterstützen?"
Er antwortete ausweichend, dass er es nicht wüsste; die Entscheidung läge nicht bei ihm.

* * *

Wenn ich heute über diese Dinge der Vergangenheit nachdenke, werfe ich niemandem etwas vor. Der Eindruck, den ich damals gemacht habe, muss Beweis meiner Unfähigkeit gewesen sein, mit meinen Gefühlen umzugehen. Meine Interviewer spürten Rebellion hinter meinen Worten, und sie hatten recht. Aber ich habe nicht gegen *sie* rebelliert, sondern gegen eine irrsinnige Welt, die einen riesigen Zoo erzeugt hat, in dem, hinter Käfiggittern und nationalen Grenzen, Menschen von Menschen getrennt werden. Ich rebellierte gegen eine Welt, in der wilde Tiere hilflose fressen. Ich rebellierte, um mich selbst zu verteidigen, um der Welt zu zeigen, dass ich genauso wie andere meinen Platz im Leben einnehmen kann.

Einer meiner Wesenszüge liegt darin, dass ich nicht bereit bin, Niederlage zu akzeptieren. Das mag ein traditionelles Merkmal des Volkes meines Glaubens sein; für mich aber bedeutet Niederlage zu akzeptieren, die Herrschaft des Diktators zuzulassen.

Das Auswahlkommittee hatte seine Wahl getroffen, aber ich hatte meine auch getroffen. Mehr denn je entschlossen Erfolg zu haben, bewarb ich mich anderswo. Ich wurde angenommen, und am Ende erhielt ich mein Diplom. Aber mein Erlebnis mit dem Interviewer hinterließ eine Narbe, und die rebellische Gemütslage hielt noch lange danach an.

Kapitel X

„Allmählich entfernte ich mich langsam von Ihnen, Frau Doktor. Das Bedürfnis, mit Ihnen gedanklich zu kommunizieren war immer geringer geworden. Ich wollte mich von Ihnen befreit fühlen, wenn ich meinen ersten Job antrat, sodass ich ohne Klotz am Bein neu beginnen konnte."

* * *

Ich schreibe diese Worte zu einer Zeit meines Lebens, wo ich mir selbst und der Welt bewiesen habe, dass es keine Niederlage gibt. Das ist meine Hoffnungsbotschaft. Wenn es für *einen* Menschen keine Niederlage gibt, dann kann es keine Niederlage geben. Es gibt Tränen, es gibt Schweiß, es gibt Schmerz und Kampf, aber es gibt keine Niederlage.

Wenn ich meine Augen schließe, erscheinen Bilder auf der Leinwand meines Geistes. Bilder der Hoffnung, die mich zu diesem gegenwärtigen Moment geführt haben. Die Vergangenheit erscheint blass, aber ich kann sehen, dass es nach 1953 kein Zurück mehr gab.

Die Szene, an die ich mich erinnere, liegt im Schatten von *Westminster Abbey;* es ist der 11. Oktober 1953. *Big Ben* schlägt drei Uhr, während der Verkehr in ebenmäßigem Rhythmus um *Parliament Square* fließt.

Jenseits des regen Treibens des Verkehrs, hinter *Guildhall* in *Old Queen Street* steht ein altes Gebäude, die Büros von *Middlesex County Council*. Im ersten Stockwerk ist ein unscheinbares Wartezimmer mit einem großen, unnützen Tisch in der Mitte, der den meisten Platz einnimmt. An der

Wand hängen ein paar Bilder, deren Zweck nicht ganz klar ist: auf einem besprüht jemand das Innere eines Flugzeugs; auf einem anderen wird ein unglückliches Kind von einem glücklichen Arzt geimpft. Leute gehen durch den Warteraum, als ob ich nicht da wäre: Er ist mehr einem Korridor als einem Wartezimmer ähnlich. Überall sind Türen. Welche wird sich für mich öffnen?

Ich warte auf das Interview für meinen ersten Job.

Jetzt öffnet sich eine Tür und ein Mann in den Vierzigern erscheint. Er lächelt:

„Bitte kommen Sie herein."

Hinter dem Sessel, auf dem ich sitze, ist eine große Karte von *Middlesex*. Das Telefon klingelt; er bedeckt das Mundstück mit seiner Handfläche. „Bitte entschuldigen Sie mich einen Moment." Als er am Telefon spricht, bemerke ich, dass er hinter einem enorm großen Schreibtisch sitzt, der mit Akten und Papieren bedeckt ist. Seine Schreibtischlampe scheint mir ins Gesicht. Oh, nein ...! Buchenwald ... die Nacht, als die Gestapo die Scheinwerfer auf uns richtete und wir im Schneesturm in das grelle Licht starrten. Er legt den Hörer auf. „Es tut mir leid", sagt er. Während er hinter seinem Schreibtisch hervorkommt und sich mir gegenüber auf den anderen Sessel setzt - warum denke ich gerade an den Kastanienbaum in unserem Garten in Szombathely? Er geht mit langsamen, gemessenen Schritten. Er vergisst seine Pfeife. Er geht ohne Eile wieder zurück zu seinem Schreibtisch: wir haben jede Menge Zeit. Damals lagen Kastanien auf dem Boden. In *Parliament Square* gibt es keine Kastanien. Er setzt sich: „Was für einen schrecklichen Sommer wir hatten; und der Herbst ist noch schlimmer." Ich will sagen: „Sir, bitte, Sir, es gibt keine Kastanienbäume vor Ihrem Fenster." Ich muss verrückt sein!

„Das ist ein informelles Interview, verstehen Sie? Sie werden sich natürlich mit dem Vorsitzenden und anderen Kommitteemitgliedern noch einem weiteren Interview unterziehen. ...". Hat der Vorsitzende einen Schnauzer? Vater hatte einen, und er war auch Bezirksrat. Wie wäre es, wenn er mich von jenseits des Grabes interviewen würde?

„Wie Sie wissen, gibt es keine Traditionen in Gemeindesozialarbeit. Wir hatten ein oder zwei psychiatrische Sozialarbeiter, aber bis jetzt hat sich noch kein Muster gebildet. Ich denke, das ist für alle Beteiligten besser, denn es bedeutet, dass Sie Ihre eigenen spezifischen Interessen auf diesem Gebiet finden, Ihre eigenen Methoden entwickeln können. ..."

Ich folge seinen Worten. Meine Welt nimmt Gestalt an. Aber was macht diese Fliege dort, mitten im Oktober? Ich möchte sagen: ,Dr. Wigley, dort ist eine Fliege. Können Sie nicht irgendein Sprühzeug ergattern?'

„Ich werde Sie auf jede mir mögliche Weise unterstützen. Gemeindesozialarbeit ist heute noch ein Kleinkind, aber mit der Zeit wird es sich entwickeln."

Vater schrieb mir einst, dass der Stand im Leben eines Menschen sich verbessert, wenn man unter intelligenten Menschen leben kann. Dieser Mann scheint intelligent zu sein.

„... die Zukunft liegt in der Versorgung der psychisch Kranken in ihren eigenen Wohnungen. Professor *Querido* in Amsterdam hat bewiesen, dass dies nicht gänzlich unmöglich ist."

Was werde *ich* beweisen? Was wird *mein* Anteil an diesem neuen Konzept der Gemeindesozialarbeit sein? Wird eines Tages irgendwo jemand in einem ähnlichen Interview sagen: „Heimler hat bewiesen, dass es nicht unmöglich war? ..."

Er spricht langsam in seiner offiziellen Schulstimme: „Das Land ist in fünf psychiatrische Gesundheitsabteilungen aufgeteilt. In jeder Abteilung gibt es ein paar Beamte, die für psychische Gesundheit zuständig und dem Gesetz nach befugt sind, wenn nötig einzuweisen. Einige haben umfangreiche Erfahrung, haben jedoch keine Ausbildung. ..."

Wo ist die Fliege? Sie ist verschwunden, aus der oberen Öffnung des Fensters geflogen. Sie wird sterben, ... die Fliege wird in *Parliament Square* sterben. Das Telefon klingelt wieder, als ich mich verabschiede. *Big Ben* schlägt vier Uhr, und das uralte *Abbey* sieht auf den kleinen Ausländer herab, der das Interview für seinen ersten Job verlässt.

Am 1. Dezember 1953 begann ich meine Arbeit bei der *Middlesex County Council*.

* * *

Am 14. März 1952, dem gleichen Tag, an dem ich die schicksalhafte Ablehnung des *Mental Health Course* erhielt, taumelte ein Mann seinem Tod entgegen. Sein Name war Frank Latham, und weder er noch ich wussten zu dieser Zeit, dass ich eine wichtige Rolle in seinem und er in meinem Leben spielen würde.

Am Morgen, an dem ich diesen Brief geöffnet hatte und meine Welt zu einem momentanen Stillstand gekommen war, schaute ich auf den Regen, der vom Himmel schüttete, - der gleiche Himmel, den er an diesem Tag sah. Er verließ seine Wohnung am Morgen und lief die nassen Straßen entlang, ohne zu wissen, wohin er ging; als es dämmrig wurde, befand er sich im *Hyde Park* an der *Serpentine*. Dort parkte ein Auto, die Scheinwerfer waren ausgeschaltet, nur die Straßenlaterne offenbarte die Silhouette eines Pärchens auf dem Rücksitz. Sie umarmten sich, gingen auseinander, kamen wieder zusammen. Ihre langsamen rhythmischen Bewegungen zogen ihn wie ein Magnet an: Er hatte das Bedürfnis zu beobachten, zu wissen, was hier vor sich geht. Er stand bewegungslos da, wie eine Statue, Tränen erstickten fast seine Kehle; ihm war nur gewahr, dass er diese unbekannte Frau im Auto mehr als alles andere in der Welt begehrte. Eine Stimme in seinem Gehirn schrie: ‚Töte diesen Schuft ... töte ihn ... und nimm sie ... los ... nimm sie ...!‘ Aber hinter dieser Stimme sprach die sanfte Stimme seiner Mutter: ‚Weine nur mein Junge, weine nur.‘

Dann, wie von außen angetrieben, lief er den Lichtern des *West Ends* entgegen.

Das Mädchen stand in einem Türeingang in *Wardour Street*. Sie war klein und dunkel mit großen braunen Augen. ‚Möchtest du einen Drink, Schätzchen?‘ Er folgte ihr die Treppe hinauf, und sie hielt immer mal wieder an, um ihren Oberschenkel in ihren Händen zu halten, als ob sie sich stützte. Sie war sehr jung, aber sie lief wie eine alte Frau. Ein Geruch von Fisch und Chips und Zwiebeln füllte den dämmrigen Treppenaufgang, Jazz Musik wehte von einer nahen Disko herein. Er schloss seine Augen, – er wollte nichts sehen. Aber als er sie wieder öffnete, konnte er die erbärmliche Kreatur halbnackt vor dem Spiegel stehen sehen. Er gab ihr etwas Geld, aber als er sie quer auf dem Bett liegen sah, auf seine Umarmung wartend, ekelte ihn ihr weißer Körper an; ihm war übel und er rannte in die Nacht hinaus.

Die Straßen und Häuser schienen sich alle senkrecht auf und ab zu bewegen, und der Gehsteig kam mit unglaublicher Gewalt auf ihn zugestürzt. Autos und Busse schienen sich der Gravitätsgesetze zu widersetzen. Am Embankment trieb der Wind Sirenengeräusche in Richtung Süd London ... und dort war es, das wunderschöne dunkle Wasser unter den großen Pfeilern der *Westminster Bridge*, das ihn zu einer letzten Umarmung einlud. Dann sprang er. ...

* * *

Frank war mein erster Patient. Er rief mich auf Anraten des Bediensteten des Sozialamtes an.

„Wenn Sie den Trolleybus von *Finchley Central* nach *Tally-Ho Corner* nehmen, halten Sie nach *Sainsbury's* Ausschau; unser Gebäude ist gleich daneben. Kommen Sie hoch in die zweite Etage.'

Ich war allein in meinem Büro. Es war ein kleines Büro, mit einem angemessen großen Schreibtisch und zwei Sesseln, die sich gegenüber standen. Ein kleiner Teppich bedeckte den gebohnerten Fußboden und reichte bis zu Mrs. Nivens Schreibmaschine am Fenster. An der Tür stand der Schrank, in dem meine zukünftigen Akten aufbewahrt würden.

Ich war unruhig. Mein erster Patient war zur verabredeten Zeit nicht da. Hatte er seine Meinung geändert? Es regnete draußen, und ich schaute auf die kleinen Regenkreise, die sich an den Fensterscheiben bildeten und wie Tränen herunterrannen, bevor sie verschwanden. Ich fühlte mich ein wenig traurig und einsam. Lily und Baby George waren noch im Norden, in der Universitätsstadt, wo ich meine Ausbildung abgeschlossen hatte, und ich hatte sie nicht gesehen, seit ich nach London gekommen war. Was machten sie wohl jetzt? In zwei Tagen wird Weihnachten sein und ich wollte nachhause gehen.

Frank Latham kam eine Stunde zu spät.

„Ich bin gelaufen."

Das war alles, was er sagte. Er sagte nicht „Guten Tag" oder „Es tut mir leid, dass ich mich verspätet habe". Er sagte nur: „Ich bin gelaufen." Und doch war in der Art und Weise, wie er es sagte, beides enthalten: Begrüßung und auch Verzweiflung. Er war nicht nur gelaufen, er war auch bis auf die Haut durchnässt.

Ich schaltete den Heizofen an. Er sagte nicht ‚Danke'; er lief nur hinüber und blickte auf ihn hinunter. Er war groß und blond, vielleicht in meinem Alter. Plötzlich drehte er sich um.

„Nun, was kann ich für Sie tun?"

Niemand hat mich jemals gelehrt, was ich darauf antworten soll. Das stand nicht im Textbuch. Alle Patienten, die ich im Krankenhaus und an der Universität gesehen hatte, traten in ihren ordnungsgemäßen Rollen auf. Ich fühlte, dass ich auch plötzlich aus meiner eigenen Rolle gefallen war. Aber ich überspielte es.

„Möchten Sie sich hinsetzen?" fragte ich, weil mir nichts besseres einfiel.

„Nein", sagte er. „Ich will mich nicht hinsetzen, macht das was?"

Aber er setzte sich trotzdem hin. Er setzte sich auf die Ecke meines Schreibtisches und ich fühlte Ärger in mir hochsteigen. Wie wagt er es, sich so zu verhalten! Außerdem ist er mein erster Patient! Ich war drauf und dran, etwas in dieser Richtung zu sagen, als mir klar wurde, das mein neuer Patient auslebte, was er nicht sagen konnte oder wollte. Ich versuchte zu übersetzen, was all dies bedeutete, und dann verstand ich, was er nicht sagte: ‚Siehst du nicht, dass mir alles gleichgültig ist; ich habe die Nase voll von dir, von mir selber und von dem beschissenen Sozialamt. Sie glauben, dass Sie mir helfen können; nun, ich werde es Ihnen beweisen, dass Sie es nicht können. Ich werde Sie so viel nerven und ärgern, dass Sie mich am Ende rausschmeißen, Mistkerl, Seelenklempner'!"

Ich beantwortete seine unausgesprochenen Worte laut:

„Da liegen Sie falsch, wissen Sie? Ich schmeiße Sie nicht raus.

Er merkte noch nicht einmal, dass ich auf seine Gedanken geantwortet hatte.

„Sie werden die Nase von mir voll haben, Sie werden es sehen."

Er stand auf und stellte einen Fuß auf die Sessellehne, um seine Schnürsenkel zuzubinden.

In diesem Moment tat er mir leid.

„Es tut mir leid, dass Sie mich nicht mögen", sagte ich.

„Ich hasse Sie nicht", sagte er und schaute mir in die Augen. „Ich denke nur, dass Sie verrückt sind. Niemand kann mir helfen. Niemand."

Dann ging er zur Tür und verschwand, ohne ein weiteres Wort zu sagen.

* * *

Frank Latham kam Anfang des neuen Jahres zurück, ohne einen Termin. Diesmal klopfte er gar nicht erst an die Tür.

„Na, wie geht's Ihnen heute?", war seine Begrüßung. „Ich hoffe, Sie fühlen sich jetzt besser. ...."

Ich sagte, dass ich mich viel besser fühlte, vielen Dank.
Er ging zum Fenster hinüber und stand einige Minuten
einfach nur da, ohne etwas zu sagen.

Mrs. Niven stand auf, um Tee zuzubereiten.

Er schaute auf die Schreibmaschine und warf einen Blick
auf den Brief, den meine Sekretärin in der Maschine gelassen
hatte.

„Ich sehe, Sie sind jetzt beschäftigt."

Ich sagte, dass ich das sei, aber dass wir einen Termin für
einen anderen Tag vereinbaren könnten.

Frank antwortete auf meinen Vorschlag nicht, sagte
jedoch, auf die Zimmerdecke schauend:

„Dieser Scheißladen muß renoviert werden. Vielleicht
mach ich Ihnen das eines Tages."

Ich wiederholte: „Möchten Sie zu mir kommen, wenn ich
mehr Zeit habe?"

„Okay, wenn ich's nicht vergesse."

Wieder ging er hinaus, ohne ein weiteres Wort, und als er
die Treppe hinunterlief, pfiff er eine berühmte Melodie.

Einen Monat später tauchte er unerwartet auf. Ich traf ihn
an, als ich in mein Büro kam; er hatte auf mich gewartet. Er
sah blass aus, mit Rändern unter seinen Augen; sein blondes
Haar war ungekämmt und er hatte eine Rasur dringend nötig.
Er saß da und starrte mit leerem Blick vor sich hin; und als er
sprach, war es ohne Arroganz, weder in seinen Worten noch
in seinen Bewegungen, auch nicht im Ton seiner Stimme. Er
sagte:

„Manche Menschen sollten niemals geboren worden sein.
Manche Leute hätten verfaulen sollen, bevor sie auf diese
Welt kamen."

Plötzlich kamen mir die Worte Hiobs in den Sinn. *‚Warum vom Mutterleib weg starb ich nicht, dass ich, wie ich dem Schoß entstieg, verging?'* (Hiob 3, 11)

Frank stand auf und ging zum Fenster; Tränen flossen seine Wangen herunter. Ich störte sein stilles Weinen nicht. Dann, nach einer Weile, sein Gesicht mit Tränen verschmiert, brach der Damm und seine Geschichte entfaltete sich.

* * *

Während der nächsten Wochen erfuhr ich, was hinter Frank Lathams Unglücklichsein lag. Für das Sozialamt war er arbeitsscheu, ein Mann, der in den vergangenen sieben Jahren einen Job nie länger als eine Woche gehalten hat. Für sie präsentierte er eine Fassade von Arroganz und Gleichgültigkeit. Mir zeigte er ein anderes Bild. Seine Geschichte begann dreißig Jahre zuvor in *Moss-side*, *Manchester*. Er konnte sich an seine ganz frühen Jahre kaum erinnern, weil Schmerz starke Schranken gegen seine Erinnerung aufgebaut hatte. Er erinnerte sich jedoch an eine Nacht, als er als kleiner Junge mitten in der Nacht in Terror aufwachte und seine Mutter, von einem Streifschuss blutend, antraf, den sein Vater ihr zugefügt hatte. Es muss eine Sommernacht gewesen sein, denn kleine Insekten flogen um die elektrische Glühbirne. Die Birne schaukelte an der Decke, und Licht und Schatten tanzten schwindelig in der Küche. Er hatte sich nie an das Gesicht seines Vaters noch an seine Stimme erinnern können. Auch verstand er zu dieser Zeit nicht, was sein Vater getan hatte oder warum. Er wußte es sogar heute noch nicht. Er erinnerte sich an den Krankenwagen und dass er bitterlich weinte, als sie seine

Mutter ins Krankenhaus brachten. Dann gab es eine lange Lücke, die nur mit Gesichtern anderer Männer gefüllt war, mit denen seine Mutter gelebt hatte. Niemals in seinem Leben hatte er zu jemandem das Wort ‚Vater' gesagt. Er erinnerte sich an das Schlafzimmer im Kinderheim und an die Nonnen, die das Licht ausschalteten. Warum seine Mutter ihn in ein Kinderheim gegeben hatte, wusste er auch nicht, aber jetzt schämte er sich an ihrer Stelle für das, was sie getan hatte. Er war gut in der Schule und er immatrikulierte, und kurz vor dem Krieg lernte er Buchhaltung. Dann, wie in einem Alptraum, erinnerte er sich, wie er über brennende deutsche Städte flog. Was machte er in diesem Flugzeug? War er der Navigator? Er konnte sich nicht erinnern. Eines Tages, 1944, wurde er wegen einer plötzlichen Blinddarmentzündung ins Krankenhaus gebracht. In dieser Nacht wurde sein Flugzeug und all seine Kameraden über Hamburg abgeschossen und die ganze Besatzung kam ums Leben; für ihn begann eine Qual, die er nicht in Worte fassen konnte. Er fühlte sich für den Tod der anderen schuldig, und kein ‚Seelenklempner' konnte ihn überzeugen, dass er es nicht war.

Frank wurde 1945 aus dem Kriegsdienst mit was die Ärzte Neurasthenie nannten entlassen. Auf irgendeine Art schaffte er es, mit Gelegenheitsjobs durch den Sommer zu kommen. Im *Corner House* abwaschen, ein paar Tage lang einem Anstreicher helfen, aber mit Ankunft des Herbstes, begannen die Alpträume, und sogar Zigaretten schmeckten bitter. Es wäre schön gewesen, nachhause gehen zu können, aber es gab kein Zuhause. Seine Mutter war im Blitz umgekommen. Während seiner spukenden Nächte starrte er in die Ecken seines gemieteten Raumes, wo sich hunderte von Teufeln hinter dem großen Schrank versteckt hielten, bis ihn

146

am Morgen Stimmen in seinem Kopf riefen und ihm mit Tod drohten. Dann ging er durch die nassen Straßen, angsterfüllt vor den unfreundlichen Häusern, deren blinde Fenster auf ihn herabspähten, während die Stimmen ihn weiter und immer weiter antrieben, - ins Unbekannte. ...

Aber irgendwie taumelte er durch die Jahre, wie ein Schatten in einer dunklen Nacht. Er heiratete 1948, und eine Zeit lang war alles gut. Er fühlte, dass, wenn Gott ihm keine Erlösung brächte, sie von Evelyn kommen würde. Aber einen Monat nach ihrer Heirat wurde Frank plötzlich von einer riesigen Rastlosigkeit überfallen. Er versuchte, in einem *Soho* Club Trost zu finden.

Es gibt viele dieser kleinen Souterrain-Clubs im *Soho,* schlecht beleuchtet, überfüllt, fast ohne Möbel, wo verlorene Menschen Erleichterung von ihren Konflikten durch Vergnügen des Fleisches suchen. Hier, jenseits verschwitzter Gesichter und einem Gelächter, das von Alkohol und Drogen stimuliert wird, ist eine Welt der Furcht und des Todes. Jahre vergehen hier schnell ... und die Jahre vergingen für Frank wie schwere Wolken über einem Winterhimmel. Zuerst lebte er noch mit Evelyn, die seine Unglückseligkeit ratlos betrachtete. Aber als Anfang 1952 eine kleine Tochter geboren wurde, zog er daheim aus. Unten, im Bauch der Erde, schien eine künstliche Sonne in ,*Adam's Leaf*', und Frank glaubte, dass das Licht, das er sah, Licht der lebenden Sonne war. Aber am 14. März wollte er alles beenden. Das war die Nacht, in der er in die Themse sprang.

Er wurde in ein psychiatrisches Krankenhaus gebracht, wo er in eine scheinbar endlose Dunkelheit fiel, in das Echo eines unendlichen Tunnels, in einen Pool von unerkennbaren Erinnerungen. Sechs Mal wachte er mit Übelkeit im Magen

147

auf, unfähig sich der Gegenwart oder Vergangenheit zu erinnern.

Aber nach der sechsten Schockbehandlung ließen Schmerz und Verwirrung nach. Er fühlte sich nicht mehr wie eine Seele, die in einem Alptraum verloren war, sondern wie ein Mann, der es nötig hatte, sich zu rasieren, Tee zu trinken und sich zu waschen, und der etwas mit seinem Leben anfangen musste.

Nachdem er das Krankenhaus verlassen hatte, kehrte er nachhause zu Frau und Kind zurück. Aber er konnte sich nicht niederlassen, und die Monate vergingen wie ein Tag, ziellos, ohne Sinn, ohne Hoffnung. Und jetzt war er bei mir und bat um Hilfe. Hilfe – aber wofür?

* * *

Während der langen Winterabende fragte ich mich, was meine Funktion sein sollte, meine Rolle. Ich war kein Analytiker, ausgebildet, um mit der Methode zu behandeln, die *sie* benutzt hatte („Sehen Sie, Doktor, wie die Nabelschnur, die mich mit Ihnen verband, jetzt durchgeschnitten ist!"). Ich war auch nicht medizinisch ausgebildet und konnte daher mit Drogen oder anderen chemischen Mitteln keine Erleichterung schaffen. Wenn ich Frank helfen wollte, musste ich meine eigenen Methoden finden. Aber wie?

Eine sehr erfahrene Kollegin, die viele Jahre im Bereich der Gemeindesozialarbeit gearbeitet hatte, half mir, Klarheit zu verschaffen.

„Vielleicht denken Sie", sagte sie zu mir, als wir in meinem Büro saßen, „dass man keine gute Arbeit tut, wenn

148

man seine Ziele begrenzt. Aber das stimmt nicht, wissen Sie? Gerade in dieser Fähigkeit liegt professionelles Wachstum. Das Problem liegt darin, dass wir uns bemühen, Psychiater und Analytiker zu imitieren, vielleicht weil wir selbst gern Psychotherapeuten wären. Aber vielleicht ist es ja gerade unsere Aufgabe, etwas zu tun, was andere nicht tun können. Wir müssen unsere eigenen Fähigkeiten entwickeln und uns darauf konzentrieren, *was wir tun können*."

„Meine Schwierigkeit ist", gab ich zu, „dass ich mir nicht sicher bin, was ich tun *kann*. Hier ist ein Mann, der mich um Hilfe bittet, der mir seine Probleme offenbart, und mir ist überhaupt nicht klar, was ich mit diesem ganzen Material tun soll."

„Unter all den Dingen, die er Ihnen erzählt", sagte sie bedächtig, „zeigt er Ihnen seine Unfähigkeit, seine Stellung unter gewöhnlichen Männern und Frauen in der Gesellschaft einzunehmen. Er ist unfähig, seine Familie zu unterhalten oder sogar sich allein. Meinen Sie nicht, dass Sie sich darauf konzentrieren sollten?"

„Okay. Wie kann ich ihm helfen, seine Stellung in der Welt einzunehmen, wenn er emotional zu blockiert ist, um den ersten Schritt zu tun? Es ist ein Teufelskreis. Er kann nicht arbeiten, weil er psychisch gestört ist, und ihm kann nicht geholfen werden, wieder zu arbeiten, bis er emotional stabil geworden ist."

„Dann müssen Sie ihm zu emotionaler Stabilität verhelfen, damit er wieder arbeiten kann."

„Was Sie im Grunde genommen sagen", antwortete ich, „ist, dass ein gewisser Grad von Psychotherapie schließlich doch notwendig ist ..."

149

„Ja, durchaus, aber Ihr Ziel soll nicht sein, seine Symptome zu beseitigen oder seine Erkrankung zu heilen, sondern sich auf seine soziale Rehabilitation zu konzentrieren. Wenn Ihre eigenen Ziele klar sind, finden Sie vielleicht heraus, dass Sie andere Methoden als orthodoxe Psychotherapie benutzen müssen."

* * *

Eines Tages gegen Ende März fragte mich Frank, ob ich bereit wäre, mit ihm im *Friary Park* spazieren zu gehen. Da fiel mir ein, wie er sich benommen hatte, als er zum ersten Mal zu mir kam; wie er es abgelehnt hatte, sich auf den Stuhl zu setzen und sich stattdessen auf die Schreibtischkante gesetzt hatte. Obwohl er während der nächsten Gespräche glücklicher schien, fiel es ihm nie leicht, sich anzupassen. Etwas in der Art und Weise, wie er mich ansah, sagte mir, dass die Bitte, mit mir spazieren zu gehen, wichtig für ihn war; es schien fast, als ob er mich testen wollte, um zu sehen, ob ich mit ihm gehen würde.

In meiner Ausbildung hatte ich gelernt, außerhalb des Lebens und der Probleme des Patienten zu bleiben. Mir wurde von den Lehrern an der Universität immer gesagt, dass eine therapeutische Beziehung keine soziale sein dürfe; dass ich meinen Patienten gegenüber freundlich sein könne, aber dass ich nie deren Freund sein dürfe. Ich erkannte ganz klar die Weisheit dieser Lehre. Allein dadurch war es dem Sozialarbeiter möglich, die sozialen und emotionalen Probleme eines Patienten lösen zu helfen. Die Arbeitsumgebung des Büros oder des Beratungsraumes diente ebenfalls als Schutz gegen diese Einbeziehung. Es half dem

Sozialarbeiter auch, sich ständig daran zu erinnern, dass er zum Helfen da war.

Jetzt musste ich das Problem betrachten, ob eine professionelle Beziehung erhalten bleiben konnte, wenn ich die Sicherheit meines Büros aufgab und mit Frank in eine halb soziale Beziehung trat. Würde ich in der Lage sein, eine ‚soziale' Situation zu benutzen, um ihm zu helfen? Oder hatten meine Lehrer recht, die sagten, dass ich am Ende zu involviert sein würde und ihm daher überhaupt nicht helfen könnte? Die Sache hatte noch eine andere Seite. Die Tatsache, dass er mich bat, mit ihm spazieren zu gehen, zeigte, dass er mir vertraute und dass er mein Freund werden wollte. Ich wusste von dem, was er mir soweit erzählt hatte, dass eine seiner Schwierigkeiten im Leben sein Versagen war, zu anderen Menschen Beziehungen herzustellen. War das nicht eine Gelegenheit, ihm zu helfen, das zu tun, indem ich ihm bewies, dass er erwünscht war?

Wozu war ich eigentlich hier? Wenn ich mich psychiatrischer Gemeindesozialarbeiter nannte, bedeutete das nicht, dass ich die Probleme meiner Patienten innerhalb der Gesellschaftstruktur bewältigen musste, außerhalb von Krankenhäusern und Kliniken? War es nicht möglich, dass meine Lehrer ihre eigenen Techniken auf krankenhäusliche - und klinische Praktiken gründeten, weil sie an sie gewöhnt waren? Wenn ich Sozialarbeiter war, bedeutete das nicht, dass ich den Traditionen der Vorreiter der Sozialarbeit folgen müsste, die gewiss nicht zögerten, am Sozialleben derer, denen sie zu helfen versuchten, teilzunehmen?

Während mir diese Gedanken durch den Kopf schwirrten, saß Frank im Sessel und schaute mich fragend an. Was lag hinter seinem Ersuchen? War sein Motiv positiv? Bat er mich, ihm nach draußen, ausserhalb des Büros zu folgen, weil er mich achtete und mir vertraute, oder versuchte er, mich ins Orbit seines chaotischen Lebens zu bringen und auf diese Weise die Möglichkeit meiner effektiven Hilfe zu zerstören? Ich sagte:

„Ich nehme an, dass Sie außerhalb des Büros zufriedener wären?"

Er bejahte das und sprach über die Schönheit des Frühlings. Aber ich fragte mich, ob er verstand, dass meine Bereitwilligkeit, mit ihm rauszugehen, einem Zweck diente, und dass der Zweck war, ihm zu ermöglichen, sich im Gespräch mit mir freier zu fühlen.

Wir gingen in Richtung *Friary Park,* und eine Weile lang sprachen wir kaum. Aber kurz vor den Toren hielt er an und sagte lächelnd:

„Sie sind ein komischer Mann!"

„Warum?"

„Ehrlich gesagt hätte ich nie gedacht, dass Sie mit mir hinausgehen würden. Ich erwartete, dass Sie mich genauso wie die anderen abschütteln ..."

„Die anderen? Welche anderen?"

„Als ich versuchte, ... als ich ... Sie wissen schon, in den Fluss sprang und ins Krankenhaus gebracht wurde, behandelten mich alle, als ob ich verrückt wäre, als ob ich geisteskrank wäre ..."

„Aber Sie *waren* psychisch krank", sagte ich.

„Sie scheinen nicht zu verstehen, was ich meine. Es stimmt, ich war verrückt, das weiß ich, aber sie hätten mich nicht wie einen Irren behandeln sollen."

Als ich nicht antwortete, hielt er an und sagte gefühlvoll:

„Ich will versuchen, es zu erklären. Nachdem ich ins Krankenhaus gebracht worden war, war die erste Person, die ich am nächsten Morgen sah, ein Arzt, ein Psychiater. Er war groß und dünn und sehr nervös; er schaute mich nicht ein einziges Mal an. Wir saßen in seinem Beratungszimmer in der Aufnahme, und meine Papiere lagen vor ihm ausgebreitet. Auf diesen Papieren stand außer meinem Namen nichts geschrieben. Der Arzt stellte mir dann eine ganze Menge Fragen; er versuchte herauszufinden, was zu meinem Zusammenbruch geführt hatte. „Wann haben Sie zuerst gespürt, dass mit Ihnen etwas nicht stimmte?" „Welche Krankheiten hatten Sie als Kind?" „Warum wollten Sie sich das Leben nehmen?" „Wie ist Ihr Appetit?" „Wie schlafen Sie?" Ich antwortete ihm so ehrlich wie ich konnte und hoffte die ganze Zeit, dass er einmal, nur ein einziges Mal seine Augen von diesen verdammten Papieren heben und mich nicht als Fall, sondern als Menschen ansehen würde. Aber, nein. Er fuhr nur fort, Fragen zu stellen, und je mehr er fragte, umso mehr fühlte ich mich als Versager. Und was für ein Versager! Seine Fragen brachten meine hoffnungslose Situation ans Licht, meinen Wahnsinn; nicht eine Frage betraf etwas Positives in mir. Warum sagte er nicht: ‚Sie sind also ein Mann, der verzweifelt lieben und geliebt werden will‘, oder ‚Mr. Latham, erzählen Sie mir von Ihren Ambitionen im Leben vor Ihrem ersten Zusammenbruch, als Sie noch bei guter Gesundheit und in der Lage waren zu arbeiten.‘ Hätte er mir auch diese Art Fragen gestellt oder mich mit einem Blick wissen lassen, dass er das Gute genauso wie das Negative in mir sah, hätte ich mich mehr öffnen können. Aber er war nicht an meinen Fähigkeiten interessiert, sondern nur an meinen Behinderungen. Und krank wie ich war, wusste ich jedoch, dass mein bisheriges Leben, so unvollkommen es auch war, nicht völlig negativ war. Zu diesem Zeitpunkt lieferte ich die Antworten wie ein Computer. Während ich dasaß und beobachtete, wie er all die Papiere ausfüllte, hatte ich das Gefühl, dass ihm nichts wichtig war; das einzig Wichtige war für ihn, die Antworten zu Papier zu bringen. Ich hatte das Gefühl, dass er zufrieden war, solange er seine Antworten hatte. Ich konnte mich nur wundern, warum Menschen wie er den Beruf des Psychiaters wählten. Kurz bevor er das Interview abschloss, ohne mir ein einziges Mal in die Augen geschaut zu haben, bemerkte ich etwas auf seiner Krawatte. Er muss Eier zum Frühstück gegessen haben, denn ein bischen Eigelb war darauf gekleckert. Das zeigte mir gewissermaßen, dass er letzten Endes ein Mensch war. Aber ist es nicht schockierend, dass die Überreste von seinem Frühstück mich an seine Menschlichkeit erinnerten und nicht seine Augen oder seine Stimme? Verstehen Sie, was ich meine?"

Ich verstand es gut. Ich erinnerte mich an mein eigenes Interview und wusste genau, wovon er sprach. Ich wusste auch, dass der Psychiater in der Aufnahme seine Antworten auf Franks Einwände bereit hätte. Er hätte von Franks Widerstand gesprochen, von seiner Übertragung und von Franks Bedürfnis, ihn in seiner verweigernden Rolle zu sehen; er wäre in der Lage gewesen, alle Antworten aus den Textbüchern zu seinen Einwänden zu liefern; nur hätte er nicht sehen können, dass seine eigene Haltung etwas mit Franks Gefühlen zu tun hatte.

Natürlich widersetzte sich Frank, und selbstverständlich wollte er im Doktor einen positiven ‚väterlichen' Mann sehen, wie er ihn nie in seinem eigenen Leben gehabt hatte. Und es stimmt auch, dass Frank in seiner Ablehnung ein Spiegelbild seiner eigenen vergangenen Tragik sah. All das ist wahr, nur liegt die Wahrheit nicht nur auf *einer* Seite des Schreibtisches.

Frank konnte über diese schmerzhafte Episode mit mir reden, weil ich ihn anders behandelte. Seine Sehnsucht nach einer positiven mänlichen Figur war nicht nur ein Symptom, sondern ebenso Realität, und jetzt sah er in mir die Hoffnung einer solchen Person. Er wollte mehr als Fragen oder Antworten, mehr als Worte. Er wollte geliebt werden, damit er selbst am Ende wieder lieben konnte.

Er führte mich in eine entfernte Ecke des Parks, von wo aus er selbst alles sehen konnte, ohne selbst gesehen zu werden. Ein wenig entfernt spielten Kinder auf den Karussells, während ihre Mütter auf den Bänken saßen und miteinander plauderten. Die Kinder waren laut, glücklich, unbeschwert, und durch ihre Stimmen wurde der Park lebendig. Er beobachtete die spielenden Kinder. Einige Minuten lang sprach keiner von uns.

Während meiner Analyse hatte es Zeiten gegeben, in denen ich meine Analytikerin als Göttin sah. Zu anderen Zeiten erschien sie mir als Mutter oder Schwester oder Vater. Ich konnte sie in diesen Rollen sehen, weil sie distanziert blieb, und ich wusste nichts von ihrem Leben. Ich sah in ihr einen Spiegel meiner Vergangenheit und Gegenwart, entsprechend meiner Phantasien und meiner Sehnsüchte. Aber aufgrund der Tatsache, dass ich mit Frank zusammen im Park war, war ich nicht nur ein Phantasiebild. Ich war ein echter Mann, und er konnte zweifellos eine Menge dieser Realität wahrnehmen in der Art und Weise, wie ich ging oder hustete oder meine Zigarette rauchte, oder in der Art, wie ich auf das reagierte, was er sagte. Doch hinter dieser Realität war auch sein Bedürfnis nach dem Vater, den er nie gehabt hatte. In diesem Moment in *Friary Park* glaubte ich, dass ich eine Brücke zwischen Realität und Phantasie für ihn war, und hatte das Gefühl, dass dies wahrscheinlich mein wichtigster Beitrag für ihn war.

„Sie haben sich einen Ort ausgesucht", wies ich ihn hin, „von wo aus Sie andere sehen können, aber selbst können Sie nicht gesehen werden."

„Ja, das stimmt. Komisch!"

„Komisch? Warum?"

Er dachte einpaar Minuten darüber nach.

„Weil ich das die ganze Zeit tue. Ich sehe gern zu, wie andere glücklich sind, aber ich mag es nicht, wenn die anderen mich unglücklich sehen."

„Wie würden die anderen wissen, dass Sie unglücklich sind, auch wenn sie Sie sähen?"

Es folgte eine lange Stille. Dann sagte er:

„Ich habe darüber noch nie nachgedacht. Ich dachte immer, es wäre mir ins Gesicht geschrieben."

„Aber es ist Ihnen nicht ins Gesicht geschrieben."

„Ich muss gedacht haben, dass sie meine Gedanken lesen konnten."

„Aber niemand kann wirklich Ihre Gedanken lesen."

„Also muss ich meine Gedanken in ihre Köpfe gelegt haben."

„Ich denke, so ist es, Mr. Latham."

Wieder Stille. Ich sagte:

„Sie sitzen dort in Ihrer Ecke wie ein trauriger kleiner Junge."

„Ich fühle mich wie ein trauriger kleiner Junge", sagte er.

„Schauen Sie sie an", er zeigte mit seinen Fingern auf die

Kinder, „sie sind glücklich. Ich war noch nie glücklich. Ich hatte nie eine Mutter wie diese Mütter ... wissen Sie, Mr. H, - macht es Ihnen etwas aus, wenn ich Sie Mr. H nenne? – wissen Sie Mr. H, ich glaube wirklich ... dass, wenn ich in eine Ecke wie diese gehe, ich es tue ... weil ich sie beneide, ich hasse sie sogar ... und ich will nicht, dass sie sehen, wie sehr ich sie hasse ...“

„Und vielleicht denken Sie, dass sie Sie auch hassen?“

„Ja, genau ... ich verkrieche mich in meiner Ecke, weil ich denke, dass sie mich auslachen. Aber das ist alles Quatsch – sie merken noch nicht einmal, dass es mich gibt. Oh je, Mr. H. ... es ist, weil ich denke, sie nehmen von mir keine Notiz, dass ich in meine Ecke gehe, damit ich mir vorstellen kann, sie verspotten mich und hassen mich ... alles ist besser als nicht beachtet zu werden. Ja, das leuchtet ein. Ich scheine meine eigenen Gedanken in diese Fremden zu legen ... wie lächerlich ... das mache ich wohl mit vielen Leuten ... mit den Leuten auf dem Sozialamt, zum Beispiel ...“

„Was ist mit dem Sozialamt?“

„Ich denke immer, wenn ich freitags dorthin gehe, dass sie denken, ich sei verdammt nutzlos. Ich denke, sie wollen, dass ich mich klein fühle ... also schlage ich Krach.“

„Was für einen Krach?“

„Sie wissen schon ...“

„Nein, ich weiss nicht.“

„Na, wenn ich denke, sie wollen, dass ich mich klein fühle, werde ich ausfällig ... ich versuche, dass *sie* sich anstelle von mir klein fühlen. Verstehen Sie?“

„Ja, ich verstehe. Aber Sie legen sicherlich Ihre eigenen Gedanken in ihre Köpfe ...“

„Ich kann das jetzt sehen.“

„Warum arbeiten Sie nicht, Mr. Latham?"

„Ich weiss auch nicht."

„Vielleicht wollen Sie es nicht wissen?"

„Hören Sie, Mr. Heimler, (diesmal nicht Mr. H.), auch wenn ich mich entscheiden würde zu arbeiten, was für eine Arbeit würde mir angeboten? Meistens wäre das Schrott ... ich könnte etwas besseres tun als das ..."

„Was, zum Beispiel?

„Wenn ich die Möglichkeit gehabt hätte, hätte ich ein Experte sein können, ein Arzt oder Ingenieur ... aber *sie* haben mir diese Chance verwehrt."

„Wer? Das Sozialamt?"

Jetzt lachte er.

„Ja."

„Aber das ergibt für mich keinen Sinn."

„Ich will, dass der Mistkerl für meinen Verlust bezahlt."

„Ah, ich verstehe. Sie möchten jemanden für Ihre verpasste Chance verantwortlich machen, und Sie haben das Sozialamt als Ihren Sündenbock gewählt."

„Ja, genau."

Er stand auf und fragte, ob wir ein bisschen weitergehen könnten. Wir begannen in Richtung der Karussells zu gehen, aber sobald wir uns unters Volk mischten, wollte er sich wieder hinsetzen, diesmal ganz in der Nähe der Kinder und ihren Müttern. Merkte er, fragte ich mich, dass das sein erster Versuch war, Teil dieser glücklichen Menge zu sein?

Nach ein paar Minuten sagte er: „Ich will Ihnen etwas sagen, Mr. H. . Ich muss neu anfangen. Ich will versuchen, wieder zu arbeiten, Ihnen zuliebe."

„*Mir* zuliebe?" fragte ich überrascht. „Warum *mir* zuliebe?"

„Weil ich das Gefühl habe, dass Sie meine Arbeitslosigkeit missbilligen, deshalb will ich mein Bestes versuchen."

„Aber warum nicht um Ihrer selbst willen, oder um Ihrer Familie willen?"

„Es wird Ihnen zuliebe sein. Ich werde Ihnen etwas beweisen."

„Was?"

„Ich werde Ihnen beweisen, dass ich Sie nicht im Stich lasse. Ich muss es Ihnen zuliebe tun, weil ich Ihnen vertraue. Mir selbst vertraue ich nicht."

Er sah sich um und sagte mit einem Seufzer:

„Komisch, ich fühle mich jetzt nicht mehr so deprimiert."

* * *

Als Frank eine Woche später zu mir kam, berichtete er, dass er angefangen hatte, als Hausierer für eine Firma in Nord London zu arbeiten. Er schlug vor, dass wir dieses Ereignis in einem nahegelegenen *Pub* an *Tally Ho Corner* feiern.

„Na, was denken Sie?" fing er an, nachdem er unser Bier bestellt hatte. „Ich bin wieder Arbeiter."

Ich sagte, ich sei sehr erfreut, dies zu hören. Wir tranken und ich bemerkte, dass er sein Bier in einem Zug austrank, als ob er großen Durst hätte. Ich äußerte mich dazu.

„Nein, ich habe eigentlich keinen Durst. Ich tue es aus Gewohnheit."

„Sie haben das Bier heruntergeschüttet, fast so, als ob Sie befürchteten, dass es Ihnen jemand wegnimmt."

Bevor er antwortete, schaute er sich vorsichtig unter den anderen Gästen um.

„Gib' ihnen die Möglichkeit, und sie *würden* es dir wegnehmen."

„Das kann nicht Ihr Ernst sein", sagte ich lächelnd. „Erzählen Sie mir nicht, dass jemand dieser Leute hier im Pub auf Ihr Bier aus ist."

„Kinder würden einem alles Mögliche wegnehmen, wenn man ihnen die Möglichkeit gibt."

„Kinder?"

Er zögerte.

„Habe ich Kinder gesagt? Ich meinte Leute."

„Warum Kinder, Mr. Latham?"

Ich bestellte noch zwei Bier, und wieder hatte er seins ausgetrunken, noch bevor ich mich hinsetzen konnte.

„Habe ich ,Kinder' gesagt? ... Komisch ... Sehen Sie, Mr. H., als ich im Kinderheim war" – er hielt beide Hände um sein leeres Glas – „haben die Kinder immer geklaut. Sie haben mein Essen weggenommen, wenn ich nicht hinsah. Eines Morgens wachte ich auf und sah, dass sogar meine Schnürsenkel verschwunden waren, und als ich mich bei den Nonnen beschwerte, haben sie mich verprügelt. Erwachsene unterscheiden sich nicht sehr von Kindern."

Es war ein ganz gewöhnlicher Pub; gewöhnliche Leute saßen herum, und wenn sie uns angesehen hätten, hätten sie nichts Besonderes an uns bemerkt. Auch wenn sie unsere Unterhaltung gehört hätten, wäre sie nicht gänzlich fehl am Platz gewesen, denn in einem Pub werden viele Geheimnisse offenbart. Und doch unterschied sich unser Gespräch von einer normalen Unterhaltung. Der Unterschied lag nicht in der Wahl unserer Worte, sondern in der Situation, die sie offenbarten. Diese ,Interviews' in einem normalen sozialen

160

Rahmen halfen Frank nicht nur, sich zu öffnen, sondern auch, sich mit seiner Umgebung zu verbinden.

Er wiederholte:

„Ja, Mr. H., Erwachsene sind nicht viel anders als Kinder."

Ich trank langsam mein Bier, als er fortfuhr:

„Ich habe während der letzten Wochen viel über Sie nachgedacht, besonders seit letzter Woche. Sie sind in Ordnung – aber *Sie* wollen mir auch etwas wegnehmen."

Ich blickte auf, und als ich ihn fragte, was er damit meinte, sah ich Feindseligkeit in seinen Augen.

„Warum wollen Sie mir helfen, Mr. Heimler? Warum wollen Sie, dass ich arbeite? Weil Sie ein guter Mensch sind, oder weil Sie mit dem Sozialamt Hand in Hand arbeiten, damit der Staat Arbeitslosengeld sparen kann? Ich habe viel darüber nachgedacht. Ich koste dem Staat eine Menge Geld, und der Steuerzahler will sein Geld nicht an die ‚Arbeitsscheuen' verschwenden. Da haben Sie also einen Plan ausgetüftelt, in dem Sie sich listig in mein Herz schleichen ... und bitte schön ... der dumme Frank arbeitet wieder ..."

„Sie misstrauen jetzt also meinen Absichten?"

Mir war klar, dass er entschlossen war, mich auf die Probe zu stellen. Ich merkte es letzte Woche in *Friary Park*, als er sagte, er würde mir zuliebe Arbeit finden. Ich wusste auch, dass er sich darüber ärgern würde, nachdem er sein altes Muster gebrochen hatte, dass er mein Vertrauen in ihn erwidern wollte, indem er mir vertraute. Während meiner Ausbildung habe ich gelernt, dass Liebe und Hass Hand in Hand gehen und dass der Mensch beides ausdrücken muss, wenn er reifen will. Ich lernte das Gleiche während meiner

161

Analyse, als ich merkte, dass meine Feindseligkeit gegen meine Analytikerin keine persönliche Ablehnung war, sondern dass ich sie benutzte, durch sie diejenigen anzugreifen, die ich geliebt und gehasst hatte. Also kam Franks ablehnende Haltung für mich nicht überraschend. Aber seine nächsten Worte waren erschütternd. Er sagte:

„Für Euch Juden bedeutet Geld eine ganze Menge, nicht wahr? Ihr wollt es alle für euch selbst, und es zerreißt euch das Herz, es an einen ‚Goy' zu verschwenden, an einen Heiden. Geld ist für euch Gott."

Ein kalter Schauer lief meine Wirbelsäule hinunter. ‚Geld ist für euch Gott.' Plötzlich, mitten in einem englischen Pub, brachten die Worte dieses leidenden Mannes meine Vergangenheit zurück – das Ghetto, den gelben Stern, den Geruch verbrannten Fleisches über Auschwitz, die anonymen Gräber meiner Familie und unendlich vieler Menschen. Ich versuchte mir einzureden, dass dies eine andere Art Feindseligkeit sei dass es nichts mit mir persönlich zu tun hätte, und doch war ich nicht fähig, mich vom Griff dieses schrecklichen Gefühls zu befreien, das mich total lähmte. Frank fuhr fort:

„Sie wollten, dass ich ehrlich zu Ihnen bin, Mr. Heimler. Jetzt bin ich ehrlich. Ich kann mir nicht vorstellen, dass ein Jude einem ‚Goy' helfen möchte, ohne dass er jemandem etwas abknöpfen will. Seit dem Tag, an dem ihr unseren Herrn gekreuzigt habt, habt ihr anständige Christen Jahrhunderte lang getötet. Deshalb musstet ihr in letzter Zeit so einen hohen Preis bezahlen."

Erinnerungen durchfluteten mich. Ich bin sechs Jahre alt, auf dem Weg zur Schule. An der Kirche ist ein Kreuz mit einem blutenden, leidenden Mann, seine Augen himmelwärts gerichtet. ... ‚Siehst du das?' Ein großer Junge, er ist vierzehn, steht mir im Weg. ‚Siehst du das, du Judenschwein? Das hast *du* ihm angetan.' ‚Du lügst!', schreie ich. ‚Das ist eine Lüge! ...' Meine Nase blutet von seinem Schlag in mein Gesicht, und das Blut durchtränkt mein Hemd. Ich renne, renne. ... ‚Du wurdest geschlagen, Jancsi', sagt der Rektor, Mr. Bonyhadi, ‚weil du Jude bist. Aber du darfst nicht glauben, dass alle Christen boshaft sind. Nein, das darfst du nicht glauben, mein Sohn.' Und er wäscht mein Gesicht.

Im Frühjahr 1941 in Ungarn; Soldaten, unsere ungarischen Soldaten in Uniform, fünfzehn von ihnen, warten, bis ein alter Jude erscheint. Die fünfzehn Männer stürzen sich auf ihn ... ich bin ein stiller, inaktiver Zeuge. ‚Hilfe, Hilfe', rufe ich – aber die Vorübergehenden scheinen nichts zu hören. Der Offizier befiehlt seinen Männern, sich wieder in die Reihe zu stellen: Es ist alles vorbei. Der alte Mann sieht wie eine zerfetzte Puppe aus, die mit roter Farbe übergossen ist. Ich versuche, ihm zu helfen, und er betet: ‚Höre oh Israel, unser Herr, unser Gott, unser Herr ist einzig ... Sein Name sei für immer und ewig gepriesen ...' Er konnte nie wieder laufen. ...

‚Vater, was haben wir getan, um all das zu verdienen?' Mein Vater steht am Fenster und schaut auf die entfernten Hügel *Koszegs*.

‚Was wir getan haben? Ich sage es dir, mein Sohn. Wir haben der Welt die Zehn Gebote gegeben, die Propheten, und auch Jesus. Wir haben der Welt Gesetz und Ordnung gegeben; wir haben der Menschheit den Weg zu einem guten Leben gezeigt. Aber diese Dinge werden uns nicht leicht verziehen. Jedesmal, wenn ein Jude geschlagen wird, wird das Gesetz geschlagen, das wir der Welt gaben. Sei stolz, einem Volk

163

anzugehören, das im Namen von Gerechtigkeit geschlagen wird.'

Bilder kommen und gehen ... schreckliche Bilder kommen jetzt, von Auschwitz, Dr. Mengele ... rechts, links, rechts, links ... Wo ist Gott? Nichts als Blut ist hier ... Wo ist Gott? ‚Gott?' sagt der alte Rabbi. ‚Natürlich ist Er hier, Er leidet und ist jenseits des Leides, ewig. Ob du stirbst oder ob ich sterbe, Er ist immer da. Bete, mein Sohn. Du bist nicht allein ... Tausende sind mit dir. Bete, wie deine Vorfahren es taten, als sie von den Päpsten, den Königen und Prinzen einer wahnsinnigen Welt gepeinigt wurden.'

Die Gegenwart kam langsam zurück – der Pub ... die Menschen ... Frank ... Was soll ich jetzt tun? Soll ich weggehen, mit dem Fluch von zweitausend Jahren? Nein, das kann ich nicht tun. Frank Latham hasst mich, nicht um meinetwillen, sondern weil er selbst unglücklich ist. Oh Gott, gib mir Stärke, das zu sehen. Gib mir Stärke, ihm zu helfen, trotz meiner selbst. Was hat der Prophet Isaiah gesagt? ‚...*So mache ich dich zum Licht der Völker ...*' (Isaiah 49, 6) Oh Gott, hilf mir, ein kleines, flackerndes Licht zu sein, für ihn, für mich selbst. Hilf mir, der ich Verfolgter bin, den Verfolger von seinem Hass zu heilen. Sind wir nicht beide Opfer des Hasses?

Und schließlich sagte ich zu Frank:

„Du versuchst, mir weh zu tun, weil du meinen guten Absichten nicht glauben kannst. Du willst mich testen, um herauszufinden, ob ich dich im Stich lassen werde. Aber ich werde dich nicht enttäuschen. Wir werden diese Sache zusammen angehen."

Seine Augen glänzten, und es war kein Hass in ihnen. Es waren die Augen eines Kindes – verloren, voller Angst und Schuld. Er weinte.

„Verzeihen Sie mir, Mr. H. Ich wusste nicht, was ich sagte. Ich wollte Ihnen nicht wirklich wehtun."

Ein Gefühl von tiefem Frieden kam über mich, wie ich es selten vorher gekannt hatte. Durch diese Tortur hatten wir beide eine neue Bedeutung in unserem Leben gefunden.

* * *

Mehrere meiner Kollegen waren von meiner Arbeit nicht sehr begeistert. Einige von ihnen äußerten ihre Ansicht höflich, andere etwas ungeduldig, nämlich, dass meine Einbindung mit dem Patienten und mein Verwerfen formaler Methoden Zeichen von Scharlatanismus waren und sogar gefährlich sein könnten. Es müsste zwischen persönlichen und professionellen Beziehungen eine Demarkationslinie geben, gaben sie zu Bedenken. Diese Kollegen arbeiteten meist in psychiatrischen Krankenhäusern oder Kinderberatungskliniken, unter Leitung oder in enger Partnerschaft mit einem Psychiater. Ich wiederum warf ihnen vor, dass sie Ärzte imitierten, und unterstellte ihnen viele Gründe dafür. Ich fand, dass sie jetzt Psychotherapie und Wasser anboten, weil sie selbst Psychotherapeuten sein wollten und es nicht sein konnten. Ich behauptete auch, dass sie vom Psychiater abhängig waren, weil sie einen ‚Vater' brauchten, der ihnen sagte, was sie tun und nicht tun sollten. Ich deutete an, dass ich fühlte, es sei ein Zeichen der Unreife, die Dominanz des Psychiaters zu tolerieren. Dann drehten sie den Spieß um und fragten mich, ob meine eigene Einstellung

Psychiatern gegenüber nicht eine infantile Rebellion anzeigte, die wahrscheinlich von der Beziehung mit meinem eigenen Vater stammte. Wir hatten einige stürmische Sitzungen, und für einige Zeit war ich in meinem Beruf nicht allzu beliebt, da ich davon überzeugt war, dass ich recht hatte und sie unrecht. Ich verwarf ihre Kritik des emotionalen Einmischens, indem ich mir sagte, dass meine englischen Kollegen eine mangelhafte Kapazität für Gefühle hätten. Ich bildete mir ein, ein Abweichler zu sein und spielte die Rolle eines missverstandenen Pioniers.

Dann, gegen Ende 1955, traf ich Betty Irvine, eine sehr erfahrene Lehrerin in ihrem Beruf, die einen Abendkurs in der Anwendung analytischer Theorien in *Casework* hielt. Die Diskussionen waren interessant, und zu meiner Verwunderung schien Betty weder von meinen ‚unüblichen' Methoden schockiert zu sein, noch hielt sie mich für einen Häretiker oder einen Scharlatan. Sie sagte in der Tat mehrmals, dass es einen Spielraum von verschiedenen Techniken in psychiatrischer Einzelarbeit gäbe, solange sie wirkten und solange man zu verstehen versuchte, warum sie funktionierten, mit welchen Patienten und in welchen Situationen. Zu meinem Erstaunen schienen die anderen Gruppenteilnehmer zuzustimmen. Darüber hinaus drängten sie mich, meine eigenen Methoden zu bewerten und zu konzeptualisieren. Jetzt, wo ich mich nicht mehr missverstanden fühlte, begann ich, mir Fragen zu stellen, die ich mir bislang nur zur Hälfte gestellt hatte, und ich fing auch an, bessere Antworten zu finden.

Als der Kurs zu Ende war, wollte ich unsere Diskussionen fortführen und Betty weitere Fragen stellen. Ich begann, auf

166

einen gelegentlichen Schwatz in ihrer Wohnung in Hampstead vorbeizukommen.

Eines Abends saßen wir am Feuer beim Kaffeetrinken und diskutierten berufliche Probleme bis tief in die Nacht hinein. Draußen war ein klarer Winterhimmel, und die kahlen Äste der riesigen Bäume zeichneten sich auf einem gefrorenen Mond ab.

„Sie sagen, dass die Menschen Sie nicht verstehen", sagte sie nachdenklich, „aber wie *können* sie Sie verstehen, wenn Sie ihnen nicht darlegen, *warum* Sie die Dinge tun, die Sie tun?"

„Aber ich habe erklärt warum."

Sie hatte die Angewohnheit, für ein paar Sekunden nachzudenken, nachdem man einen Satz beendet hatte. Dann würde sie zustimmend mit dem Kopf nicken, aber das zeigte lediglich an, dass sie verstanden hatte, was gemeint war. Das war manchmal irritierend. Jetzt nickte sie.

„Nein, John", antwortete sie endlich (Meine englischen Freunde, wie Robert in Budapest, konnten meinen ungarischen Namen ‚Jancsi' nicht aussprechen). „Sie erklären nicht wirklich, warum Sie tun, was Sie tun."

„Na ja," antwortete ich, „nehmen wir Frank, zum Beispiel. Ich erzählte Ihnen alle Einzelheiten dieses Falles. Glauben Sie, oder glauben Sie nicht, dass ich das Richtige tat, mit ihm spazieren zu gehen?"

Wieder nickte sie, wartete ein paar Minuten lang, schluckte und sagte:

„Warum meinen Sie, dass es nötig war?"

Ich war ein wenig genervt. Ich hatte ihr bereits erzählt, dass Frank die Atmosphäre meines Büros hasste, dass er in keinen festgelegten Rahmen passte. Warum sollte ich all das noch einmal wiederholen?

„Ich denke", sagte sie, „dass das noch nicht ganz alles ist. Wollte er nicht Ihre Gefühle testen, Ihre Freundschaft? Fühlten Sie nicht, dass er sehen wollte, ob Sie sich wirklich von anderen Psychiatern, die ihn nicht ansahen, unterscheiden? Sie sind eigentlich nicht in erster Linie mit Frank ausgegangen, nur weil es für ihn einfacher sein würde, sondern weil Sie ihm beweisen wollten, dass Sie vertrauenswürdig sind."

„Ja."

„Nun denn", fuhr sie nach wenigen Sekunden fort, „Sie haben sich dafür entschieden, nicht zu interpretieren, warum er den Wunsch, mit Ihnen hinauszugehen, äußerte, wie es einige Ihrer Kollegen getan hätten, sondern Sie hatten beschlossen zu tun, worum er Sie gebeten hatte. Mit anderen Worten, haben Sie ein kleines Psycho-Drama ausgespielt, weil Franks extremes Mistrauen ihn Menschen gegenüber unfähig machte zu glauben, was sie sagen. Frank scheint einer dieser Menschen zu sein, für Taten lauter sprechen als Worte. Zweifellos fühlten Sie, wie Sie sagten, dass es unmöglich sein würde, Worte zu finden, die Franks Vorbehalte entkräften können, und der einzige Weg, sie zu mildern, war, durch Ihre Taten etwas zu beweisen."

Sie hatte natürlich recht. Sie erzählte mir nichts Neues über meine Motive; eher half sie mir, sie in Worte zu fassen. Diese Fähigkeit, meine halb verdauten Gedanken und Gefühle zu verbalisieren, war zu dieser Zeit Bettys hauptsächlicher Beitrag für mich. Sie fuhr fort:

„Und welche Gedanken hatten Sie im Park?"

Ich erzählte ihr von meiner Unterhaltung mit Frank.

168

„Naja, mir scheint, dass es doch ein professionelles Gespräch war, wenn auch der Rahmen kein konventioneller war. Es war keineswegs ein normales soziales Ereignis, stimmt's?"

„Aber ich habe nicht im herkömmlichen Sinn interpretiert."

„War es keine Interpretation, als Sie auf seine Wahl des Platzes hinwiesen? Nein, ich weiß, was Sie meinen, Sie haben auf sein Verhalten hingewiesen, das symbolisch für sein ganzes Leben war, und er erkannte es als solches, und das schien auszulösen, dass er seine Motivation selbst erklärte, ... aber es unterscheidet sich eigentlich gar nicht so sehr von der gewöhnlichen Methode, stimmt's? Sie streben immer noch an, ihm zu helfen, Einsicht zu erlangen, mit einer etwas anderen Vorgehensweise."

„Ja, aber ich denke, es ist wichtig, dass ich *Verhalten* interpretiere. Ich gehe mit ihm in eine soziale Situation. Dann kann ich seine Probleme in Aktion sehen und mache ihn darauf aufmerksam."

„Ja, und dann gaben Sie eine andere Art von Interpretation, als Sie sein Verhalten auf seine frühen Erlebnisse bezogen; genauso, wie Sie es im Büro getan hätten. Also ist der Unterschied eigentlich, dass Sie, anstatt zu interpretieren, was er Ihnen über seine sozialen Kontakte *erzählt*, über Episoden, die wirklich in der Vergangenheit liegen, sein soziales Verhalten interpretieren, wie es in der Situation *erfolgt*. ... Das hat ihn Ihnen viel näher gebracht, nicht wahr? Sie hätten die Vertrautheiten wahrscheinlich im Büro nie gehört ... und wahrscheinlich wären Sie diesen anti-semitischen Ausbrüchen auch nie ausgesetzt gewesen. Er hätte sich mit Ihnen nicht sicher genug gefühlt, und Sie wären

169

für ihn nicht so wichtig gewesen; er hätte Sie nicht solch einem drastischen Test aussetzen müssen."

„Ich werde Ihnen etwas anderes erzählen", sagte ich und zündete eine Zigarette an, „ich hätte es nicht so stark gefühlt, wenn es im Büro passiert wäre. Es gab da einen grauenhaften Moment im Pub, als ich es sehr bedauerte, nicht in der Sicherheit meines Büros zu sein; das war der Moment, in dem ich voller dieser Erinnerungen war, die er in mir aufgewühlt hatte, und voller Schmerz, den ich fühlte. Bevor ich das erste Mal mit ihm ausging fühlte ich ebenfalls, dass das ganze Setup des Büros, des Schreibtisches, meines Stuhls, des Stuhls des Patienten, die familiäre und doch auch unpersönliche Atmosphäre, notwendige Puffer gegen zu viel Beteiligung sind. Aber ich denke immer noch, dass es Patienten gibt, denen man nicht helfen kann, ohne diesen Schutzraum zu verlassen, obwohl man sicherlich angestrengter arbeiten muss, es nicht persönlich zu nehmen und sich zu erinnern, dass es alles ein Teil des Problems ist. Das ist es, was es von einer normalen sozialen Situation unterscheidet."

„Aber können Sie sehen, warum es nicht sinnvoll ist, von allen anderen zu erwarten, auch auf diese Weise zu arbeiten? ... Schließlich haben nicht viele Menschen Auschwitz überlebt. Ich denke, es gibt genug Patienten, denen in traditioneller Weise geholfen werden kann, meinen Sie nicht? Andererseits sind Sie nicht der Einzige, der mit unkonventionellen Methoden experimentiert. Erst neulich sah ich einen Artikel von zwei Leuten, die auf ähnliche Weise arbeiteten und dachten. Und ich denke nicht, dass es vernünftig ist, von den Übrigen zu erwarten, sich dieser Art von Stress, wie Sie ihn im Pub erlebten, auszusetzen. Und noch dazu ohne Unterstützung eines erfahrenen psychiatrischen Sachverständigen, der Ihnen übrigens mit Ihren eigenen Emotionen hätte helfen können, - aber das nur am Rande. Ich denke, Sie haben da etwas Besonderes, aber Sie können von anderen nicht erwarten, diese Methode auch anzuwenden, oder von Lehrern, sie zu lehren, bis Sie sie wesentlich klarer beschrieben und die Unterschiede erklärt haben, und warum Sie fühlen, dass dieses Verfahren für gewisse Patienten nützlicher ist. Vielleicht sollten Sie einen Artikel darüber schreiben."

* * *

Während ich an diesem Abend nachhause fuhr, dachte ich an vielerlei Dinge. Bettys Versuch, Klarheit in meine Gedanken zu bringen, hatte eine Sperre geöffnet, und jetzt flutete durch die Öffnung ein Schwall von Gedanken, die meine Arbeit betrafen. Als ich über *Hampstead Heath* fuhr, fiel mir die Episode mit dem Schlüssel auf dieser Heide vor vielen Jahren ein. Wie meine Probleme sich doch jetzt von den damaligen unterschieden! Ich dachte an meine zahlreichen Patienten und an die schmerzhafte Tatsache, dass es so viele Dinge gab, die ich noch nicht verstand. Warum, zum Beispiel, brechen Frauen manchmal zusammen, wenn ihre Männer genesen? Warum stehen Väter oft einer emotionalen Krise gegenüber, wenn ihre Kinder erfolgreich behandelt wurden? Welche geheime Bindung verbindet Familienmitglieder miteinander? Ist es möglich, dass die Behandlung eines Individuums anderen, die nicht behandelt werden, Schaden zufügen kann, oder sollte man die ganze Familie behandeln, und wenn ja, wie?

171

Die Heizung in meinem Auto funktionierte nicht, und es war sehr kalt. An der Windschutzscheibe bildete sich Beschlag, und ich musste anhalten, um ihn abzuwischen. Er wies mich darauf hin, wie wenig ich tatsächlich weiß, wieviel meines professionellen Lebens noch vom Nebel verschleiert war. Würde ich mit den Jahren weiser werden?

‚Das Kind ist des Mannes Vater.' Das war eines der Äußerungen, mit der ich mich in meiner Prüfungsarbeit befasst hatte, als ich mich zum psychiatrischen Sozialarbeiter qualifizierte. Jetzt, mitten in der Nacht in *Hendon Central* fragte ich laut: „Wenn das Kind des Mannes Vater ist, wer ist die Mutter?" Ein Polizist, der auf einem Motorrad vorbeifuhr, schaute mich komisch an, und ich wurde rot bei der Vorstellung, dass er mich, - mit mir selbst redend - , für verrückt hielt. Was formt einen Menschen, außer seinen Kindheitserfahrungen? Wo, in der Tat, ist die ‚Mutter'?

Ich besuchte oft eine alte Dame in *Crouch End*, die allein in einem großen viktorianischen Haus lebte. Ihre Spitzengardinen, verblichenen Teppiche und Möbel waren alle Zeugen einer vergangenen Zeit. Ihr Mann war einige Jahre zuvor gestorben, und ihr Geld wurde knapp. Eines Tages erkannte sie, dass, wenn sie ihr Haus behalten wollte, sie einige Zimmer vermieten müsste. Sie begann mit dem Untergeschoss. Es war hübsch dekoriert, und schließlich zog dort eine Familie ein. Der Mann arbeitete in einer Fabrik und die Frau hatte eine Teilzeitarbeit in einer Kantine; die beiden Kinder, um die zwanzig, hatten auch Arbeit. Es war eine glückliche Familie, und sie hatten genug Geld für Vergnügungen. Während sie Samstagabends fernsahen, gab es genügend Bier für alle, und ihr Gelächter war laut und glücklich. Aber diese fremden Geräusche veränderten nicht

172

nur die Atmosphäre in dem alten Haus, sie verletzten auch die alte Dame. Allein und unglücklich, entwickelte sie mit der Zeit die Vorstellung, dass diese Fremden absichtlich versuchten, sie mit ihrer unbeschwerten Lebensart zu ärgern. Wenn sie Mozart oder Beethoven hören wollte, drang die Stimme von *Tommy Steel* von unten herein. Als dann später die obere Hälfte des Hauses vermietet war, fühlte sie sich wie ein Flüchtling in ihrem eigenen Haus. Die Leute, die oben wohnten, hatten Teenager-Söhne, deren Hauptbeschäftigung es war, sich über das Motorrad zu streiten, das vor dem Haus geparkt war. Die alte Dame konnte jedes Wort –von unten und von oben – hören, und zu Zeiten meinte sie, wahnsinnig zu werden. Und das geschah tatsächlich. Sie beschwerte sich bei ihrem Arzt, dass all diese Leute gegen sie seien, dass sie ihren Tod wollten, damit sie das ganze Haus übernehmen könnten. Sie, die ihr ganzes Leben lang so sanft und ruhig gewesen war, wurde jetzt intolerant und unhöflich. Wenn das Motorrad abends auf Hochtouren lief, würde sie aus dem Fenster brüllen: ‚Lasst diesen Lärm! Ruhe!' Wenn Radio oder Fernsehen liefen, würde sie an die Tür oder gegen die Decke pochen. Diese ‚Paranoia' war nicht nur das Ergebnis ihrer Kindheitsprobleme, sondern resultierte auch aus einer veränderten Zeit, in der ihr Geld knapp war und deshalb diese Fremden in ihrem Haus wohnen mussten. Dass der Grund für einen emotionalen Zusammenbruch oder eine psychische Krankheit in Umweltbelastungen liegen kann, gab mir, als ich zuhause ankam, einen Hinweis darauf, wer die ‚Mutter' sein könnte. Wenn das Kind der Vater des Menschen war, dann ist die Gesellschaft zweifellos die Mutter.

* * *

173

Eines Nachmittags saß ich mit einem Freund in einer Espresso Bar in *Golders Green,* und wir plauderten über unsere Vergangenheit. Viele Leute saßen um uns herum, die meisten von ihnen Ausländer – denn *Golders Green* war und ist immer noch eine ‚ausländische Insel auf dem britischen Meer'. Mein Freund fragte mich, ob die Polizei Menschen nachspionieren würde, um ihre politische Einstellung zu entdecken. Ich sagte, das wäre unwahrscheinlich, weil die Polizei in England nur Kriminelle ‚bespitzelt'. Wir sprachen ziemlich laut, und ich sah mich um, weil ich befürchtete, dass wir das Interesse anderer Besucher in der Espresso-Bar geweckt haben könnten, aber kein einziger drehte sich um. Ich sagte zu meinem Freund: „Ich wette, wenn wir diese Unterhaltung sechs Meilen entfernt von hier hätten, wären wir der Mittelpunkt des Interesses." Dann sagte ich zu ihm: „Sag' nochmal, so laut du kannst, dass du befürchtest, du würdest von der Polizei verfolgt." Er tat es, und eine Frau in den fünfzigern drehte sich flüchtig um, aber sonst nahm niemand Notiz von uns. Wir schlossen daraus, dass die meisten dieser Menschen in ihrer Vergangenheit Verfolgung erfahren hätten, - in Deutschland unter den Nazis oder in Osteuropa unter den Kommunisten. Um unseren Standpunkt zu beweisen, fuhren wir nach *Southgate* und genossen eine Tasse Tee in einem Teeladen, umgeben von Damen und ein oder zwei Herren aus dem Mittelstand. Mein Freund sagte wieder: „Manchmal glaube ich, dass die Polizei hinter mir her ist." Diesmal drehten sich alle zu uns um, und alle schauten uns mit eisiger Stille an, als ob wir Kriminelle der schlimmsten Sorte wären. Nicht einer von ihnen wusste aus Erfahrung, dass unschuldige Menschen von der Polizei verfolgt werden können. Hier gab es immer einen guten Grund dafür, dass die Polizei hinter jemandem her war.

Nach diesem Ereignis fiel mir ein, dass eine Gegend wie *Golders Green* jemanden mit Verfolgungswahn leichter akzeptieren würde. Ich fragte mich, ob ein kontinentaler Arbeitgeber, zum Beispiel, einen Mann mit paranoiden Ideen eher tolerieren würde als ein britischer Arbeitgeber, der noch nie Verfolgung erlebt hat. War es möglich, dass jemand, der wirkliche Verfolgung erlebt hat, weniger Angst vor einem psychisch Kranken mit Verfolgungswahn hätte? Ich konnte meine Theorie erfolgreich testen, als ich einem Mann mit solch einer Wahnvorstellung (an der er siebzehn Jahre lang gelitten hatte) einen Arbeitsplatz verschaffte, den er immer noch hat. Sechs Meilen entfernt, in *Southgate*, hätte dieser Mann für einen britischen Arbeitgeber eine Bedrohung dargestellt und der Test hätte nicht durchgeführt werden können.

Kapitel XI

Während des folgenden Jahres arbeitete Frank Latham als Hausierer. Der alte Teufelskreis war jetzt gebrochen, und zum ersten Mal seit langer Zeit war er in der Lage, Frau und Kind finanziell zu versorgen. Zuerst war Evelyn, seine Frau, erleichtert und glücklich über diese Veränderung, aber allmählich wurde sie deprimiert und unruhig, und aus ihr unverständlichen Gründen hatte sie Weinanfälle. Frank, der während des Jahres ständigen Kontakt zu mir aufrechterhalten hatte, bat mich jetzt, mit ihr zu sprechen.. Er hatte das Gefühl, dass zum gegenwärtigen Zeitpunkt seine Frau meine Hilfe vielleicht mehr benötigte als er.

Dementsprechend besuchte ich Evelyn, die ich erst ein- oder zweimal gesehen hatte, vor etwa einem Jahr, als Frank angefangen hatte zu arbeiten. Diesmal hatte ich mehr als einen Grund, mit ihr zu sprechen, denn aufgrund ihrer Depression und ihrer Unfähigkeit, ihren Mann zu lieben, fühlte Frank jetzt, dass er sie nicht mehr brauchte. Er hatte eine andere Frau getroffen.

Evelyn war ein uneheliches Kind und wusste nichts über ihre Eltern. Sie war von einem Onkel und einer Tante, wie sie sie nannte, aufgezogen worden, die ihr aber nie erzählt hatten, wie sie zu ihnen gekommen war. Es gab ein stilles Geheimnis, was ihre Herkunft betraf, so, als ob es eine schreckliche Krankheit gewesen wäre, und während der Jahre gewöhnte sie sich daran, nicht zu fragen. Onkel und Tante waren gut zu ihr gewesen, und sie sprach mit wirklicher Zuneigung von ihnen; und dennoch hatte sie immer das Gefühl, dass etwas fehlte. Ihr Leben lang hatte sie etwas gesucht, ohne zu wissen, wonach sie suchte.

„Es ist, als ob man schwanger sei, wissen Sie", sagte sie zu mir, „und man verlangt nach einem bestimmten Essen, ohne zu wissen, was es ist. Als wir neu verheiratet waren, dachte ich, ich hätte es endlich gefunden, aber das war es auch nicht, was ich suchte. Als das Baby, ankam dachte ich, ich hätte es gefunden; nach wenigen Wochen merkte ich jedoch, dass es auch dies nicht war. Als Frank krank war und mich brauchte, wie ein Kind seine Mutter braucht, dachte ich, ich hätte es gefunden, indem ich ihm half, aber jetzt braucht er mich nicht mehr, und ich fühle mich unvollkommen. Es ist entsetzlich zu sagen, dass, obwohl ich Ihnen dankbar bin, es Zeiten gibt, wo ich Ihren Namen verfluche, weil Sie mir etwas weggenommen haben."

Ich fragte sie, was ich ihr weggenommen hätte, und als sie nicht antwortete, fragte ich sie, ob sie vielleicht von mir enttäuscht sei, weil Frank sie jetzt weniger brauche. Sie antwortete, das sei so, aber allein ihr Eingeständnis darüber versetze ihr einen Schrecken und verursache ihr Schuldgefühle.

„Manchmal habe ich das Gefühl", fuhr sie fort, „als ob ich wegrennen möchte. Raus in den Schnee und den Regen und in die Kälte, zu einem Ort, wo ich finden kann, was ich verloren habe. Irgendwie glaube ich, dass es solch einen Ort gibt. Früher bin ich zur Kirche gegangen, aber ich konnte es dort auch nicht finden. Ich glaube, dass Tod diesem Ort am nächsten liegt. Irgendwie stelle ich mir vor, dass Tod ein wunderschöner Ort sein muss. Wie ein traumloser Schlaf. Das Ende von allem."

Wir hatten viele solcher Gespräche, jedoch ohne ein sichtbares Ergebnis. Aber inzwischen hatte ich gelernt, dass das gesprochene Wort nicht immer das Herz erleichtert. Ich musste auf den Frühling warten, in mehr als einem Sinn.

Es war zu dieser Zeit, als Frank zu mir kam und mir erzählte, dass er sich in eine andere verliebt hatte. Er sagte, Evelyn wolle ihn krank und abhängig haben und dass sie selbst krank sei, weil es ihm gut ging. Aber jetzt wollte er nicht mehr bemuttert werden; er wollte sich als Mann fühlen. Und so war das Unvermeidliche geschehen; er hatte eine verheiratete Frau getroffen, die mit ihrem Mann unglücklich war, und er glaubte, er hätte gefunden, was er vom Leben wollte: jemanden mit Sex-Appeal, eine richtige Frau, die ihn als Mann begehrte. Diese Beziehung war für mich das Indiz, dass Frank nun das emotionale Babystadium überschritten und Evelyn ihren Zweck, für den er sie geschaffen hatte, ausgedient hatte. War es möglich, fragte ich mich, dass diese Affaire der Wendepunkt in der Beziehung zwischen Mann und Frau sein könnte? Könnte Evelyn sich jetzt zu einer Frau entwickeln, die ihren Gefährten brauchte? Frank hatte ihr von seiner Affaire erzählt. Jetzt musste sie der Tatsache ins Auge schauen, dass sie entweder ihren Mann als Mann begehren musste oder dass ihre Ehe für immer vorbei war.

Im Wettbewerb mit der unbekannten Frau fand Evelyn am Ende, wonach sie gesucht hatte. Jetzt erlaubte sie sich, das zu sein, was sie schon immer sein wollte, jemand, der es wagte, sich selbst zuliebe ihre Rechte zu verlangen. Während dieser Wochen veränderte sie sich auf dramatische und wunderbare Weise. Wie der Frühling seine Blumen hervorbringt, wie die Erde vom mysteriösen Saft des Lebens gesegnet ist, begann Evelyn mit neuem Leben zu vibrieren.

Sie öffnete schließlich ihr Herz und ihren Körper einer Liebe, die sie vorher noch nicht gekannt hatte.

Für Frank und Evelyn war das der Anfang eines neuen Weges, auf dem sie gemeinsam gehen konnten, weil sie die Liebe fanden, die sie sich so lange gewünscht hatten.

Jetzt konnte ich mich langsam aus ihrem Leben zurückziehen und ins Leben anderer eintreten.

* * *

In diesen Jahren gewann ich nicht nur mehr Selbstvertrauen. Die Befriedigung, die ich von meiner Arbeit erhielt, durchdrang mein ganzes Leben. Ich hatte endlich den Frieden und die Sicherheit gefunden, die ich schon so lange gebraucht hatte. Ich fühlte, dass meine Wurzeln mehr in die Tiefe gingen, dass ich endlich hier in England mein zuhause gefunden hatte.

Dann erreichte mich Ende Oktober aus hunderten Meilen Entfernung, im Schatten der Karpaten, die Nachricht von der ungarischen Revolution. Ich war erschüttert. Im Geiste befand ich mich wieder auf der blutbefleckten Erde, die in der Vergangenheit so viele Revolutionen gegen Unterdrücker erlebt hatte. Es schien fast, als ob ein Teil von mir auf den Straßen Budapests kämpfte. Und als es den russischen Tankern und Maschinengewehren schließlich gelang, die viertägige Freiheit zu unterdrücken, war ich aufgrund des Schicksals meines Heimatlandes gramerfüllt und gebrochen. Aber mein Kummer betraf nicht nur das Ergebnis der erfolglosen Revolution; ich hörte Nachrichten, dass während dieser kurzen Zeitperiode die Elemente, die versucht hatten, uns während des Krieges zu vernichten, wieder aktiv wurden.

Während die Mehrheit der Ungarn aufrichtig Freiheit und eine neue Lebensweise wollte, war eine Minorität von Nazis aus ihren Rattenlöchern gekrochen, um zu beenden, was sie während des Krieges begonnen hatten.

Jetzt entschloss ich mich, ein Buch über meine eigenen vergangenen Erlebnisse zu schreiben, im Namen von diesen misshandelten und ermordeten Millionen, die nicht länger für sich selbst sprechen konnten, und so nahm mein erstes Buch, *Night of the Mist*, *(Bei Nacht und Nebel)* langsam Gestalt an. Die Bitterkeit und der Schmerz meiner noch offenen Wunden floss in diese Seiten. Ich arbeitete eine Nacht nach der anderen, manchmal bis in die frühen Morgenstunden. Seltsamerweise war ich nie müde, und nach ein paar Stunden Schlaf konnte ich meinen Tag wieder erfrischt beginnen. Lily an meiner Seite war die Trennungslinie zwischen Vergangenheit und Gegenwart, und es war ihre Gegenwart, die es mir ermöglichte, meine Augen in unbeschwertem Schlaf zu schließen.

Schließlich, am 24. Oktober 1957, fast ein Jahr nach der ungarischen Revolution, stand ich, das Alte Testament in meiner Hand haltend, vor dem Kommissar der Eide in *Hendon* und schwor den Treueeid:

,Ich, Jeno Heimler, bekannt als Eugene Heimler, schwöre beim Allmächtigen Gott, dass ich treu sein werde und wahre Treue schwöre auf Ihre Majestät Königin Elizabeth der Zweiten, Ihren Erben und Nachfolgern, dem Gesetz zufolge.'

Zum ersten Mal in meinem Leben hatte ich die gleichen Bürgerrechte. Das waren Jahre fieberhafter Aktivitäten, in

180

welchen meine Arbeit, mein Buch und auch mein Versuch bei der Hilfe des Aufbaus einer Jüdischen Gemeinde mein Leben voll beanspruchten. Meine Gelegenheit, das letztere zu tun, bot sich an, als eine kleine Jüdische Gemeinde in der neuen Stadt von *Harlow* in *Essex* Hilfe brauchte.

Ich war nicht völlig ungerüstet für diese wichtige Aufgabe. Ich hatte eine religiöse Herkunft , und vom Alter von vier Jahren an hatte ich an Hebräischunterricht teilgenommen. Später, in meinen Teens, besuchte ich die örtliche Talmud Torah Schule, wo ich unsere uralte Literatur studierte. Ich konnte Hebräisch so gut wie Ungarisch lesen, und vor einigen Jahren konnte ich die Bibel aus dem Original in meine Heimatsprache übersetzen. Jetzt wandte ich noch einmal das an, was ich als junger Mann gelernt hatte. Freitagabends würde ich in die Gemeinde fahren, um die Sabbath-Gottesdienste zu halten und die Lieder meines Volkes zu singen; Lieder, die die Leiber meiner gefolterten Vorfahren überlebt hatten, denen, im Gegensatz zu mir, nie eine geschützte Ecke in einer sogenannten christlichen Welt gewährt worden war. Die gleichen Worte und Melodien, die in den Ghettos vergangener Jahrhunderte gesungen worden waren, erklangen jetzt noch einmal in einer modernen englischen Stadt in der Mitte des zwanzigsten Jahrhunderts und verkündeten unseren ungebrochenen Glauben an Gott und unsere Hoffnung auf ein besseres Leben. Da begriff ich, dass unser Überleben kein Zufall war. Der Mensch kann den Körper eines Menschen zerstören, aber kein Mensch kann seine Seele vernichten. Mein kleiner Beitrag in *Harlow* war für mich ein wahrer Sieg über meine früheren Feinde, - über die, die glaubten, sie könnten uns vernichten.

181

Wenn ich heute diese Worte schreibe, erkenne ich, warum ich all das tat, was ich in diesen Jahren getan habe. Nicht allein aus Glauben, sondern aus Angst und Schuld versuchte ich wieder aufzubauen, was zerstört worden war, und indem ich das tat, heilte ich langsam meine eigenen Wunden. Dadurch, dass ich soviel wie mir möglich war ausdrücken konnte, atmete ich neues Leben in mich hinein- und in die, die mein Leben brauchten.

* * *

Als England nach der ungarischen Revolution tausenden von Flüchtlingen ihre Tore öffnete, bot ich verschiedenen Flüchtlingsorganisationen für einen Nachmittag in der Woche an, sie bei einigen der voraussichtlichen Probleme in Verbindung mit den Flüchtlingen, die einen neuen Lebensweg suchten, zu unterstützen. Ich tat das, weil ich wusste, dass es nicht viele Ungarisch sprechende Sozialarbeiter gab, und weil ich erkannte, dass die Handhabung und das Verstehen von Flüchtlingen eine komplexe Angelegenheit war. Einige dieser meiner ehemaligen Landsleute waren verstörte Menschen, die sich in ihrer neuen Umgebung nicht zurechtfinden konnten; einige waren psychisch krank und benötigten Behandlung; und viele waren von einer fremden Kultur verwirrt und völlig ratlos, wie und wo sie anfangen sollten. In vielen Fällen waren Familien geteilt, und die Betroffenen fanden es schwer, ihr Leben ohne ihre Angehörigen fortzuführen. Es kamen auch ein paar Abenteurer an, die glaubten, in der Themse würde Gold fließen; andere waren Faschisten oder Kommunisten, die dachten, hier sei alles erlaubt, und welche Freiheit mit

Freibrief verwechselten. Da ich ihre Heimatsprache sprach, vertrauten sie sich mir alle an, und ich versuchte, ihnen mit Wort und Tat zur Seite zu stehen, indem ich ihnen die neue Kultur erklärte und meinen britischen Kollegen ihre Bedürfnisse übersetzte. Ich fand diese Nachmittage absorbierend, bis ich eines Tages im Winter 1956 einem jungen Mann Anfang zwanzig begegnete, der Selbstmord begehen wollte. Ich hatte andere mit Selbstmordgedanken getroffen, aber dieser junge Mann war besonders merkwürdig, da er die geistige Gesundheit derer, die leben wollten, infrage stellte. Er war ziemlich schmal, dünn und blass; er trug einen ausgebesserten Regenmantel, als er zitternd vor mir saß. Er wohnte in einem möblierten Zimmer nahe *Paddington Station*. Der Raum war klein und kalt, und von einem Tag zum anderen begegnete er keiner Menschenseele, zu der er hätte sprechen können. Er fühlte sich nicht nur von anderen in dieser fremden neuen Welt abgeschnitten, weil Nachbarn und Fremde ihre eigenen Probleme hatten und nicht besonders freundlich waren, sondern auch, weil er kein Englisch sprach.

„Ich fühle mich", sagte er, „genauso wie während des Krieges, als Mutter und ich uns vor den Nazis versteckten."

Ich fragte ihn, ob er sich vor den Nazis versteckt hatte, weil er Jude war.

Er schüttelte seinen Kopf.

„Nein, ich bin kein Jude. Mutter war eine geborene Jüdin, aber Vater war katholisch. Er war Offizier in der ungarischen Armee und ist im Krieg gefallen. Wir wohnten im *Jozef Boulevard*, und es wäre alles in Ordnung gewesen, aber Mutter sah jüdisch aus. Ich werde niemals vergessen ..." er starrte weiter vor sich hin ins Nichts ... „ich habe es vom Fenster aus gesehen. Ich sah den Bastard mit der Swastika am

Arm sein Gewehr heben. Ich sah Mutter ihren Ausweis zeigen, und dann sah ich sie niedersinken und den Bastard lachend über ihr stehen. Ich muss zu dieser Zeit zehn Jahre alt gewesen sein."

„Was geschah dann mit Ihnen?"

„Freunde versorgten mich, und dann, als der Krieg zu Ende war, hatte ich eine Lehrstelle als Ingenieur."

„Interessiert Sie Maschinenbau?"

„Eigentlich nicht."

„Warum haben Sie dann diese Ausbildung gewählt?"

„Ich habe es mir nicht ausgesucht. Mein Vormund hat es gewählt. Er war Ingenieur."

„Und was geschah dann, nachdem Sie Ihre Lehre beendet hatten?

„Da habe ich gearbeitet."

„Hatten Sie viele Freunde?"

„Ein paar."

„Auch Freundinnen?

Gyuszi wand sich von mir ab, und zum ersten Mal, seit unser Gespräch begonnen hatte, sah ich eine emotionale Reaktion. Er weinte leise, und ich unterbrach ihn nicht. Ich war erleichtert, dass er Gefühle zeigen konnte, aber ich war auch alarmiert, weil ich nicht viel über diesen jungen Mann wusste.

Minuten vergingen. Schließlich sprach er wieder.

„Ich traf Gizi 1953. Es war August. Sie war Studentin an der Universität und kam mit einer Gruppe anderer Studenten in unsere Fabrik. Da fand ein Partei-Gespräch statt und danach leitete sie eine Gesprächsgruppe. Ich erinnere mich, dass ich ihr einpaar Fragen stellte. Ich fragte sie, wer den Parteiapparat manipulierte; wer die Parteipolice formulierte;

wie die Partei im Namen der Arbeiterklasse fungieren könne, wenn die Menschen lediglich von den Entscheidungen informiert würden. Ich erinnere mich, dass Gizi mir antwortete, aber ich weiß nicht mehr, was sie eigentlich sagte – nur, dass sie hübsch war und ich liebend gern mit ihr ausgehen wollte. Danach brauchte ich mehrere Tage, ihre Adresse zu finden, und dann trafen wir uns. Sie war die erste Frau, die ich jemals geliebt habe."

Gyuszi unterbrach sich wieder, als ob er unentschlossen wäre, weiter zu sprechen.

„Wir trafen uns regelmäßig", fuhr er schließlich fort, „mindestens einmal die Woche, und wir sprachen offen miteinander über unsere Zweifel, über *Rakosi*, über *Stalin* und über russischen Imperialismus. Wir sprachen auch über Dichtung und Liebe. Eines Nachts ziemlich spät, nachdem ich den Abend mit Gizi verbracht hatte, ging ich nachhause in mein Quartier. Ich öffnete meine Tür und wollte Licht anknipsen, da hörte ich aus dem dunklen Raum jemanden sprechen: ‚Wenn ich du wäre, Kamerad, würde ich kein Licht anmachen.' Ich konnte daraus nicht klug werden. Zuerst dachte ich, es wäre ein Einbrecher, aber was würde ein Einbrecher in meiner Wohnung suchen? Dann ging mir durch den Kopf, dass, wenn es ein Einbrecher war, er einen komischen Humor haben musste, mich ‚Kamerad' zu nennen.

„Der Schein einer Taschenlampe schien mir ins Gesicht und blendete mich, und die Stimme sprach mich erneut an:

„‚Vielleicht bist du so freundlich, dich hinzusetzen.' Ich setzte mich und fragte: ‚Wer zum Teufel glaubst du bist du? Was für eine Art von Witz soll das sein?' Jetzt lachte eine andere Stimme im Hintergrund und sagte zum Ersten: ‚Hast du das gehört, er will wirklich wissen, wer wir sind.' Dann lachten sie wieder. Da wurde mir klar, dass das kein Witz war. „‚Wir werden ein kleines Schwätzchen halten,' sagte der Inhaber der ersten Stimme. ‚Nur ein kleines Schwätzchen, das ist alles.' Dann sagte er ernst: ‚Wir sind Mitglieder der Politischen Polizei und wollen Ihnen ein paar Fragen stellen.'"

Gyuszi unterbrach wieder seine Erzählung und starrte verständnislos vor sich hin. Lange Zeit saß er unbewegt da, dann fuhr er mit seiner Geschichte fort, diesmal ungehinderter.

„Ich fragte die Polizisten, was ich für sie tun könne und mir wurde gesagt, ich soll den Mund halten; Fragen würden nur von der Polizei gestellt. Mir wurde befohlen, aufzustehen und zur Tür zu gehen und, als ob nichts passiert wäre, den Korridor entlang zu gehen, die Treppe hinunter und ins wartende Auto. Mir wurde gedroht, dass, falls ich eine falsche Bewegung machte, ich eins auf's Dach bekäme. Ich tat natürlich, was sie mir befohlen hatten. Während der ganzen fünfzehnminütigen Fahrt sprach keiner der Detektive mit mir, und als ich sie fragte, wohin sie mich brächten und warum, erhielt ich keine Antwort. Jetzt war ich in kalten Angstschweiß gebadet. Ich fragte mich die ganze Zeit, was ich getan haben könnte, aber so sehr ich es auch versuchte, ich konnte darauf keine Antwort finden.

„Wir kamen an einem Gebäude an, und die beiden Männer begleiteten mich, wieder wortlos, einen langen Korridor entlang zu einer Zelle. Sie stießen mich in die Dunkelheit hinein, und ich konnte hören, wie sie die Tür von außen verschlossen.

„Ich versuchte, in der Dunkelheit meinen Weg zu einem Bett oder einem Stuhl zu finden, aber da schien nichts dergleichen zu sein; also setzte ich mich auf den Fußboden. Ich fand in meiner Jackentasche eine Zigarette und Streichhölzer und zündete eine Zigarette an. Ich war dankbar, dass sie mir bis jetzt noch nicht weggenommen worden waren. Dann versuchte ich mich zu konzentrieren. Was hatte ich getan? Was könnte die Anklage sein? Ich versuchte auszutüfteln, wie spät es sei, und kam zu dem Ergebnis, dass es etwa halb eins nachts sein müsse. Ich zündete ein Streichholz an und bemerkte Schriftzüge an der Wand, männliche und weibliche Vornamen. Eine Zeile schrie in die Dunkelheit: ‚Oh Gott, hilf mir!‘ Das Streichholz brannte aus. Sie waren zu wertvoll, um sie weiterhin dafür zu benutzen; also saß ich in der Dunkelheit und wartete.

„Worauf wartete ich? Warum kamen sie nicht? Die Stille wurde einfach unerträglich, und ich stand auf und begann, mit meinen Fäusten gegen die eiserne Tür zu hämmern. Ich rief, ich fluchte und weinte, aber niemand antwortete.

„Ich verbrachte eine schreckliche Nacht, aber als der Morgen kam, sah ich immer noch kein Licht. Die Zelle war stockdunkel, doch von irgendwoher kam Luft. Ich hatte Hunger, war müde und ziemlich erschöpft. Auch dreckig war ich und sehnte mich mehr als nach allem anderen nach einem Bad.

„Später am Tag, als ich völlig jedes Zeitgefühl verloren hatte, öffnete ein uniformierter Wächter die Tür und reichte mir Brot und Kaffee. Er fragte mich vollkommen höflich, ob ich irgendwelche Klagen hätte; in seiner Stimme lag nicht die geringste Ironie. Daraufhin fragte ich den Wächter, warum ich eingesperrt sei und was nun passieren würde, worauf er antwortete, er sei lediglich ein Wächter und kein Ermittlungsbeamter.

„Erst bei Morgengrauen des zweiten Tages wurde nach mir gesandt. Ich ging zwischen zwei Wächtern zu einem hellerleuchteten Büro im dritten Stock, wo ein hochgewachsener dünner Mann mit dicker Brille an einem großen Schreibtisch saß. Als ich eintrat, stand er von seinem Stuhl auf und bot mir eine Zigarette an.

„‚Bitte, setzen Sie sich.‘

„Die Wächter verließen den Raum. Am Fenster saß eine Stenotypistin zum Diktat bereit.

„‚Nun‘, sagte der Mann, ‚warum, glauben Sie, sind Sie hier?‘

„‚Ich habe keine Ahnung. Vielleicht werden Sie es mir sagen.‘“

„Der Mann mit der dicken Brille wandte sich an die Stenotypistin.

„‚Bitte notieren Sie, dass der Angeklagte bei der Befragung erklärte, der Grund für seine Festnahme sei ihm nicht bekannt.‘

„Dann sagte er, sich an mich wendend: ‚Sie sind also von vornherein entschlossen, schwierig zu sein, he?‘

„‚Ich weiß nicht, was ich gemacht haben soll, also, was kann ich denn sonst sagen?‘

„Das ließ der Mann nicht durchgehen.

„‚Sie wissen ganz genau, was die Anklage gegen Sie ist, also beichten Sie lieber. Es wird Ihnen nicht helfen, wenn Sie es nicht tun, das kann ich Ihnen versichern.‘

„In Verzweiflung brach ich heraus:

„‚Aber ich weiß es nicht! Um Gottes Willen, lassen Sie uns aufhören, den Narren zu spielen.‘

„‚Was Gott betrifft', sagte der Mann, ‚lassen wir ihn lieber aus dieser Sache heraus. Und hinsichtlich des Narrens werden Sie in Kürze herausfinden, dass wir nicht zum Spielen aufgelegt sind.'

„Er unterbrach für ein paar Sekunden und blätterte durch ein paar Papiere, bis er fortfuhr:

„‚Schauen Sie, Mr. Vador, es hat wenig Sinn, mit diesem Interview fortzufahren. Sie haben offensichtlich beschlossen, die Anklage gegen Sie zu verleugnen, indem Sie vorgeben, keine Ahnung davon zu haben, was sie sei. Ich werde Ihnen noch einige Tage Bedenkzeit geben. ...'

„In diesem Moment verlor ich meine Geduld.

„‚Jetzt hören Sie mal', rief ich, ‚was haben Sie gegen mich? Soweit ich weiss, habe ich nicht gegen das Gesetz verstoßen. Ich habe niemanden getötet, ich habe weder gestohlen, noch habe ich eine lebendige Seele erpresst, und mit Sicherheit bin ich kein Spion. Ich bin nicht gegen das Regime; das könnte ich auf keinen Fall sein, wenn man bedenkt, dass die Nazis meine Mutter umgebracht haben, als ich Kind war. Als Bürger dieses Landes ist es mein Recht zu wissen, wessen ich angeklagt bin. Andernfalls verlange ich einen Rechtsanwalt. Was Sie tun, ist kriminell, unmenschlich ...'

„‚Schlagen Sie vor', sagte der Mann mit der Brille, ‚dass unser legales und soziales System auch unmenschlich ist? Jetzt kommen wir der Wahrheit ein bisschen näher ...'

„‚Sie stellen alles auf den Kopf. Sie wollen, dass ich etwas preisgebe ...'

„Der Mann drückte auf die Klingel, und als die zwei Wächter an der Tür erschienen, brachten sie mich in meine dunkle Zelle zurück."

189

Als Gyuszi diesen Punkt in seiner Geschichte erreicht hatte, starrte er mich einige Minuten lang an, als ob ich der Interrogator dieser verhängnisvollen Nacht gewesen wäre. Dann wiederholte er immer und immer wieder: „Ich sage Ihnen, es hat keinen Sinn zu leben; ich kann nicht verstehen, wie noch jemand am Leben bleiben will."

„Was ist mit Ihnen nach dieser Nacht passiert?" fragte ich, als ob ich seine Bemerkung nicht gehört hätte.

Wieder saß er da und sah mich bestürzt an. Ich sagte lächelnd: „Ich bin nicht dieser Polizist, wissen Sie?!" Ein mattes Lächeln überflog sein Gesicht.

„Ein paar Tage lang passierte überhaupt nichts. Mir wurde zu Essen und zu Trinken gegeben, und ich wurde für meinen täglichen Spaziergang in einen kleinen Hof gebracht. Niemand sprach mit mir. Ich fragte mich, ob es außer mir noch andere Gefangene an diesem Ort gab, aber ich sah keine Seele außer den Wächtern. Nach ein paar Tagen Tagen kam ich zu dem Schluss, dass ich ihnen ein Geständnis abgeben musste, irgend etwas, egal was, denn wenn es so weitergehen würde, würde ich verrückt. Also wurde ich mein eigener Anwalt und fing an, mich Dingen, die ich gedacht und getan hatte, zu beschuldigen.

„Ich weiß nicht, ob Sie verstehen, was ich Ihnen jetzt erzählen werde." Er blickte mich an, und ich sah Angst in seinen Augen. „Vielleicht können Sie es nicht verstehen, aber ich werde es trotzdem erzählen. Ich begann mich zu fragen, ob alles, was passierte, entweder ein Alptraum war oder die Hölle, die ich als Kind erlebt hatte. War es möglich, dass ich jetzt für meine Sünden gegen das Sittengesetz büßen musste; für die Zeit meiner Pubertätsjahre, als ich heimlich Befriedigung an meinem eigenen Leib suchte – mit Ekel und

190

Schuld? War es möglich, dass ich jetzt bestraft wurde, weil ich nicht zur Beichte ging ... dass ich den Preis bezahlte, Gizi geliebt zu haben? Und als ich an Gizi dachte, rauschte ein unwiderstehliches Verlangen durch mich hindurch, das meine Muskeln steif und meine Adern straff werden ließ, bis ich fühlte, dass ich wieder ein Adoleszent war, bereit, erneut zu sündigen. Dann stellte ich mir vor, dass der Mann mit der Brille mich in der Dunkelheit meiner Zelle beobachtete, dass er alles sehen konnte, was ich tat ... und ich fühlte mich wie ein gejagtes Tier. Ich stand in der Ecke meiner Zelle und beschmutzte mich. ...

„Dann erkannte ich, dass der Mann mit der Brille recht hatte: Ich war schlecht und gefährlich; ich hatte gesündigt, hatte eine Todsünde begangen. Ich schlug gegen die Tür. Ich wollte mit ihm sprechen, gestehen. ... Aber es kam niemand.

„Als ich mich ein wenig beruhigt hatte, fiel mir noch etwas ein: Wie ich Gizi an jenem ersten Tag während der öffentlichen Versammlung gefragt hatte, wie politische Strategien von der Partei ausgearbeitet werden. Ja, das war's. Jemand muss mich angezeigt haben, und sie müssen Rebellion in diesen Fragen gehört haben ... und sie hatten recht ... da war Rebellion ... gegen die Machthaber ... das musste ich ihm sagen.

Sie holten mich wieder; ich nahm an, dass es vielleicht im Morgengrauen war.

„,Nun, Mr. Vador', haben Sie jetzt die Dinge überdacht?'

„,Ja, das habe ich.'

„,Oh, gut, sehr gut! Möchten Sie eine Zigarette?'

Ich wollte sprechen, beichten, alles sagen, was mir am Herzen lag, aber der Mann ließ mich nicht sprechen.

„,Vielleicht wäre es besser, wenn Sie die Dinge niederschreiben würden, anstatt sie mir zu erzählen. Bitte setzen Sie sich an den Schreibtisch der Stenografin, wir brauchen sie heute ohnehin nicht. Hier ist Stift und Papier, Federhalter und Tinte. Ich werde Sie in keiner Weise stören; ich werde nur hier sitzen und meine Arbeit weitermachen.

„Er gab mir ein paar Zigaretten und ich setzte mich zum Schreiben hin.

„Ich schrieb etwa folgendes:

„,Ich, Gyula Vandor, erkläre hiermit, dass ich dieses Geständnis freiwillig mache, ohne dazu auf irgendeine Weise gezwungen oder beeinflusst worden zu sein.'

„,In einer Versammlung, die vor einiger Zeit stattgefunden hat, wollte ich wissen, wie politische Strategien von der Partei ausgearbeitet werden; wie es ohne vorherige Besprechung mit der Arbeiterklasse gemacht würde, in deren Namen die Partei angeblich handelte. Mir ist jetzt bewusst, dass hinter dieser Frage Skepsis in bezug auf die Weisheit unserer Führer zu lesen war. Meine Schwäche tut mir sehr leid, aber ich werde versuchen, sie in Zukunft zu korrigieren. Unterschrift: Gyula Vandor.'

„Der Brillenträger las es, und ohne ein Wort wies er mich zur Tür, wo die Wächter darauf warteten, mich in meine Zelle zurückzubringen. Jetzt ging es mir besser. Ich dachte, dass sie mich dafür nicht schwer bestrafen könnten.

„Eine Stunde später kamen sie mich noch einmal holen und weckten mich aus tiefem Schlaf.

„Der Mann mit der Brille sah besorgt aus.

„,Mr. Vandor, ich habe ein paar Fragen an Sie, bevor wir uns beide für die Nacht zurückziehen. Erstens, kannten Sie eine Frau namens Gizella Szilvagyi?'

„Mein Herz schlug schneller, als ich Gizis Namen hörte.

‚„Ja, in der Tat. Ich kannte sie.'

‚„Erlauben Sie mir zu fragen, was für eine Beziehung Sie zu ihr haben?'

‚„Nein, das ist mir nicht recht', antwortete ich. ‚Was hat das mit meiner Angelegenheit hier zu tun?'

‚„Überlassen Sie mir die Gründe', sagte der Bebrillte. ‚Sagen wir's doch gerade heraus: Waren Sie ihr Liebhaber?'

„Ich antwortete nicht."

‚„Ich wiederhole meine Frage noch einmal: Waren Sie ihr Liebhaber?'

‚„Ja.'

‚„Danke.'

„Was dann folgte, war wie ein Alptraum. Der Mann mit der Brille öffnete eine Akte nach der anderen und informierte mich, dass Gizi an einer Verschwörung gegen die Republik beteiligt war, und weil ich ihr Liebhaber war, müsste ich davon gewusst haben und daher ebenfalls ein Verschwörer sein. Mir wurde mitgeteilt, dass ich die Wahl hätte, es entweder zuzugeben, in welchem Falle das Gericht mein Geständnis in Betracht ziehen würde; oder es zu leugnen, in welchem Falle Gizis eigene Aussage genug sein würde, mir ein sehr strenges Urteil auszusprechen, vielleicht sogar das Todesurteil. Mir wurde erklärt, dass die Tatsache, dass ich erst neunzehn war, nicht berücksichtigt würde, weil viele junge Männer gefährlicher als alte Männer sein könnten. Ich leugnete die Anklage. Ich wurde in keiner Weise misshandelt, aber ich wurde in ein Internierungslager deportiert, ohne jemals vor Gericht gestellt zu werden. Ich blieb bis zur Revolution in dem Lager, und dann kam ich nach England. Ich weiß nicht, warum ich gekommen bin, aber ich weiß jetzt, dass es für mich keine Lösung gibt, weder hier noch irgendwo anders. Es gibt für mich keinen Sinn mehr im Leben. ... Die einzige Lösung ist der Tod."

„Und was ist mit Gizi passiert?" fragte ich.

Er zuckte mit den Achseln. Er wusste es nicht.

Eines der schwierigsten Aspekte meines professionellen Lebens ist es, meine Unfähigkeit ertragen zu müssen, jedem helfen zu können, der mich um Hilfe bittet. Gyuszi Vandor war einer von ihnen. An diesem Nachmittag verließ er mein Büro und kam nie wieder zurück. Seine Probleme waren Realität, aber obwohl ich wusste, dass er keinen großen Wunsch hatte zu leben, wusste ich auch, dass er nicht geistesgestört war und daher nicht ins Krankenhaus eingeliefert werden konnte. Er verschwand aus England, und ich habe nie herausfinden können, was aus ihm geworden ist. Er zerbrach an einer verrückten Gesellschaft, an der irren Welt, von der wir alle ein Teil sind.

Kapitel XII

Meinem Versuch, den ‚Arbeitsscheuen' zu helfen, folgte ein Experiment, das heute unter dem Namen ‚Hendon Experiment' bekannt ist.

Frank hatte recht, wenn er annahm, dass es zwischen mir und dem Sozialamt ein Abkommen gab; aber er hatte meine Beziehung zu dem Amt falsch interpretiert. Er warf mir während dieses unvergesslichen Gesprächs im Pub vor, ich arbeite mit dem Sozialamt Hand in Hand, weil ich es nicht ertragen könnte, dass Geld an einen Mann wie ihn verschwendet würde. Nichts war der Wahrheit ferner. Als ich das *Hendon Experiment* begann, war ich mit der finanziellen Seite nicht beschäftigt; nur mit der Unzufriedenheit, die Arbeitslosigkeit zwangsläufig mit sich bringt. Ich hatte in diesen schrecklichen Lagern in Deutschland gesehen, was sinnlose Arbeit mit menschlichem Verstand anrichten kann. Ich erinnere mich, wie im Lager Tröglitz eine Gruppe von Menschen zusammenbrach, als die SS ihnen befahl, Sand von einem Ort zum anderen zu befördern und dann wieder zurück. Manche wurden verrückt; andere wurden so widerwärtig, sogar an Konzentrationslagermaßstäben gemessen, dass Ärger und Probleme unvermeidlich waren; und ein oder zwei begangen Selbstmord. Ich sah im selben Lager und später auch in Buchenwald die andere Seite der Medaille. Ich sah, wie Menschen fähig waren, ihre geistige Gesundheit zu erhalten, indem sie eine Arbeit vollbrachten, die Sinn und Zweck hatte. Als ich an das Sozialamt in erster Instanz herantrat, hatte ich diese etwas verschwommene Erinnerung im Hinterkopf. Ich glaube ernsthaft, dass Menschen, die aus irgendeinem Grund nicht arbeiten, sich am Ende selbst zerstören, entweder moralisch oder körperlich, oder dass sie die Menschen um sich herum ruinieren. Ich fand, dass Arbeit eng mit menschlichen Instinkten verbunden ist, und wenn ein Instinkt blockiert ist, kann es den Menschen vernichten.

Ron Bradfield, der Sozialamtsbeamte für den Bereich Hendon, verstand nur zu gut, was ich meinte. Auch er sah mit großer Einsicht, dass die Antragsteller beim Amt nur einen Aspekt ihres Lebens darlegten und dass es wünschenswert wäre, mehr über die verborgenen Aspekte ihrer Persönlichkeit zu erfahren. Er stimmte zu, dass unsere Zusammenarbeit ausschließlich Nutzen bringen konnte, und machte mich mit seinen Kollegen im Amt bekannt, mit welchen ich über Möglichkeiten sprach, mit denen den Antragstellern geholfen werden könnte. Sie lehrten mich eine ganze Menge. Ich erfuhr, was während des Interviews zwischen Antragsteller und Beamtem vor sich geht; die Art von Schwierigkeiten, denen die Beamten gegenüberstehen; die Art der Einschränkungen, die ihnen durch ihre offizielle Funktion und durch Zeitmangel gegeben sind. Ich informierte sie über psychiatrische Sozialarbeit und sprach die Hoffnung aus, dass unsere Cooperation nicht nur in Geld, das dem Staat gespart wird, resultieren könnte, sondern in etwas nicht Messbarem – in menschlicher Zufriedenheit.

Mit der Zeit fand ich, dass meine Vorurteile gegen öffentlich Bedienstete erheblichen Wandel erfuhren. Vor dem *Hendon Experiment* hatte ich Beamte, sowohl britische als auch nicht britische, mit großem Misstrauen angesehen. Ich hatte die meisten von ihnen als bloße Rechenmaschinen betrachtet und völlig vergessen, dass hinter der Maske des Beamten ein Mensch wie ich war. Wie erfrischend war es jetzt, diese Leute kennenzulernen, von denen einige stark für ihre Arbeit engagiert waren. Sie lächelten über meine Vorurteile, als ich genug Mut hatte, von ihnen zu erzählen, und fuhren fort, mir von ihren eigenen Vorurteilen gegen Vertreter des psychiatrischen Berufes zu erzählen. Sie sprachen etwas zynisch von ‚Seelenärzten', über die unbeliebten Berge von Fragebögen und psychologischen Tests, Schwarzer Magie und Mesmerismus. Sie ärgerten sich darüber, dass es solche Menschen waren, die Experten in menschlichen Beziehungen sein sollten, und fragten, ob jeder Beliebige aus Büchern über den Menschen lernen könne. Sie sagten, psychiatrische Fachleute sprächen eine Sprache, die niemand verstehe; dass auch sie selbst sie nicht verstehen könnten. Es stimmt, dass einige Sozialarbeiter und Psychiater psychiatrischen Jargon als eine Art Selbstschutz verwenden; tatsächlich machen einige Ärzte und Sozialarbeiter den Eindruck, dass sie in einem Elfenbeinturm leben und nicht die gleiche Sprache wie der Rest der Menschheit sprechen. Aber sie imitieren andere Spezialisten, weil Psychiatrie so unsicher ist, und es war diese Unsicherheit, die von den Beamten des Amtes als unsinnig übersetzt wurde. Außerdem ist es nicht leicht, psychologische Konzepte zu verarbeiten. Der dynamische Aspekt des Verstandes erscheint manchen Menschen bedrohlich, und Beamte sind keine Ausnahme. Spott und Gelächter, Antagonismus und Sarkasmus drücken Ablehnung der Wahrheit aus. Zum ersten Mal in meinem Berufsleben konnte ich den Standpunkt beider Lager sehen, und das war ein wahres Aha-Erlebnis.

Ende 1957 konnten wir Rückschlüsse aus dem *Hendon Experiment* ziehen. Zu diesem Zeitpunkt hatte ich mehrere Artikel geschrieben, in denen einige der Ergebnisse ausgewertet wurden, und die Zahlen zeigten ohne den geringsten Zweifel, dass die Cooperation zwischen dem Amt und mir darin erfolgreich war, Menschen zu helfen, ihre Stellung in der Gesellschaft wiederzugewinnen. Im Jahr des Experimentes hatte das Sozialamt einundvierzig Personen an mich überwiesen, und es wurde geschätzt, dass die Ersparnis des Sozialamtes um die 1.600 Pfund Sterling betrug. Alle Betroffenen waren Langzeitarbeitslose gewesen, und wenn diese Summe mit vierhundert multipliziert würde, das heißt, wenn das Experiment von allen vierhundert Sozialämtern durchgeführt werden könnte und jedes Amt vierzig ‚Fälle' an einen psychiatrischen Sozialarbeiter weiterleiten würde, würde die nationale Ersparnis in einem Jahr 600.000 Pfund Sterling betragen. Zu dieser Zeit erhielt eine arbeitslose Einzelperson, die der Sozialhilfe bedurfte, 50/- pro Woche.

Ich erwähnte in meinen Artikeln, dass es für das Sozialamt lohnenswert wäre, sich mit dieser Angelegenheit gründlich zu befassen, denn es wäre gut möglich, dass die Beamten selbst in Zukunft Sozialhilfeempfängern bei der Arbeitsanpassung helfen könnten. Das könnte stufenweise durch Beratung einzelner Fälle zwischen psychiatrischen Sozialarbeitern und Sozialamtsbeamten geschehen, was mit der Zeit dazu führen würde, dass die letzteren imstande sein würden, sowohl die emotionalen als auch die materiellen Probleme der Menschen, die zu ihnen kommen, zu behandeln. Ich hatte Ende 1957 auch das Gefühl, dass, obwohl der Wohlfahrtsstaat Hilfebedürftigen neben finanzieller Hilfe viele andere Arten von Hilfe anbot, diese nicht unbedingt als die endgültige Antwort auf unsere sozialen Probleme angesehen werden sollten. Die Situation war im Grunde genommen wie in einer Familie, wo die materiellen

Bedürfnisse eines Kindes gedeckt wurden, wo aber aus unterschiedlichen Gründen seine emotionalen Bedürfnisse nicht in vollem Umfang erfüllt wurden. Meiner Meinung nach sollte der Wohlfahrtsstaat seine Einrichtungen über die vielen bestehenden Dienste hinaus erweitern und Vorkehrungen für die emotionalen Bedürfnisse von Menschen treffen, die es notwendig fanden, Sozialhilfe zu beantragen.

Ron Bradfield und ich sprachen in jenen Jahren eine ganze Menge darüber. Aber ich erinnere mich besonders an eine Unterhaltung, die wir unter einem Weihnachtsbaum in seiner Wohnung in *Hampstead* im Winter 1957 hatten. Unsere Frauen waren nebenan mit unseren lebhaften Kindern beschäftigt, und wir zwei diskutierten über die Vergangenheit und die Zukunft.

„Sag mir,‘ sagte Ron, „wie könnten wir das *Hendon Experiment* auf andere Teile des Landes ausweiten?“

„Die einzige Möglichkeit, glaube ich, wäre, ein paar meiner Kollegen zu finden, die Interesse haben, mit dem Amt so eng zusammenzuarbeiten, wie ich es getan habe.“

„Aber die meisten deiner Kollegen sind nicht daran interessiert, mit uns zusammenzuarbeiten“, sagte er. „Sie sind bereits in Krankenhäusern und Kliniken engagiert.“

„Nur, weil Gemeindesozialarbeit noch ziemlich jung ist.“

„Meinst du nicht, dass mehr als Cooperation notwendig ist? Der nützlichste Weg wäre sicherlich, wenn Beamte solche Fälle erkennen könnten, die von der Art von Hilfe profitieren können, die du und deine Kollegen anbieten.“

„Das stimmt.“

„Also, wenn das so ist, ist dann nicht die Zeit gekommen, dass formale Ausbildung stattfinden sollte, vielleicht in einer Abteilung der Universität?"

„Es wäre sicherlich von Nutzen, der Sache nachzugehen."

„Vielleicht könntest du etwas in London auf die Beine stellen, und wer weiß, - morgen könnte der Rest des Landes sich anschließen. Sag' mir, John, was wären die wichtigsten Punkte, die du hervorheben würdest, wenn du eine Chance hättest, unsere Mitarbeiter zu unterrichten?"

Das war nicht leicht zu beantworten, und ich dachte ein paar Minuten darüber nach. Dann sagte ich:

„Mir scheint, dass Krankenhausbehandlung ein wesentlicher Teil von Therapie sein kann, aber dass keine permanente effektive Veränderung stattfinden wird, wenn wir den Patienten und seine Familie nicht mitbehandeln. Und diese Behandlung des Patienten und seiner Familie würde vielleicht von mehr als einem Sozialarbeiter vorgenommen werden müssen. Siehst du, Ron, wenn Menschen nur im Krankenhaus behandelt werden und die Behandlung Patienten-zentriert ist; und wenn der Patient durch eine Kombination von Fähigkeit und Glück von seinen Symptomen erleichtert oder geheilt ist und in sein Zuhause in seiner Gemeinde zurückkehrt, ist es nicht ungewöhnlich, dass einige Monate später ein anderes Familienmitglied - eine Ehefrau, ein Kind oder eine Mutter- einen Zusammenbruch hat. Ich habe während der letzten Jahre viel darüber nachgedacht. Es scheint mir, dass es im Familienleben Kräfte gibt, die bis jetzt noch nicht untersucht worden sind, und da, wo psychische Erkrankung innerhalb des Familiengefüges auftritt, in gewissem Sinn die ganze Familie in unterschiedlichem Maße an der Krankheit beteiligt ist ."

„Was mich faszinierte", sagte Ron, „war, was du vor einiger Zeit über die kulturelle Auswirkung auf geistige Gesundheit sagtest."

„Ja", antwortete ich, „aber die Kultur ist kein statischer Zustand; sie verändert sich mit der Zeit, und man muss sich den Veränderungen ständig anpassen. Manche Menschen können sich leichter anpassen als andere. Und manche können sich überhaupt nicht anpassen. Habe ich dir von der alten Dame erzählt, die ich oft in *Crouch End* besuchte?"

„Ja, in der Tat."

„Vielleicht kannst du sehen, dass sie aus zwei Gründen zusammenbrach. Erstens, weil sie von ihrer Herkunft her gewöhnt war, ein isoliertes Leben zu führen; und zweitens, weil sich die Welt verändert hatte und sie gezwungen war, ihre Lebensart mit zu verändern."

„Was ich am Interessantesten am *Hendon Experiment* finde", sagte Ron, „ist, zu sehen, wie wenig uns die Leute von sich selbst zeigen. Und was sie zeigen, ist oft nur ein Teil des ganzen Bildes."

„Der Grund dafür ist ebenfalls soziale Konditionierung."

„Was meinst du damit?"

„Ich meine damit einfach, dass die Menschen eine bestimmte Rolle spielen, wenn sie zu dir kommen, weil sie festgelegt sind, Beamte nur in dieser Kapazität zu sehen; und sie können sich nicht vorstellen, dass ein Beamter am Menschen in ihnen interessiert sein könnte."

„Das ist richtig."

„Das gleiche gilt für Ärzte. Heutzutage besprechen die Leute ihre persönlichen - und Arbeitsprobleme nicht mehr mit ihren Hausärzten, wie in guten alten Zeiten."

„Natürlich nicht, weil der Arzt im *National Health Service* so überlastet ist."

„Genau. Früher war der Hausarzt auch eine Art Sozialarbeiter. Jetzt haben wir diese professionellen Funktionen geteilt. Das gleiche gilt für Beamte beim Sozialamt. Was den Antragsteller betrifft, sind sie nur für einen Zweck da: ihm Geld zu geben, und dementsprechend präsentieren sie ihm den Teil ihrer Persönlichkeit, der mit Geld verbunden ist. Das ist der Grund, glaube ich, warum das Projekt zwischen dem Amt und mir ein vollständigeres Bild ergibt, als wir es getrennt erreichen können."

„Das war zweifellos der Fall mit Frank, nicht wahr?"

„Ja, tatsächlich. Ich erinnere mich, dass er für dich und für mich völlig unterschiedliche Bilder gemalt hat, weil er dachte, dass seine Bedürfnisse sich für uns beide unterscheiden."

„Glaubst du dann, dass eine Zeit kommen wird, wo Beamte des Arbeitsministeriums und des Sozialamtes ausgebildete Sozialarbeiter sein werden?"

„Ganz bestimmt."

„Dann wäre der erste Schritt in dieser Richtung eine Art Neuausrichtungskurs. Kümmere dich darum, John."

* * *

Zur gleichen Zeit wie das *Hendon Experiment* wurde ein anderes Experiment durchgeführt, um das erste zu überprüfen. Dies fand mit der Assistenz Fabians, eines Hausarztes, statt (Das ist natürlich nicht sein richtiger Name, da mich ethische Gründe daran hindern, ihn so zu nennen). Fabian und ich beschlossen, einige seiner Patienten zusammen bei sich zuhause zu empfangen, und dafür reservierten wir einen Nachmittag in der Woche. Er erzählte mir etwas über die Krankengeschichte des Patienten, und darauf versuchten wir gemeinsam, seine emotionalen Probleme zu beurteilen. Auf diese Weise begann ich zu lernen, dass die medizinischen Aspekte eines Falles gleichermaßen wichtig sein können wie die psychologischen, während Fabian lernte, dass man die emotionalen Aspekte nicht übersehen darf, wenn man nach den zugrundeliegenden Ursachen für das Symptom sucht. Wir fragten uns, welches das Huhn und welches das Ei sei. Eine Migräne war von Fabian vorher als einfache 'Kopfschmerzen' angesehen worden, wofür er verschiedene Medikamente verabreichen würde, um das Symptom zu beseitigen. Aber jetzt erkannte er, dass die Migräne nur die Spitze des Eisberges war und dass darunter ernsthafte Probleme lagen, mit denen man sich befassen musste. Auch wurde uns beiden klar, dass manche Patienten ihre Symptome als Mittel präsentierten, - oder, um Fabians eigene Worte zu benutzen, ihre Symptome 'anboten' – um für die Ursachen, die hinter den Symptomen lagen, um Hilfe zu bitten. Mit der Zeit erfuhren wir, dass das Symptom eine symbolische Sprache war und dass sich durch Rückversicherung und Medikamente nichts verändern konnte, bis die darunter liegende Ursache erkannt war. Dann geschah es oft, dass es uns gelang, die Migräne und auch die Medikamente zu stoppen. Es war für mich faszinierend zu sehen, wie sich emotionale Probleme im physischen Bereich manifestieren und wie Kopf, Stirnhöhle, Magen oder Herz von emotionalen Störungen als Zielbereich gewählt werden kann. Das warf für mich nicht nur die Frage auf, ob Ärzte mehr Ausbildung in

Psychiatrie bräuchten, sondern auch, ob Sozialarbeiter mehr medizinische Ausbildung benötigten.

Bei diesem Experiment mit Fabian wählten wir die gleiche Fallzahl wie im Hendon Experiment. Fabian überprüfte das Ergebnis nach einem Jahr und kam zum Schluss, dass den Patienten, die wir behandelt hatten, viel weniger Medizin verschrieben worden war. Fünfzig Prozent von ihnen funktionierten messbar besser als vorher. Die Ergebnisse waren fast identisch mit denen im *Hendon Experiment*, und man hätte auch die finanzielle Ersparnis in Bezug auf die Verringerung der Medikamente messen können. Fabians Weitsicht legte das Fundament für zukünftige Cooperation zwischen psychiatrischen Sozialabeitern und Ärzten; sein Hauptbeitrag lag darin, dass er einwilligte, seine Praxis mit einem Laien zu teilen.

Kapitel XIII

Auf Fabians Bitte hin ging ich im Herbst 1956 eine Frau besuchen, die während der letzten zwanzig Jahre unfähig gewesen war, ihre Wohnung zu verlassen. Sie litt unter Agoraphobie, einer Angst, die sie an die eingebildete Sicherheit ihres Hauses fesselte, in dem sie mit ihrem gealterten Vater in *Hendon* lebte. Gleichzeitig fühlte sie sich wie eine Gefangene, die mit unsichtbaren Fesseln ans Haus gebunden war. Gelegentlich kam der Krankenwagen, und sie schaffte es, mit enormer Anstrengung in die Klinik zu gelangen, wo sie ambulant Psychotherapie erhielt. Der Arzt verabreichte ihr Medikamente, die ihr nachts halfen und ohne die sie nicht hätte schlafen können.

Die Ärzte sagten Joan, ihre Angst, auf die Straßen und in die Welt zu gehen, sei eine Angst vor sich selbst, und dass sie ihr 'Gefängnis' als Schutz gegen eine Welt benutzte, in der Männer Frauen begehrten, denn sie fürchtete sich am meisten vor Männern. Sie wusste, dass in dem, was ihr gesagt worden war, Wahrheit steckte, aber das Wissen darum half ihr in keiner Weise, ihre Phobie zu überwinden. Sie war fünfundvierzig Jahre alt, ziemlich dünn, mit blauen Augen, die manchmal wunderschön lebendig und ausdrucksvoll, aber meistens traurig waren.

Zur Zeit, als ich in ihr Leben trat, war alles Menschenmögliche ausprobiert worden. Sie war sogar mehrere Wochen lang als Patientin in einem Krankenhaus behandelt worden. Während sie von zuhause weg war, ging es ihr etwas besser, und sie konnte zuweilen, von einem anderen Patienten begleitet, aus dem Krankenhaus hinaus gehen. Sobald sie jedoch nachhause kam, war sie wieder eine Gefangene. Heimlich hatte sie deswegen viel geweint, aber mittlerweile hatte sie sich mit der Tatsache abgefunden, sie müsse sich für den Rest ihres Lebens darauf beschränken, die vier Wände ihres Zimmers anzusehen.

Als ich an diesem dunklen Herbstabend in ihrem Zimmer saß, hörte ich nicht nur ihren traurigen Worten zu, sondern ich hörte auch, was in mir selbst vor sich ging. Meine eigenen Reaktionen auf Schmerz sind ebenso wichtig wie die Worte, die ich höre. Je länger ich zuhörte, desto mehr verstand ich, dass Joan wirklich Angst vor der Außenwelt hatte, nicht nur wegen der Möglichkeit, von Männern begehrt zu werden, sondern sie konnte, wie ein Kind, nicht glauben, dass sie außerhalb ihrer vier Wände geliebt oder geschätzt werden könne. Weil sie Angst hatte, nicht geliebt zu werden, hatte sie sich in ihrem Haus verschanzt, wo sie sich wenigstens der Liebe ihres Vaters sicher sein konnte. Beim Zuhören wurde mir auch bewusst, dass die Liebe, über die sie sprach, nicht lediglich sexuelles Begehren war, sondern die undefinierbare Liebe, die dem Menschen angeboren ist und die unter günstigen Umständen an sexuellem Begehren teilnimmt. Diese Frau von fünfundvierzig Jahren glaubte nicht nur, dass sie von Männern nicht begehrt werden könnte, sie glaubte ebenfalls, dass niemand sie mögen könne.

Ich nahm tiefen Anteil an dieser Leidensgefährtin, deren Worte mich an eine langvergessene Winternacht in meiner Kindheit erinnerten. Es war über dreißig Jahre her, als Mutter eines Tages erkrankte. Ich kam aus der Schule zurück und fand sie im weißen Bett liegend, blass, mit dunklen Rändern unter ihren Augen. Ich war äußerst alarmiert, denn ich hatte sie in meinem bisherigen Leben noch nie krank gesehen.

"Was ist passiert, Mama?" fragte ich mit pochendem Herzen.

Sie schaute traurig von ihren Kissen auf und sagte ruhig: "Ich bin sehr krank, Jancsi, wirklich sehr krank."

"Was ist es denn, Mama?" Ich fühlte eine merkwürdige, schmerzhafte Aufregung, fast Freude ähnlich, durch meine Adern strömen.

"Der Doktor denkt, dass ich perniziöse Anämie habe. Es ist eine Krankheit, in der die weißen Blutkörperchen die roten auffressen. Es ist eine sehr ernste Krankheit."

"Wirst du wieder gesund, Mama?"

Sie lächelte. "Wenn Gott mir hilft, wird es mir besser gehen. Aber wir werden Seine Hilfe brauchen."

An diesem Abend sagte ich, mich an unseren unsichtbaren Gott wendend, bevor ich einschlief, das 'Schema', das uralte Gebet Israels. Dann sagte ich auf Ungarisch:

"Gott Israels und des Universums ... hilf Mama, dass es ihr besser geht. Bitte vergib meine Unartigkeiten und mache Mama nicht krank, weil ich ein ungezogener Junge bin."

All das flutete in meine Erinnerung zurück, fast, als ob es eine Botschaft enthielte, die ich nur halb verstand. Was war diese Botschaft aus der Vergangenheit? Was könnte sie sein?

Ich saß schweigend da und hörte ihr zu, und dann fiel es mir plötzlich ein.

"Sagen Sie mir, bitte, wann starb Ihre Mutter?"

Es war kurze Zeit still, und dann sagte sie:

"Meine Mutter starb, als ich zwölf Jahre alt war."

"Wer hat Sie nach dem Tod Ihrer Mutter versorgt?"

"Vater."

Die Bilder aus meiner eigenen Vergangenheit fluteten wieder herein.

Nachdem meine Mutter gestorben war, brach Vaters Herz. Ich wollte mein Bestes tun, um seinen Schmerz zu lindern, und tat mein Möglichstes, ein guter Sohn zu sein. Es war nicht leicht, weil ich durch eine Periode der Pubertät ging, wo es natürlich gewesen wäre zu rebellieren. Aber irgendwie fühlte ich mich verantwortlich für den Tod meiner Mutter. Obwohl ich in meinem Teenager-Alter fortgeschritten war, fühlte ich mich wie ein kleines Kind, dass das Unrecht, welches mein Vater begangen hat, wiedergutmachen müsste. Wochenlang ging ich nicht hinaus und versorgte meinen Vater, *als ob ich seine Mutter wäre*. Dann nahm meine Schwester die Sache in die Hand und wies mich an, das Haus zu verlassen; so konnte ich wieder anfangen zu leben. Jetzt fragte ich mich, ob es möglich wäre, dass Joan auch die Rolle ihrer Mutter übernommen hatte? War das die Botschaft meiner Erinnerungen?

"Können Sie mir mehr von Ihrer Mutter erzählen?" fragte ich.

Sie antwortete, dass sie eine sehr gute Mutter gewesen sei, die niemals ihre Stimme erhoben habe. Joan hatte sie von ganzem Herzen geliebt, und beide Eltern hatten glücklich zusammengelebt; es gab nie Streit. Joan war verwöhnt worden, da sie das einzige Kind war.

Es hörte sich alles zu gut an, um wahr zu sein. Ich glaubte nicht, dass Joan bewusst die Wahrheit von mir fern hielt, ich glaubte jedoch, dieses engelhafte Bild einer Mutter, die nie ihre Geduld verlor, sei kein wahrhaftes Bild. Es war Joans Bedürfnis, sie so perfekt zu sehen, weil sie sich dann selbst vergleichsweise als unvollkommen sehen konnte. Hatte Joan in Wirklichkeit ihren Vater 'geheiratet' und sich dann schuldig gefühlt, war aber gleichzeitig über diese Wende der Ereignisse froh gewesen? Oder fand sie lediglich, dass es ihre Pflicht sei, den alten Mann zu versorgen, der sie versorgt hatte, als sie noch klein gewesen war? Das waren alles Fragen, die noch nicht beantwortet werden konnten.

Ich wechselte das Thema.

„Sagen Sie, was machen Sie den ganzen Tag?"

Sie schaute in die Flammen, und Tränen traten ihr in die Augen. Das war genug. Ja, inzwischen hatte ich gelernt, nicht nur auf Worte zu hören.

Alles, was besonders schön oder tragisch ist, menschlich oder übermenschlich, kann nie mit Worten ausgedrückt werden. Worte sind unzureichend, um Liebe auszudrücken. Ein Seufzer, eine Träne, eine unbeabsichtigte Bewegung der Hände kann mehr sagen als Worte, wie gut sie auch gewählt werden. Liegt nicht wahres Gebet in diesen seltenen Momenten der Kommunikation zwischen Mensch und Gott, wenn Worte nicht vorhanden sind und nur das Herz spricht? Mir wurden jetzt nicht nur die Gedanken und Gefühle meiner Patientin bewusst, die ohne Worte ausgedrückt wurden, sondern noch etwas anderes. Wenn der Gott, an den ich glaube, jenseits des Ausdrückbaren ist, ist Er dann nicht ebenfalls im Schmerz zu finden, der nicht ausgedrückt werden kann? Ist Sein wundersamer Geist nicht in der schweigenden Kommunikation der Menschen gegenwärtig? Und wenn das der Fall ist, ist Er nicht ständig in der Beziehung zwischen Joan und mir gegenwärtig? Ist es nicht möglich, dass Er meine Erinnerungen und Gedanken auf ein größeres Verstehen hin gerichtet hat, dass ich ein Instrument in Seinen Händen bin, diesen leidenden Menschen wieder aufzurichten? Sogar der winzigste Partikel ist fähig, Licht und Wärme der Sonne zu reflektieren.

Meine stillen Gedanken drückte ich der Patientin nicht in Worten aus ... aber kommuniziert man nicht auch ohne Worte? Ich glaube, man tut es. Es kommunizieren nicht nur Patienten in dieser Weise mit dem Therapeuten, der Therapeut tut das Gleiche mit den Patienten. Die Worte, die ich benutze, sind vielleicht Worte wissenschaftlicher Gedanken, aber meine ungesprochenen Gefühle sind fest in meinem Glauben an eine Macht verankert, die größer ist als wir selbst.

* * *

Ich besuchte Joan regelmäßig einmal die Woche, und wir sprachen über alles Mögliche. Wenn ich ihr Problem richtig verstand, dann war es meine Rolle, eine Brücke zwischen ihrem ‚Gefängnis' und der ‚Freiheit' zu sein. Wenn ich sie davon überzeugen könnte, dass sie in der Welt ‚draußen' gebraucht und gewünscht würde, könnte sie es schaffen, ihre Fesseln abzulegen und wieder frei zu sein. Aber mir war klar, dass das nicht sofort - nach zwanzig Jahren unglücklich sein - passieren konnte. Mir war auch bewußt, dass für Joan verbale ‚Interpretationen' und ‚Erklärungen' nicht wirken würden. Joan brauchte ein Gefühl von Sicherheit, das nur kommen konnte, wenn ich ein ständiger Besucher war.

Im Frühling 1957 zeigte sie wesentlich mehr Interesse an der Welt draußen als vorher. Während sie früher am Feuer, vom Fenster entfernt sass, sah ich sie in diesen Frühlingswochen hinausschauen. Am Fenster sitzend, beobachtete sie die Menschen draußen, als ob sie *sehen* mußte, bevor sie den ersten Schritt tat. Ich drängte sie nicht.

Eines Tages fragte sie mich, ob ich sie im Auto in mein neues Büro mitnehmen würde (wir waren kürzlich von *North Finchley* nach *Wood Green* umgezogen). So nahm ich sie eine Woche danach nach *Wood Green* mit, wo sie die Bekanntschaft meiner Sekretärin und einiger meiner Kollegen machte. Bald danach sagte sie zu mir:

„Ich frage mich, ob ich Ihnen irgendwie helfen kann. Sie haben mir erzählt, dass Sie ein Buch und auch Artikel schreiben. Meinen Sie, ich könnte Maschineschreiben lernen?"

Ich sagte, ich würde mich darum kümmern. Ich erhielt vom Ausschuß die Erlaubnis, dass sie die Ersatz-Schreibmaschine benutzen konnte. Von da an kam sie jeden Dienstag nach *Wood Green*. Das Rote Kreuz, das uns gegenüber immer so hilfreich war, lieh uns eine weitere Schreibmaschine für ihre private Benutzung, damit sie zuhause üben konnte. Später konnte ich durch einen meiner Freunde noch eine Maschine ergattern, die jetzt ihr gehörte.

Eines Tages, als sowohl ich als auch meine Sekretärin in meinem Büro ziemlich überlastet waren und mir die Zigaretten knapp wurden, wandte mich an Joan, die am Schreibtisch saß:

„Könnten Sie mir einen Gefallen tun? Mir sind die Zigaretten ausgegangen. Da ist ein Laden um die Ecke. Würden Sie so nett sein und mir welche holen?"

Ich hatte total vergessen, dass Joan ihr Haus allein für über zwanzig Jahre nicht verlassen hatte. Ich war so mit Arbeit überfordert, dass ich es aus einem sonderbaren Grund vergessen hatte.

Ohne ein Wort zog sie sich ihren Mantel an und verließ das Büro.

Meine Sekretärin sah mich alarmiert an.

„Ist Ihnen bewußt, Mr. Heimler, was Sie getan haben? Sie haben sie alleine nach draußen geschickt."

Ein paar Minuten lang war ich mir nicht sicher, was ich tun sollte. Sollte ich ihr nachlaufen? Sollte ich sie einfach gehen lassen, und wenn sie zurückkäme, so tun, als sei nichts Besonderes geschehen? Sollte ich mich bei ihr bedanken?

Es dauerte länger, als es die Situation rechtfertigte, bis sie zurückkam, aber nach fünfzehn Minuten tauchte sie wieder auf. Sie gab mir die Zigaretten und sagte dann, auf ein kleines Päckchen zeigend: „Ich habe noch ein paar Einkäufe gemacht." Sie strahlte, und ihr Gesicht war leicht errötet. Ich hatte Joan noch nie so glücklich gesehen.

Ich sagte einfach: „Danke, dass Sie mir meine Zigaretten gebracht haben."

Später, als ich sie im Auto nachhause fuhr, sagte sie: „Zuerst war ich erschrocken, aber jetzt bin ich so dankbar, dass ich es tun konnte. Vielleicht kann ich von jetzt ab mehr und mehr tun. Gott segne Sie, dass Sie mir die Gelegenheit gegeben haben, das zu tun".

* * *

Ende des Jahres konnte Joan mit hinreichender Geschwindigkeit Maschinenschreiben, und sie half mir, Teile meines Manuskriptes abzutippen. Weil sie wusste, dass sie gebraucht wurde, war es ihr möglich, ihre langjährigen Schwierigkeiten schrittweise zu überwinden. Sie konnte jetzt allein von meinem Büro mit öffentlichen Verkehrsmitteln nachhause fahren; sie konnte allein zum Friseur gehen, ein bisschen einkaufen gehen, ja sogar Menschen treffen. Sie war jetzt viel glücklicher und konnte immer noch eine liebende Tochter für ihren alten Vater sein, der überzeugt war, dass ein Wunder geschehen war. Um meine Anerkennung für das, was sie getan hatte zu zeigen, und um sie daran zu erinnern, dass sie niemals allein war, schenkte ich ihr zu Weihnachten ein goldenes Kreuz, welches sie seitdem immer trägt.

Ich hoffe, dass Joan weiterhin wachsen wird und dass sie eines Tages ihre eigene Erfahrung benutzen wird, um anderen zu helfen. Ich glaube, sie kann es tun, denn sie hat sich selbst durch Schmerz weiterentwickelt. Und ich bin ihr dankbar, dass sie mich gelehrt hat, ohne Worte zu kommunizieren.

Joan ist ein weiterer Beweis dafür, dass sich die Methoden in der Gemeindesozialarbeit für unterschiedliche Menschen von etablierten Methoden unterscheiden müssen.

* * *

Als ich Joan den Teil des Buches, der sie betrifft, zeigte, sagte sie:

„Alles stimmt, aber etwas fehlt."

Ich schaute überrascht auf.

„Was vermissen Sie, Joan?"

„Sie scheinen nicht ausgedrückt zu haben, was das alles wirklich für mich bedeutet. Was es für mich bedeutet, hinaus zu gehen."

Ich dachte ein paar Augenblicke nach, dann sagte ich zu ihr:

„Könnten Sie es mir sagen, damit ich es in mein Buch einfügen kann?"

Sie schaute mich mit ihren blauen Augen an und sagte:

„Vielleicht wäre es besser, wenn ich Ihnen einen Brief darüber schreiben würde, damit Sie den Brief in Ihr Buch einfügen können."

Dies hier ist der Brief, den ich von Joan erhielt, datiert den 23. Januar 1962:

‚Lieber Herr Heimler,

Ich danke Ihnen, dass Sie mir den Teil zeigten, den Sie über mich unter dem Namen ‚Joan' geschrieben haben. Meine erste Reaktion darauf war, wie ich Ihnen neulich sagte, dass Sie nicht vollständig ausgedrückt haben, was die Fähigkeit, aus dem Haus zu gehen, wirklich für mich bedeutet. Sie haben keine Ahnung, wie glücklich ich das erste Mal war, als ich allein von Ihrem Büro nachhause fahren konnte. Ich übertreibe nicht, wenn ich sage, dass ich mit Flügeln an meinen Füßen nachhause flog, lebendiger als ich seit Jahren gewesen bin. Auf dem Nachhauseweg im Bus berührte ich das kleine goldene Kreuz, das Sie in meine Hand gelegt hatten - nicht, weil ich Angst hatte, sondern weil ich mich so wunderbar lebendig fühlte.

Wieder Teil der Menschheit zu sein war ein berauschendes Erlebnis. Ich hatte fast vergessen, wie Menschen sich verhalten, was für sie alltäglich und normal ist, und ich hatte fast das Gefühl, dass ich von einem anderen Planeten hinabgestiegen sei.

Es ist ein phantastisches Gefühl, in der Lage zu sein, meine eigenen Einkäufe zu machen, ohne dass ich von jemandem anderen abhängig bin, der es für mich tut. Ich kann auch zu meinem Arzt gehen, anstatt dass er immer zu mir kommen muss, wie er es während der letzten Jahre getan hat. Ich habe neue, innere Stärke gefunden und ich gestehe Ihnen jetzt, dass ich meine Angst vor dem Rausgehen überwunden habe, weil ich anfangs den Kontakt mit Ihnen weiterhin aufrechterhalten wollte; ich hatte nämlich Angst, dass Sie vielleicht nicht mehr in der Lage sein würden, mich jede Woche zu besuchen, weil Sie so viel zu tun hatten.

Ich entdeckte auch einen Sinn in meinem Leben, als ich einen kleinen Job in Ihrem Büro bekam. Das ist zweifellos ein Anfang, aber ich freue mich so, weil ich jetzt sehe, dass ich eine Zukunft habe. Nützlich sein zu können, erscheint mir jetzt sehr wichtig.

Mit freundlichen Grüssen,
Joan.

Kapitel XIV

Am 27. März 1958, meinem sechunddreißigsten Geburtstag, war ich mit dem Schreiben meines Buches ‚Night of the Mist' (‚Bei Nacht und Nebel') fertig. Am gleichen Abend las ich es Lily vor – vom Anfang bis zum Ende -, mit dem Gefühl, dass ein Kapitel meines Lebens jetzt beendet war und ein neues beginnen konnte. Obwohl der Morgen schon graute, bat Lily mich, ihr noch einmal die Seiten vorzulesen, die beschrieben, wie ich im Konzentrationslager Buchenwald, in diesem Inferno, neuen Sinn in meinem Leben fand. Ich las:

„Solange ich mich erinnern kann, bin ich in dem Land, in dem ich geboren wurde, immer nur ein Mensch zweiter Klasse gewesen. Trotz der Tatsache, dass meine Vorfahren allen Dokumenten entsprechend schon im 17. Jahrhundert ungarische Juden gewesen waren und viele auch Bauern – eine Tätigkeit, die nicht als typisch für Juden angesehen wird -, wurde ich aufgrund meiner Herkunft immer von Leuten, deren eigene ungarische Abstammung durchaus fraglich war, diskriminiert. Im Laufe der Zeit führte dieses Gefühl zu einem Minderwertigkeitskomplex. Und diese Minderwertigkeit zeigte sich in dem Wunsch, andere zu übertreffen, es ihnen einfach aus Trotz „zu zeigen", dass ich mich über das gewöhnliche Niveau erheben konnte. Ich hatte niemals über die Motive nachgedacht, die hinter diesem Drang zum Selbstausdruck oder dem Problem von Kreativität steckten. Wenn ein Talent in einem

216

schlummert, verwirklicht es sich nur unter bestimmten Bedingungen aus den Tiefen der Seele, - oder ist es von den Vorfahren ererbt und findet unter allen Umständen einen Weg für seine Verwirklichung? Die Frage stellt sich deshalb, weil ich schon in meiner Jugend Gedichte geschrieben habe, von denen die meisten auch veröffentlicht worden waren. Tatsächlich war ich in dem Teil Westungarns, in dem wir lebten, als „Heimler der Dichter" bekannt. Mein erster Gedichtband wurde veröffentlicht, als ich siebzehn war, am Tage des Kriegsausbruchs; der zweite erschien 1943.

Ich hatte immer das Gefühl, dass ich besser als andere sein musste, dass ich „es der Welt zeigen" musste, dass ich nicht zweitklassig, sondern der Beste war. Ich war überzeugt davon, dass ich der Welt 'antworten' musste. Erst in Buchenwald habe ich gelernt, dass ich letztlich niemand anderem als mir selbst zu antworten hatte.

In Buchenwald habe ich gelernt, von Juden, Christen, Muslims und Heiden, von Engländern, Serben, Rumänen, Tschechen, Franzosen, Belgiern, Holländern, Russen, Griechen, Albanern, Polen und Italienern, dass ich nichts weiter war als noch ein unbedeutender Mensch mehr, der leiden musste; dass die Sprache, die mich meine Mutter gelehrt hatte, meine ungarischen Erinnerungen, die Traditionen meiner Nation, nichts anderes waren als künstliche Barrieren zwischen mir und anderen. Denn als menschliche Wesen sind wir alle gleich. Ein Schlag ins Gesicht tut einem Engländer genauso weh wie einem Deutschen, einem Ungarn oder einem Schwarzen. Der Schmerz ist derselbe; nur die Haltung diesem Schmerz gegenüber ist unterschiedlich, ist abhängig von den kulturellen Maßstäben des Landes und dem Individuum selbst. Unsere Träume, in verschiedenen Sprachen geträumt, drücken den gleichen Traum in der Sprache der Menschheit aus: Wir alle wollen Frieden, Sicherheit und ein Leben frei von Furcht. Und jeder sucht auf seine Weise, unabhängig von den Verschiedenheiten der Nationalität oder Rasse, nach Sinn oder Sinnlosigkeit von Leben und Tod, glaubt an Gott oder leugnet ihn, und sehnt sich nach einer Frau, an deren Busen er sein gequältes Haupt ausruhen kann. Ich habe gelernt, dass es eine Täuschung ist zu glauben, es gäbe große und weniger bedeutende Nationen. Es gibt nur Nationen, die ein größeres Territorium einnehmen, und andere, die weniger Land haben. Größe und Kleinheit können in jeder Nation Seite an Seite bestehen, genauso wie auch bei einzelnen Menschen. Und dies wiederum lehrte mich, die Unsinnigkeit von Ehrgeiz im Dienste von Ruhm oder Erfolg zu erkennen, weil ich weder besser noch schlechter als andere war. Während der langen Spaziergänge in Buchenwald mit Niels oder Louis lernte ich verstehen, dass ich es nur der Gnade Gottes zu verdanken hatte, dass ich kein Mörder wie Dr. Ekstein war; dass ich, nur durch Seine Gnade, nicht impotent, oder, wie Louis, in eine Prostituierte verliebt war. Ich lernte, dass in mir wie auch in anderen der Mörder und der humanitäre Mensch nebeneinander bestehen, wie auch das schwache Kind und der kräftige Mann; dass ich in keiner Weise überlegen bin, mich nicht von anderen unterscheide. Dass ich nur ein Glied in der großen Kette bin, war eine der größten Entdeckungen meines Lebens. Von da an beschloss ich, die Gefallenen zu unterstützen, genauso, wie mir geholfen worden war. Wenn jemand verächtlich, gierig oder selbstsüchtig war, erinnerte ich mich an all die Situationen, in denen auch ich verächtlich, gierig oder selbstsüchtig gewesen war. Buchenwald lehrte mich, mir gegenüber tolerant zu sein und dadurch auch anderen Nachsichtigkeit zu zeigen.

Vielleicht hätte ich das auch ohne die Lehre von Buchenwald gelernt. Aber ich würde es viel später gelernt haben, - vielleicht zu spät."

Lilys Augen glänzten. Sie sagte:

„Ich wusste schon immer, dass du eines Tages etwas schreiben würdest, das von deinem Herzen kommt. Ich bin froh, dass du dieses Buch beendet hast. Du hast ein Versprechen erfüllt, das du dir vor vielen, vielen Jahren gemacht hast. Du bist Schriftsteller."

* * *

Der Herausgeber der *Jewish Quarterly*, einer literarischen Zeitschrift von hohem Niveau, hörte von einem Freund, dass ich ein Buch geschrieben hatte, und wollte es sehen. Infolgedessen veröffentlichte er in der Sommer-Ausgabe des *Quarterly* ein Kapitel von *Night of the Mist* unter dem Titel ‚*Smoke by Day – Fire by Night*'. Ein paar Tage später las ein Literaturagent eines bekannten Verlags (der zu der Zeit in Florenz war), dieses Stück und schrieb mir, er sei interessiert, das Buch zu sehen. Da ich glücklicherweise während des Sommers 1958 selbst vorhatte, nach Florenz zu reisen, antwortete ich ihm, dass ich ihm das Manuskript persönlich überreichen würde.

Wann immer ich weg von England bin, so glücklich ich auch sein mag, habe ich ein merkwürdiges Gefühl von Sicherheitsverlust, wie ein kleines Kind es hat, wenn die Mutter es zurücklässt. Ich weiß, dass das bei gewöhnlichen Engländern nicht verbreitet ist, die England in sich selbst tragen, wohin sie auch gehen. Aber wahrscheinlich hängt es damit zusammen, dass, wenn ich auf dem europäischen Festland bin, ich meiner Vergangenheit und all den schmerzlichen Assoziationen näher bin.

Mein britischer Pass ist das einzig sichtbare Symbol, irgendwohin zu gehören: ‚*Her Britanic Majesty's Principal Secretary of State for Foreign Affairs Requests and Requires in the Name of Her Majesty ...* ' Wieviele Male habe ich diese Worte gelesen und immer wieder gelesen! Nur jemand wie ich, mit einer ähnlichen Vergangenheit, könnte verstehen, dass dies keine oberflächlichen Empfindungen sind, sondern eher ein Zeichen der sozialen Psychose unserer Zeit.

Vom *Gare de Lyons* nach *Milano* teilte ich meine Schlafzelle mit einem jungen Mann Anfang zwanzig, der, nachdem er die Schönheiten von Paris gesehen hatte, auch auf dem Weg nach Florenz war. Ich dachte, er käme aus der Schweiz. Er war Student der Architektur, und er freute sich sehr darauf, die ‚lebenden Wunder der Architektur', - wie er sich ausdrückte -, zu sehen. Er war ein netter junger Mann, mit großen braunen Augen und großartigem Sinn für Humor.

Er sei nicht ganz allein auf dieser Reise, sagte er. In einem anderen Abteil sei ein Mädchen. Er kannte das Mädchen noch nicht, aber er war sich sicher, dass er sie bei Tagesanbruch kennenlernen würde. Er schloss mit mir darüber eine Wette ab.

Es war eine heiße Julinacht, und keiner von uns beiden konnte schlafen. Der junge Mann sprach ziemlich fließend Englisch, und wir sprachen über dies und jenes, bis der Schaffner kam und um unsere Pässe bat, damit wir mitten in der Nacht an der Französich–Italienischen Grenze nicht gestört werden müssten. Als er seinen Pass von der oberen Koje, auf der er lag, herunterreichte, erblickte ich einen zweiköpfigen Adler. Mein Reisegefährte war schließlich doch kein Schweizer.

Er fuhr mit seiner leichten Art der Konversation fort, aber jetzt betrachtete ich die Dinge, über die ich ein paar Minuten zuvor gelacht hätte, als oberflächlich; und ich ärgerte mich über mein Schicksal, dass ich mein Abteil mit einem Deutschen teilen musste.

Verstandesmäßig wusste ich, dass er zu jung war, um an der grauenhaften Vergangenheit teilgenommen haben zu können; auch, dass er ein netter Bursche mit guten Manieren war, und trotzdem konnte ich nicht umhin, mich ihm gegenüber feindselig und ablehnend zu fühlen. Ich hasste ihn aufgrund seiner Rasse, und ich schämte mich. Wie konnte ich, ausrechnet ich, jemanden seiner Rasse wegen hassen?

Er musste meine Veränderung bemerkt haben, denn nach kurzer Zeit kletterte er von seiner Koje herunter und fragte mich, was los sei. Jetzt war er ernst.

„Sind Sie Engländer?“

„Ich bin britischer Staatsbürger“, sagte ich und blätterte in meinem Manuskript.

„Sind Sie in England geboren?“

„Nein.“

„Darf ich fragen, woher Sie kommen?“

„Ich bin in Ungarn geboren.“

Er saß da und ich gab vor, mein Buch zu lesen. Die Luft war voller Spannung.

„Ist das Ihr Buch?"

„Ja."

„Sind Sie Schriftsteller?"

„Ja."

„Um was geht es in diesem Buch?"

Ich zögerte einen Moment lang, dann sagte ich:

„Es handelt von deutschen Konzentrationslagern."

Sein Gesicht lief rot an. Er stotterte:

„Ko – n – zentr –ations-lagern?"

„*Jawohl!*"

Gleich nachdem ich es gesagt hatte, tat es mir leid. Indem ich das deutsche Wort benutzte, hatte ich versucht, ihn zu erniedrigen. Mein Wunsch, diesen jungen Mann zu demütigen, verursachte in mir ein Schuldgefühl, und doch fragte ich mich zur gleichen Zeit, warum es mir wehtun sollte, weil ich einen Deutschen kränken wollte. Dann fiel mir ein, dass dies das Argument der SS war; Juden zu verletzen, zu töten, ist keine Sünde; es ist ein Akt der Entlausung. Die Gefühle, die ich erlebte, waren nicht meine eigenen Gefühle, sondern ihre. Ich war verwirrt. Ich tat mit ihm das Gleiche, was sie mit mir getan hatten. Ich schikanierte einen unschuldigen Mann, dessen einzige Sünde es war, in Deutschland geboren worden zu sein.

„Sie sind Jude, nicht wahr?"

Er flüsterte seine Worte, fast wie eine Entschuldigung.

„Ja."

„Ist es wirklich wahr, was ich alles gehört habe?"

Ich überreichte ihm mein Manuskript. „Lesen Sie's. Alles steht hier."

* * *

Am Morgen wartete er, bis ich mich angezogen hatte.
Dann sagte er:

„Sie müssen mich sehr hassen."

Ich antwortete nicht. Er fuhr fort:

„Ich würde Sie hassen, wenn es umgekehrt wäre. Darf ich
Ihnen etwas erzählen?"

„Ja, bitte."

„Ich war sieben Jahre alt, als der Krieg endete. Ich
erinnere mich an den Frühling. Sie erinnern sich bestimmt
daran. Der Schnee dauerte bis zum Mai. Es war sehr kalt.

„Ja, ich erinnere mich."

Er sprach weiter:

„Ich erinnere mich, als die Amerikaner ankamen. Ein paar
Tage bevor sie kamen verschwand das Bild des Führers an
der Wand. Sie müssen sich daran erinnern, dass ich Kind und
erzogen war, an den Füherer zu glauben und die Alliierten zu
hassen. Aber jetzt waren sie angekommen, und ich konnte es
nicht glauben. Ich dachte, es wäre ein böser Traum, und dass
ich aufwachen und alles so vorfinden würde, wie es vorher
gewesen war, und dass Deutschland den Krieg noch
gewinnen würde. Als ich fünf oder sechs war, Herr Heimler,
hatte ich Zinnsoldaten. Sie müssen ähnliche gehabt haben, als
Sie ein kleiner Junge waren. Meine deutschen Soldaten
gewannen immer, aber da waren auch einige Juden, und ich
wollte, dass die Juden verlieren. Vielleicht können Sie
verstehen, was Niederlage für mich bedeutet hat. Mein Vater.
..." Seine Stimme hatte sich verändert. „Er war in der SS, und
er verschwand nach dem Krieg. Er kam nie zurück, und ich

223

hasste deswegen die Alliierten und die Juden. Und jetzt habe ich Ihre Geschichte gelesen über Ihre Gefühle, die Sie als Kind hatten, und ich erkenne, dass Sie uns genauso hassten, wie ich Sie hasste, als ich Kind war."

Als wir in Milano ankamen, fragte mich der deutsche Junge, ob er sich mir auf dem Weg nach Florenz zum Frühstück anschließen könne, und ich stimmte zu. Der Zug raste durch Norditalien. Die Sonne schien und der Himmel war wolkenlos. Alles erschien unwirklich und absolut schön. Wie konnte ich mit einem Deutschen zusammensein? Wie konnte ich sprechen, als ob keine Welt zwischen uns lag?

„Sie sind so still. Haben sie Sie sehr verletzt?"

Ich nickte.

„Ich kann sehen, dass es sogar schwierig für Sie ist, mit mir zu sprechen. Aber dieser Wahnsinn muss irgendwann einmal aufhören."

Endlich fand ich Worte, ihm zu antworten.

„Ich weiss, es ist wahnsinnig, und es tut mir wirklich leid. Aber Sie müssen erkennen, dass ich alles, was mir passiert ist, in Ihnen reflektiert sehe, obwohl ich weiss, dass Sie nicht verantwortlich sind. Ich möchte Ihnen verzeihen, aber wie kann ich es, wie kann ich vergessen, was mit meinem Vater, meiner Schwester, meinen Tanten, Onkeln, Neffen, Cousins und Cousinen, und meinen sechs Millionen Kameraden geschah, die vernichtet wurden? Ich möchte Ihnen vergeben, aber etwas hält mich davon ab. Und trotzdem glaube ich, dass wir beide, - Sie und ich - Opfer eines schrecklichen Irrtums sind."

Als er seinen Kaffee trank, sah ich Tränen in seinen Augen. Ich wollte mich ihm nähern, aber ich konnte es nicht, und der Augenblick verging. Für lange Zeit saßen wir schweigend da.

Wie leicht es ist, zu hassen, sagte ich mir, weil Hass ein so menschliches Erbgut ist. Ist es nicht möglich, dass hinter meinem Hass auf die Deutschen, die Gestapo und die Wächter auch ein persönlicher Hass existiert, der da war lange bevor Hitler auf die Bildfläche kam.

Mein Herz pochte schnell, und für einen flüchtigen Augenblick sah ich ein schreckliches Bild, dem ich zu entkommen versuchte. Es war die Erinnerung an einen Sommerabend, und mein Vater war wütend auf mich; er schlug mich heftig und ich schrie auf. Ich war klein und er war groß – und jetzt, in einem entsetzlichen Moment, sah ich ihn in einer SS Uniform. Ja, es war auch *dieser* Hass, den ich überwinden musste. Eines Tages, wenn ich fähig sein würde, das zu erreichen, könnte ich vielleicht diesem jungen Deutschen wieder näher kommen.

* * *

Mein Onkel und meine Cousins in Florenz waren Italiener, und dies war mein erster Besuch bei ihnen seit dem Krieg. Mein Onkel hatte, als er jung war, in *Fiume* gelebt. *Fiume* war ein Teil der österreich-ungarischen Monarchie gewesen; nach dem Ersten Weltkrieg wurde es durch den *Verseille Vertrag* an Italien abgetreten. Meine Cousins konnten nur wenig ungarisch sprechen, aber Onkel sprach noch die reich-gewürzten Worte einer früheren Zeit.

Als ich meinen Verwandten erzählte, dass ich auf dem Weg zum Literatur-Agenten eines Verlages auf dem *Piazza della Republica* war, ließen sie mich allein, damit ich allein

‚verhandeln' konnte. Und da saß ich, mit meinem Manuskript unterm Arm, und wartete auf ihn.

Es war ein warmer Nachmittag. Das Restaurant lag im Schatten, aber ein warmer Wind wehte aus der Richtung des Flusses *Arno*. Die roten Sonnenschirme passten ins heitere Bild, und die Glockenschläge des Doms vermengten sich mit Jazz Musik. Ein italienischer Sopran sang, *‚Volare ... oh ...oh ... Cantare ...oh, oh, oh, oh!'*

Ich schloss meine Augen und fand mich zurückversetzt in unseren Garten in Szombathely. Die Kastanienbäume bogen sich im Wind einer Sommernacht. Mein kleiner Freund Laci erzählte von der Zukunft.

„Und was wirst du sein, wenn du erwachsen bist, Jancsi?"

„Ich will Schriftsteller werden; weisst du, jemand, der Bücher schreibt. Ein Jude kann Schriftsteller sein. Schließlich wurde die Bibel von Juden geschrieben."

„Das stimmt", sagte Laci ernsthaft, „die Bibel wurde von Juden geschrieben."

„Nicht alles", korrigierte ich mich. „Ein paar Teile wurden von Heiden geschrieben."

„Aber die schönen Teile wurden von Juden geschrieben."

„Und du, Laci? Was willst du werden, wenn du erwachsen bist?"

Wir müssen etwa zehn Jahre alt gewesen sein. Er zog ein Gesicht.

„Oh, ich weiss nicht. Mama will, dass ich mich selbstständig mache, aber ich erzähle dir ein Geheimnis. Ich will Pilot werden."

„Juden können keine Piloten werden", sagte ich, „aber ich glaube, Juden können Geschäftsleute sein."

„Trotzdem werde ich Pilot", sagte Laci, „auch wenn ich nach Palestina gehen muss."

An dieser Stelle kam Andrew dazu. Er war zwei Jahre jünger als wir.

„Für ihn ist es einfach", sagte Laci und zeigte mit dem Finger auf Andrew. „Er kann werden, was er will. Er ist Christ."

Andrew dachte, das Laci etwas Bösartiges über ihn gesagt hatte, und protestierte:

„Du, halte deinen Mund, du! Ich bin kein Christ! Du bist ein Christ, und ich werde Elektroingenieur."

Dann riefen uns unsere Mütter nachhause zum Abendbrot. Aber bevor wir hineingingen, sagte Laci:

„Ich wette mit dir, dass ich Pilot werde." Er stieß seine Hand in meine. „Lass uns Hände schütteln."

Mein lieber, lieber Freund Laci, du hast die Wette verloren. Du bist im Winter 1944 in Buchenwald umgekommen, und noch nicht einmal deine Asche ist übrig geblieben. Aber Andrew und ich haben unsere frühen Träume erfüllt. Er hat den Krieg überlebt, wo er für die Resistenz gegen die Nazis gekämpft hat, und ist Elektroingenieur geworden – und er ist noch Christ. Und ich, ja, ich bin Schriftsteller geworden.

Ich öffnete meine Augen. Wo ist dieser Mann, warum kommt er so spät?

Dann stand er vor mir. Dieser Augenblick wird mir gegenwärtig sein, so lange ich lebe. Es war der Moment, wo alle meine Kindheitsträume erfüllt wurden.

* * *

Onkel Nicholas war ein Meter achzig groß, hatte weißes Haar und sah, obwohl er über achtzig war, nicht mehr als sechzig aus. Er ging immer sehr aufrecht und sehr schnell, wenn man sein Alter in Betracht zieht. Jeden Sabbat Morgen, nachdem er seine Taschen von sogar einem Taschentuch geleert hatte, - denn dem jüdischen Gesetz zufolge ist es nicht erlaubt, am Sabbat etwas zu tragen – würde er zu der kleinen Synagoge hinterm Dom eilen; auch aus religiösen Gründen würde er nicht daran denken, mit einem Bus oder einem Taxi zu fahren.

Manchmal würde er hinunter zur ‚vornehmen' Synagoge laufen, der großen ‚Kathedrale', wie er sie nannte, wo er sich beschwerte, dass der Gottesdienst unpersönlich und zu weit weg von osteuropäischer Tradition war. In der ‚Kathedrale' wurden die Gottesdienste entsprechend sefardischer Gewohnheiten ausgeübt. Die sefardischen Juden kamen aus Spanien. Sogar die hebräische Aussprache und die Gesänge waren anders. Onkel zog die kleine alte Synagoge vor, welche Reisenden, die in dieser schönen Stadt einen Ort der Andacht suchten, fast unbekannt war.

Die ‚Kathedrale' wurde im Krieg von der SS in die Luft gesprengt. Die Minen waren gelegt, die Zündschnüre waren angezündet, aber es passierte nichts. Eine Reihe von SS-Männern betrat die Synagoge, um zu sehen, was schiefgelaufen war, und im Moment ihres Eintritts explodierte sie und die SS-Männer wurden unter ihren Trümmern begraben. Italiener sagten, es sei die Wut Gottes gewesen, die sie in ihren Tod geschickt hatte.

Als ich neben meinem Onkel stand und den uralten Melodien des Kantors lauschte, dachte ich an unsere kleine Synagoge in Szombathely und erinnerte mich auch an meinen

Vater. Onkel stand aufrecht, dann beugte er sich vor dem mächtigen, unsichtbaren Gott Israels, und als ich ihn anschaute, war er tatsächlich das Ebenbild meines Vaters. Seine Bewegungen, die Falten in seinem Gesicht, der Ausdruck in seinen Augen, alles schien meinen Vater aus seinem Grab zurückzubringen (Armer Vater, er hatte nie ein Grab). Eine Minute lang hatte ich das Gefühl, dass die Gegenwart in der Vergangenheit lag, dass ich neben meinem Vater stand und mit ihm sprach.

„Vater, ich hatte einen Blick in die Zukunft. Ich kann Florenz sehen, Italien, die kleine Synagoge hinter der *Basilica*. Meine Träume haben sich erfüllt. Ich bin Schriftsteller, und mein Buch wird vielleicht bald veröffentlicht."

Und Vater hätte sich zu mir gewandt, um zu sagen:

„Pssst... Das kannst du mir alles erzählen, wenn der Gottesdienst vorbei ist."

Und dann, auf unserem Nachhauseweg, hätte er auf die entfernten Hügel geblickt und gesagt:

„Was hast du über die Zukunft gesagt, Jancsi? Weisst du nicht, dass alles ist, war und immer sein wird? Weisst du das noch nicht, mein Sohn?"

Onkel Nicholas lächelte mich an und klopfte mir auf die Schulter. Als der Gottesdienst zu Ende war und wir nachhause gingen, hielt er vor der *Battistero di San Giovanni* und betrachtete die wunderschönen Skulpturen der Bronzetür.

„Ich kann verstehen, warum wir Juden nur eine geringe Anzahl von großen Bildhauern produziert haben."

„Was meinst du damit, Onkel?" fragte ich ihn verwundert."

„*Sie* haben die Schönheit Gottes in Skulpturen, in Statuen, in Gebäuden ausgedrückt. Aber der Geist Gottes fehlt auf den Seiten *ihrer* Geschichte."

„Ich weiss nicht, was du meinst, Onkel."

„Wenn sich ein Christ diese Schönheiten ansieht", fuhr er fort, „muss er denken, dass das Christentum eine lebendige Macht gewesen sein muss, um all diese Pracht schaffen zu können. Aber vergiss nicht, dass sich der Geist Gottes im Leben der Menschen manifestieren muss, nicht nur in Farbe und Gestein. Genau zu der Zeit, als diese Skulpturen gefertigt wurden, kam einer deiner Vorfahren, Isaac Abrabanel, hier in Florenz aus Spanien an, wo er von den Christen misshandelt und verspottet worden war. Was nützt all die Kunst von Florenz, wenn die Menschheit vom Geist Gottes unberührt bleibt?"

Wir spazierten langsam über den geschäftigen Platz, wo Touristen fotographierten und Kinder die Tauben fütterten. Ein Fotograph huschte vor uns hin und machte von uns beiden ein Foto, aber Onkel und ich fuhren mit unserer Unterhaltung fort, als ob wir nichts gesehen hätten.

„Ist das nicht ein allgemeines Problem, Onkel?" fragte ich. „Waren nicht alle Menschen, unabhängig von ihrer Religion, unfähig, diesen Geist, von dem du sprichst, zu erkennen und zu akzeptieren? Gilt das nicht ebenso für Juden, von denen viele nur dem Namen nach Juden blieben, und anstelle von Kunst die Goldene Kuh anbeteten?"

„Da ist ein Unterschied," sagte er. „Unsere Führer und Lehrer haben niemals Hass gepredigt, noch nicht einmal in unserer dunkelsten Stunde; deren Führer taten es jedoch."

„Nein, Onkel, das ist nicht wahr. Die Propheten und Führer unseres Volkes haben manchmal mit Hass gegen unsere Feinde gesprochen. Die spirituelle Krise begrenzt sich nicht auf das Christentum. Es ist ein allgemeines Problem der Menschheit. Indem wir diese Tatsachen erkennen, können wir, Juden und Christen, zu guter Letzt zu einem gegenseitigen Verstehen kommen."

„Du könntest recht haben", sagte er gedankenvoll, „vielleicht müssen wir noch einmal vom Anfang anfangen. Was wirst du selbst dazu tun?"

„Ich werde ihnen sagen, dass wir gleichermaßen versagt haben. Ich werde ihnen sagen, dass es unerlässlich ist, zusammenzuhalten. Ich werde ihnen sagen, dass sie vergeben müssen, damit ihnen vergeben wird."

Er lächelte. „Du redest wie ein Christ."

„Nein, Onkel", sagte ich. „Ich rede als Jude."

Nachwort

Im Frühling 1957 wurde als Folge des ‚*Hendon Experiments*‘ vom *Extra Mural Department* der Universität London der erste ‚*Human Relations Course*‘ für Beamte des Sozialamtes eingerichtet, und ich wurde als Dozent und Referent des Kurses eingesetzt. In den folgenden Jahren liefen zwei Kurse gleichzeitig unter der Schirmherrschaft der Universität: einer für Büroangestellte und Executive Beamte des Amtes, der andere für Manager des Sozialamtes. Während des letzten Jahres nahmen auch ein paar Beamte des Arbeitsministeriums für Behinderte und Rehabilitation daran teil. Mit all diesen Vorträgen und Seminaren habe ich angestrebt, meinen Studenten die Notwendigkeit für größeres Bewusstsein menschlicher Probleme und Toleranz gegenüber denen, die unfähig sind zu arbeiten, nahe zu bringen.

Mehrere provinzielle Universitäten haben 1958 ebenfalls diese ‚*Human Relations*‘ Kurse begonnen, und bis jetzt haben sich mehrere hundert Beamte dieser Ausbildung unterzogen.

Während des Sommers 1960 wurde ich als ‚*County Psychiatric Social Work Organizer for the Middlesex County Council*‘ benannt (eine der ersten Ernennungen dieser Art), und es gelang mir, an der Gestaltung unseres ‚*Mental Health Departments*‘ in Anbetracht des neuen *Mental Health Act, 1959*, teilzuhaben. Jetzt sind die ‚*Human Relations*‘ Kurse von der Universität auch für Sozialarbeiter und Krankenbesucher unserer örtlichen Behörde erweitert worden. Wir haben unsere Türen auch für Sozialarbeiter aus anderen Behörden geöffnet, und somit bin ich an Ausbildungskursen für über 160 Studenten beteiligt. Eine Reihe von Lehrern und

Dozenten haben sich uns angeschlossen, auch meine Kollegen von der ‚*Middlesex County Council*', und ich bin stolz, mit ihnen in diesem bahnbrechenden Ausbildungs-Projekt verbunden zu sein.

Obwohl dieses und andere Aspekte meiner Arbeit den größten Teil meiner Zeit einnehmen, habe ich auch ein paar Patienten, die ich regelmäßig treffe. Im Laufe der Jahre scheinen sie mich immer mehr zu lehren, und manchmal habe ich das Gefühl, als ob ich bis jetzt nur die Oberfläche des Problems der psychisch Kranken in der Gemeinde angekratzt hätte.

Der Autor

Eugene Heimler wurde am 27. März 1922 in Szombathely, Ungarn, als Sohn eines Rechtsanwaltes und prominenten Mitgliedes der Sozialdemokratischen Partei geboren.

Janö, wie er in Ungarn genannt wurde, schrieb sein erstes Gedicht im Alter von neun Jahren, und am Tag, als der Zweite Weltkrieg ausbrach, wurde sein erster Gedichtband veröffentlicht.

Als 21-Jähriger wurde er nach Auschwitz und Buchenwald deportiert. Er überlebte die Todeslager dank der glücklichen Erinnerungen an seine Kindheit und seine geliebte Mutter, die nach langer Krankheit kurz vor Ausbruch des Zweiten Weltkrieges gestorben war.

Seine ihm jung vermählte Frau Eva, sein Vater Ernö und seine Schwester Zsuzsi mit ihrem kleinen Sohn Gabi wurden in Auschwitz umgebracht.

1946 heiratete Heimler seine zweite Frau, Lily, geb. Salgo, welcher er dieses Buch widmete. Sie starb 1984 und hinterließ zwei Kinder, Susan und George.

Im Jahr 1947 emigrierte Heimler nach England, studierte und erhielt 1953 ein Diplom als erster Psychiatrischer Sozialarbeiter. Bald darauf entwickelte er seine eigene sozial-integrative Methode, die unter dem Namen „*Heimler Methode*" in Europa und Amerika bekannt wurde, mit der er Tausenden von Menschen half und die er auch in Deutschland unterrichtete.

Heimler wurde zum Berater für das Ministerium für Soziale Sicherheit in Großbritannien, der

Weltgesundheitsorganisation und der Regierung der Vereinigten Staaten von Amerika.

20 Jahre lang hatte er einen Lehrstuhl an der Universität London (England) inne, und sein Ansehen führte zu mehreren Lehrstühlen an Universitäten in den USA und in Kanada.

1985 erhielt er ein Ehrendoktorat von der Universität Calgary, Kanada, an der Professor Heimler 17 Jahre lang seine Methode des *‚Human Social Functioning'*, (*‚Menschliches Soziales Funktionieren')* gelehrt hatte.

Er heiratete erneut und schloß seine Ehe mit Miriam Bracha an dem Tag, der den 40. Jahrestag des Endes des Krieges in Europa markierte.

Kurz nach seiner Übersiedlung nach England begann er sein erstes Buch, „*Bei Nacht und Nebel*", in seiner Muttersprache zu schreiben.

Heimler starb am 4. Dezember 1990 in London, England.

Weitere Veröffentlichungen von Eugene Heimler

Jetzt erhältlich bei Amazon
In Paperback und als E-Buch

...*Botschaften*.....

Brief eines Holocaust Überlebenden an junge Deutsche

Eugene Heimler

BOTSCHAFTEN
Brief eines Holocaust Überlebenden
an Junge Deutsche

In seinem fesselnden, poetischen Stil nimmt der Autor Sie mit sich auf eine lebens-transformierende Reise durch Meere

237

inspirationeller Bildnisse und Ströme von Tränen; von Schmerzensstürmen zu Gewässern individueller und allgemeingültiger Weisheit und in die Tiefen seines Selbsts und des Ihren.

Seine universalen und autobiographischen Geschichten fließen und mischen dynamisch -wie die lebhaften Farben auf der Leinwand eines Wasserfarben-Künstlers - Zeitdimensionen in ein sich ausdehnendes, zusammenhaltendes Ganzes.

Die Mannigfaltigkeit von Genre, Zeit und Metapher ist erregend und offenbart vielfache Schichten unserer physischen, emotionalen und spirituellen Realität.

Der Autor überschreitet Zeit, indem er Vergangenheit, Gegenwart und Zukunft zu einem Wandteppich tiefer Bedeutung und Leidenschaft knüpft,- mit Blut befleckt und mit Freudentränen gezeichnet.

In *Botschaften* reisen wir mit dem Autor durch das Verlieren, Suchen und Wiederfinden seiner eigenen Identität und seines Platzes in der physischen, emotionalen und spirituellen Welt.

In seiner Strömung von Bewußtseins-Reflexionen überschreitet Heimler Zeit von biblischen durch mittelalterliche zu modernen menschlich transformativen Erlebnissen, - durch Schmerz zu Selbst-Entdeckung.

Diese kunstvoll vertraute Verflechtung persönlicher und universaler Themen zieht den Leser in Heimlers Ehrfurcht einflößende vielschichtige Welt mutiger Introspektion.

Botschaften illuminiert den inneren Kampf des Autors - des Holocaust Überlebenden, nämlich Bedeutung, Sinn und Leidenschaft von seinem einmal zerrütteten Leben wiederzuentdecken.

Seine Kämpfe führen ihn zu existenziellen Fragen über die Bedeutung des Lebens:

,Was ist die Verbindung zwischen Leben und was wir Tod nennen?'

,Wie kann Sinnhaftigkeit Schmerz überwinden?'

,Wie können wir Frieden finden, wenn wir unsere schlimmsten Stunden verleugnen?'

,Wie können wir all den Hass verstehen, der uns umgibt?'

,Wie kann Hass in Kreativität anstatt Selbstvernichtung verwandelt werden?'

,Was kann unsere Liebe und unsere Fähigkeit zu lieben inmitten von Grausamkeiten oder Gleichgültigkeit am Leben halten?'

Folgen Sie diesem bemerkenswerten Mann in seiner Suche nach ewiger Weisheit!

239

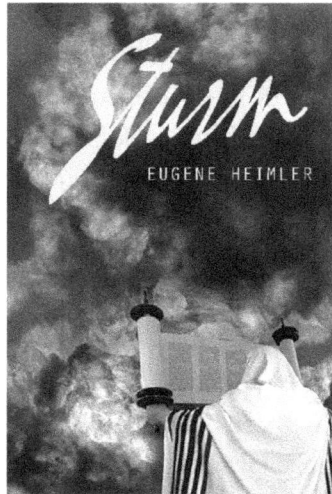

STURM

STURM ist ein mitreissendes dramatisches Schauspiel, welches das Überlebensgeheimnis des jüdischen Volkes aufdeckt – wie es die tief in die Geschichte hineinreichenden Zäsuren überwand und besiegte.

Das Schauspiel wurzelt in Dr. Eugene Heimlers persönlichen traumatischen Erfahrungen in Nazitodeslagern und stützt sich auf seine Auseinandersetzung mit der jüdischen Tragödie auf Masada.

STURM zeigt die Barbarei von Römern, Christen und Nazis, wie sie in Hass ihre Grausamkeiten und Menschenmorde barbarisch verübten und persönliche Verantwortung leugneten.

241

Trotz des Nachhalls der Qualen durch die jüdische Geschichte hindurch gibt Heimler seiner Hoffnung Ausdruck für das Überleben des jüdischen Volkes.
Heute hat dieses Werk mehr Relevanz als je zuvor.
Wir brauchen die zeitlose Botschaft Heimlers, da sich Extremismus, Antisemitismus und Intoleranz ständig ausbreiten und uns bedrohen. Wir brauchen sie, denn sie dringt tief in die menschliche Seele ein.

Sturm – „Was mit unschuldiger, vielversprechender Dichtung eines Jugendlichen begann, wuchs, durch den Alptraum der Schoah, in eine profunde reife menschliche Seele, die Tiefen der Geschichte, Philosophie und Glauben erforschte."
Rabbi Dr. André Ungar

„Eugene Heimler ist ein wahrer Held des 20. Jahrhunderts!"
Ronald A. Lewis, M.Ed.

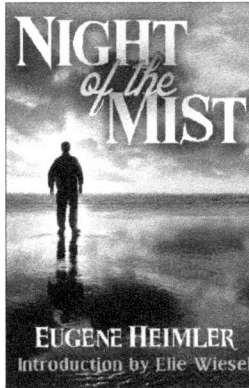

Night of the Mist

"A dramatic and readable book."— *The Times Literary Supplement*

"Behind the eerie, the manic, the disgusting, he still conveys the desirability of life, the variety of human behavior, the power of imagination. His own conclusions were not of hate, but of discriminating tolerance." —**Peter Vansittart in The Observer (London, England)**

"This book deserves a place of its own in the literature of Nazi horrors, as it deals with those events from an unusual aspect – the effect of them upon the victims themselves." – **Lord Russell of Liverpool**

"There is no self-pity in Heimler's writing; just wonder at man's inhumanity to man … the massage he brings is not one of horror but of hope; of a fight back to life, and a life well worth living." – *The Huddersfield Examiner*

"This book has an important lesson to teach – that faith in God and in the dignity of man can overcome the greater evils that men can devise." — *The Catholic Times*

When the Germans invaded Hungary in 1944, Eugene Heimler was twenty-one. His father, a socialist as well as a Jew, was arrested by the Gestapo and never seen again. Mr. Heimler and his new wife were taken from a Hungarian ghetto and deported in a cattle truck to Auschwitz. His wife and family died there, but he survived to be taken to Buchenwald and other camps in Germany. At the end of the European war, he escaped and found his way back to his native country.

NIGHT OF THE MIST is an account of a young man's experience under the Gestapo. It records the day-to-day events, the miserable conditions of existence, the physical suffering endured by the prisoners. But Eugene Heimler goes beyond a factual record of events. With a gifted insight he describes the deeper effects of suffering – on their minds. He writes not only of himself but of many others imprisoned with him: of the doctor and the architect, no longer middle-class gentlemen of authority, but near animals; of the girl, once gentle and intelligent, now offering her diseased body for a crust of bread; of the man who spent twelve years in prison for the murder of his wife, and who in the inferno of a concentration camp found meaning in life.

Yet, though he knew the worst of humanity, Heimler was able to regain his faith in God and in the dignity of man. He does not hate; and the horror of his experience is transcended

244

by his compassion and deep understanding of spiritual values. The true message of this book is not one of horror, but of hope.

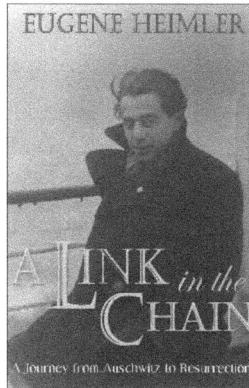

A Link in the Chain
A Journey from Auschwitz to Resurrection

In this second powerfully written volume of Eugene Heimler's incredible life's journey from persecuted Jewish child in a small town in Hungary to world-renowned writer, therapist and teacher, Heimler is on his way home to Hungary from the concentration camps of Germany, where he had lost all his family. On this journey he experiences many life-threatening moments: being on a train with a former German SS man; witnessing the brutal rape of his traveling companion by Russian thugs; attempts on his life and being arrested and charged with treason in Hungary.

Eventually he reaches England and remarries, but his trials are manifold. After hearing that the Secret Police are torturing his friends in Budapest, he realizes he can never return to Hungary and has a breakdown. When a psycho-analysis helps him come back to life and regain his hope for the future, he is ready to act on an early ambition to become a writer and psychologist. He starts to write *NIGHT OF THE MIST*, which has become a world classic, and becomes a

Psychiatric Social Worker. These challenges have their obstacles as well, and Heimler vividly describes his work as a Psychiatric Social Worker, including his refusal to give up on others—and himself. His experiences eventually lead to the development of a new method of therapy, which is today known as the *Heimler Method of Social Functioning*.

Throughout his life, Heimler consistently fought to help victims gain the courage to become victors. In *A LINK IN THE CHAIN* he once more tells his stories poetically and vividly.

Eugene Heimler

MESSAGES
A Survivor's Letter to a
Young German

Eugene Heimler, in his captivatingly poetic style, takes you with him on a life-transforming journey through seas of imagination and rivers of tears; from storms of pain to pools of individual and communal wisdom as well as deep inside his self and yours.

His universal and autobiographical stories, like the vivid colors on the canvas of a water-color artist, flow and dynamically blend time dimensions into an expanding, cohesive whole.

The diversity of genre, time and metaphor is startling and reveals multiple layers of our physical, emotional and spiritual reality.

The author transcends time as he interweaves past, present and future into a tapestry of deep meaning and passion, stained by blood and marked by tears and joy.

This book is about the author's journey of losing, searching and re-finding his own identity and place in his physical, emotional and spiritual worlds.

In his 'stream of consciousness' musings Heimler crosses time from biblical through medieval to modern human experiences of transformation through pain to self-discovery.

This artful intimate intertwining of personal, particular and universal themes draws the reader into Heimler's awe-inspiring multi-layered world of courageous introspection.

Messages illuminates how Heimler, as a Holocaust survivor, struggles to re-discover meaning, purpose and passion from his once shattered world.

Working through these challenges leads him to existential questions about the very meaning of life:

What are the connections between life and what we call death?

How can meaning transcend suffering?

How can we find peace if we deny our worst hours?

How can we understand all the hatred that surrounds us?

How can hate be turned into creativity instead of self-destructiveness?

What can keep our love and our ability to love alive in the midst of atrocities or indifference?

250

Come, join this remarkable man in his quest for eternal wisdom!

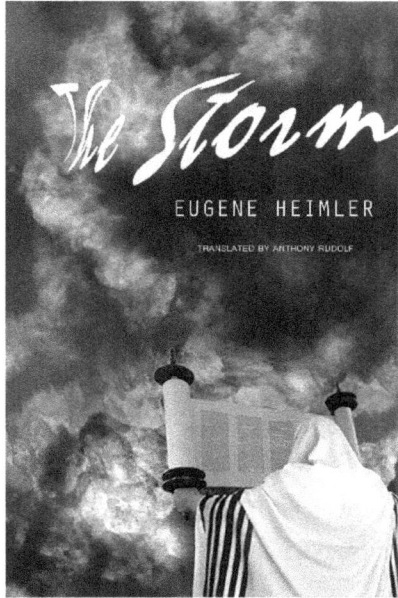

The Storm

EUGENE HEIMLER

TRANSLATED BY ANTHONY RUDOLF

THE STORM

"*THE STORM*" is a powerful drama in verse that reveals the secret of the survival of the Jewish people and how the Jews have been able to overcome history's never-ending challenges.

The drama is rooted in the author's personal Nazi death-camp experiences and his ongoing meditation on the Jewish tragedy of Masada. It illuminates how societal barbarism enabled Romans, Christians and Nazis to avoid and deny personal responsibility for their hatred, cruelty and massacres. Yet, despite a history punctuated by atrocities, Heimler breathes hope into the future for Jews, by voicing God's affirmation of the eternity of their survival.

This masterpiece is particularly relevant today, as extremism, antisemitism and intolerance sweep like wild fire across university campuses as well as Western- and Middle Eastern societies. The timeless message of Dr. Heimler's deeply moving drama is needed now more than ever before, to penetrate souls and educate minds.

"What began as a teenager's innocent, promising verse grew, through the nightmare of the Shoah, into a profound, mature human soul, plumbing the depths of history, philosophy and faith."
Rabbi Dr. André Ungar, New Jersey

"Eugene Heimler is A True Hero of the 20th Century"
Ronald A. Lewis, M.Ed.

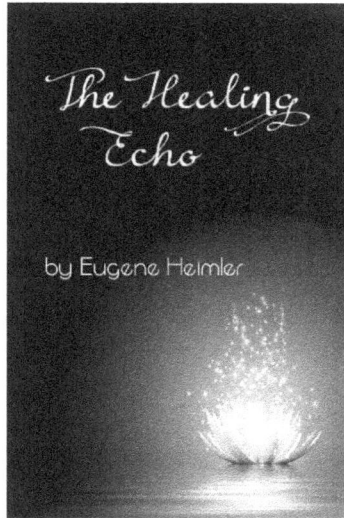

THE HEALING ECHO

When Dr. Sigmund Freud's concepts and ideas penetrated Eugene Heimler's young Hungarian mind, the earth began spinning faster and lightening crossed the Western sky.

Two ingenious minds were crossing up there in the heights; both listened with respect – and then went their opposite ways: one to analysis, and the other to synthesis.

Eugene Heimler's pioneering philosophy, that our potential lies in the creative transformation of our negative forces, is as new a thinking in our 21st century as it was in the 1950s when it first broke ground. Heimler's radical idea that we need to harness frustration in order to flourish crossed the worlds of the post-industrial revolution and unemployment to our current age in which people search for the elusive meaningfulness of life.

255

The author had a 'paradoxical' title ready for his book: "*The Gift of Unemployment*", however, there was fear that hopeless 'victims' of unemployment would smash the shop-windows of book-sellers in Great Britain.

Yet, he, as well as those men and women whom he helped find meaning and purpose in their often shattered lives, was convinced, that his method works.

Not only people who are stagnated in their growth, but also children in kinder-gardens and schools can, with the help of Heimler's new approach, explore their untapped potential.

By listening to our inner selves, we can hear our echo, our echo that heals us and that helps us to live a fuller and happier life, to survive and thrive in our complex society. Eugene Heimler first echoed these thought in his ground-breaking book "*Survival in Society*".

Now, by immersing yourself in *The Healing Echo*, you have an opportunity to enter this hopeful world of yet unimagined possibilities.

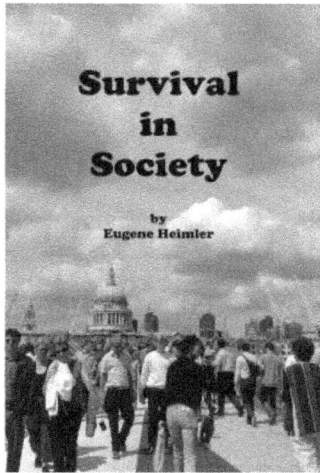

Survival in Society

Eugene Heimler's self-help method of social functioning has been developed and tested – and proven extraordinarily successful – for over forty years. Here he describes in detailed theory and through cases his interviewing and therapeutic techniques, in which a relationship of equality between 'helper' and 'helped' is paramount.

His aim has been to help people as individuals and in groups to make the most of their abilities, however latent, and to positively use their inner resources and past experience. He sees not only the past as influencing the present but present actions determining what we select from the past. Success or failure to function within ourselves and in society depends on the balance between satisfaction, defined as the ability to use one's potential, and frustration, defined as one's inability to use it. Too little frustration can be as damaging as too much: to function normally we constantly transform frustration into satisfaction. In other words, success is one's ability to transform the unacceptable – to oneself and to society – into the acceptable.

Throughout the book emphasis is placed on the importance for the individual of making his own decisions. Here he is helped by Heimler's decision-making tool – his *Scale of Social Functioning* – which enables him to understand his life situation and to act accordingly. The scale is of diagnostic value to the therapist, but its main use is to the patient.

Professor Heimler's method has been applied both to people in need of treatment and to 'healthy' individuals who want to explore their untapped potentials. I t has been used by teachers at all educational levels to help students become more creative, in the employer/employee relationship, and by social workers in all fields. Heimler owes much to many past and contemporary practitioners. The originality of his work lies in his synthesis of existing theories and practices into a successful working method.

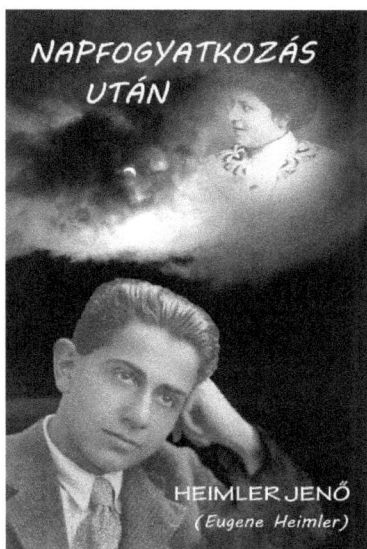

NAPFOGYATKOZÁS UTÁN

A Nyugat-magyarországi Szombathelyen született, boldog családban nőtt fel. Szülőhazájának kedves tája és kultúrája, valamint a zsidó szellemi örökségéhez való szenvedélyes kötődés vette körül. 17 éves korában jelent meg első verseskötete: az ártatlanság, a gyengédség és a csodálatos ígéret versei.

"…Mikor még gyerek voltam anyám azt akarta, hogy költő legyek. Egy téli estén az ölében ültem s megvallotta, hogy ez a titkos vágya…"

Veröffentlichung von
Miriam Bracha Heimler

Erhältlich bei Amazon
Auch in deutscher Übersetzung
Unter dem Titel
„Tochter Abrahams"

Daughter of Abraham

For anyone on a life journey through pain towards transformation, Miriam Bracha Heimler's intimate, powerful memoir will help deepen your determination to overcome life's seemingly insurmountable obstacles.
Through touching vignettes Heimler paints vivid portraits of her continuing life challenges:

She escapes Communist East Germany as an 11 year old just before the rise of the Berlin Wall, leaving her Nazi father behind.

Despite her manifold struggles to overcome loneliness and poverty in her strange new world, and in defiance of having to fight peers' prejudice and feelings of inadequacy, she succeeds.

She makes many growth-steps on her way through the gates of her spiritual development.

Heimler's endearing, earthy, captivating style draws the reader into her multi-layered inner world of imagination, determination and hope.

The depth of the scenes she paints is reminiscent of great literature of the past, rather than superficial current works.

The reader will enrich her / his life by diving into this real life treasure of vulnerability.

WEITERE INFORMATIONEN
erhalten Sie von
Miriam Bracha Heimler
mheimler1@gmail.com

Bitte sehen Sie auch:
www.newholocaustliterature.com
www.heimler-international.com

263

www.ingramcontent.com/pod-product-compliance
Lightning Source LLC
Chambersburg PA
CBHW030107070426
42448CB00036B/314